HISTORY AND THE STATE IN NINETEENTH-CENTURY JAPAN

歴史と国家

19世紀日本のナショナル・アイデンティティと学問

マーガレット・メール［著］
千葉 功／松沢裕作［訳者代表］

東京大学出版会

大久保利謙先生（1900 － 1995）を偲んで

History and the State in Nineteenth-Century Japan, 1998
English language edition Published by Macmillan
Japanese translation by Isao Chiba and Yusaku Matsuzawa *et al.*
University of Tokyo Press, 2017
ISBN 978-4-13-020156-8

日本語版への序文

私が日本の史学史をテーマにした博士論文を書いたころ、この本の日本語版までが出版されるとは夢にも思わなかった。もともと、西洋人による日本史研究が日本語訳されることは多くはない。日本の学者のチームがわざわざ時間や苦労を尽くして、拙著 *History and the State in Nineteenth-Century Japan* を日本語に訳してくださったことは、私が何よりの名誉とするところである。

それだけでなく、チームのメンバーは日本近代史を専門とする優秀な研究者たちで、本書が参照した文献も詳しく調査してくださった。私はそれを知って少し心配になったが、幸いにも、多少のミスや齟齬が指摘されたとはいえ、全体の叙述と議論に疑いを引き起こすものはなかったようである。

私の博士論文は、ドイツ語で書かれ、ボン大学に提出された。ドイツでは、博士号を得る条件として、博士論文を公開しなければならない。インターネット時代以前だったので、それは出版なしで一六〇部を印刷するということであった。早く博士号を得るために、ほとんど提出したままの論文を一九九二年に出版したが、序文に、英語版を出版する予定である旨を述べた。私はそのときすでに英語への翻訳に着手していた。イギリスや北米の異なる伝統に従って、元の論文にかなり手を加えた。もっと広い範囲の読者の興味を惹きたいと考えたが、それでも、別に日本の読者を考えていたわけではない。日本の学者の何人かが読んでくれるとよい、と思った程度のことである。

日本の歴史学者が本書を翻訳しつつあるとの知らせは、本書の第二版を出版しようと考えた私には大きな励ましになった。この序文を書いている現在、英語版の新版も完成に近い。この数か月間、訳者の代表、松沢先生と何回もメールを交換したが、その結果として日本語版も英語の新版もより良くなったのではないかと思う。

第二版において私は、一九九八年の英語版を大きく修正することはせず、明らかな誤りの訂正、不明な部分の解明の外、専門家に文章のチェック・校正を依頼したが、それ以外はほぼ第一版のままである。「第二版の序文」には、簡単に、バブル期の日本で研究した当時の状況、英語版はどのように受けとめられたか、そして研究結果のより広い意味や、明治時代の修史事業史・史学史を通じ、現在のヒストリオグラフィーをめぐる議論に関して何を学ぶことができるのかについて述べた。

本書への反応を見て興味深く思ったのは、英語の学術雑誌における書評に現れる批判点と、松沢先生の本書解説中の「残された課題」との対照である。前者は、研究の周到さを評価しながら、その視野の狭さを指摘している。他方、後者の提案する課題はどちらかと言うと精緻な調査を必要とする研究主題にかかわるものである。ここで日本や英語圏における研究傾向について一般化するべきではなかろう。研究の視野の広狭はむしろ個人の気性や好き嫌いを反映するのではないかとも思う。しかし、拙著の刊行以後、日本で行われた明治史学史研究は、狭い範囲に限定されたトピックをあつかうものがほとんどであることは看過できない。

もちろん、限られた課題を精緻に研究することは、より広いコンテクストの理解に不可欠であることは言うまでもない。しかし、最終的には、その研究はどういう意義をもつのかということが、もっと広く考えられなければならない。英語版新版の序文では、初版において私が言及したと考えている、自分の研究に関連するより広い課題を二つ提示することにした。一つは、国民国家と近代世界について、もう一つは、ナショナル・ヒストリーといわゆる科学的な歴史学についてである。簡単に要約すれば以下の通りである。一九世紀以来、国民国家とグローバル化はともに近代世界の特質であった。それぞれの国民国家は、ほかの国民国家との関係の中で自己の輪郭をさだめ、そのアイデンティティを固定するので、国民国家とグローバル化は不可分の現象である。そして、国民国家のアイデンティティを固定するために、「国民国家」というコンセプトが昔からあるように構成して、歴史を「ナショナル・ヒストリー」、すなわち国民国家の歴史として叙述するのである。近代世界のもう一つの特質は科学革命である。その影響で、史料批判を中心とする近代の科学的歴史学は、ナショナル・ヒストリーと並行して成立した。科学も、国際秩序の原理としての国民国家も、その普遍性を主張する一方、それぞれの国民国家はその固有性を主張する。しかし、それぞれの国民国家はグローバル化した世界の中で生まれ、存続するので、歴史家がそれを意識しているかどうかを別にして、一つ一つの国家の発展は、グローバルな発展と深く繋がっているのである。

本書を書き直すとすれば、できれば、グローバル・ヒストリーの理解に貢献するようにしたいと思う。グローバル・ヒストリーは平凡陳腐な語句になりつつあるかもしれない。しかし、ある一国のナショナル・ヒストリーが、グローバル・ヒストリーと深く関係しているだけではなく、国際的な関心事でもあることは、歴史家をはじめ、一般社会が理解し、受け入れることが望ましい。そのような意味で、他国の歴史を研究して叙述する学者がいることは不自然なことではない。それでも、歴史家アクトン卿の一八九八年の *Cambridge Modern History* の執筆者への書簡に典型的にみられるような、一九世紀的な客観性という理想、すなわち一国の歴史叙述は、誰が書いても同じものになるということを、信じる者はもはやいないだろう。しかも、誰が語っても変わらないということが理想的であるともいえない。もちろん、歴史家の叙述は、史料の厳密な調査研究に基づかなければならない。しかし、その結果として書かれる歴史は、最終的な叙述、いわゆる「正史」になるとは期待できない。むしろ、さらに深い洞察をともなう研究課題や議論への道を開くものとして考えられるべきであろう。

本書の日本語訳がそうした役割を果たすことができれば、何よりの幸いである。

二〇一七年八月

コペンハーゲンにて

マーガレット・メール

序文

私が博士論文 *Eine Vergangenheit für die japanische Nation. Die Entstehung des historischen Forschungsinstituts Tokyo daigaku Shiryo hensanjo* (1869-1895)(Frankfurt am Main etc.: Peter Lang, 1992)を刊行したとき、その序文において改訂版を英語で刊行するつもりであると述べた。しかしながら、改訂版の刊行には予想以上の時間がかかった。

本書(改訂版)において、ドイツ語版を広範囲に改訂した。第一章(序論)と第七章(結論)はゼロから書き直し、他の章は部分的に書き直した。修史部局の職員の詳伝は省略し、そのうち、重野安繹・川田剛に関する章と久米邦武に関する章の二章分はすべてを割愛した。『史学(会)雑誌』所収論文の詳細な要約も省略した。場合によっては、私自身がつくった要約を縮めたり、最近の刊行物に言及することができた。例えば、久米事件に関する章であり、それ以外でもとのドイツ語版とかなり異なる章は、「大日本編年史」に関する章(第四章第五節)と、「アカデミズム」に関する章(第五章第四節)と、歴史学と公衆に関する章(第六章第一節)である。結局のところ、私は、ドイツ語版で挙げておきながら詳細には扱わなかった疑問のいくつかに取り組もうとしたわけである。ドイツ語版からいくつか変更したところはドイツ語版への書評に答えるものであり、私は書評者が建設的な批評をおこなってくれたことに感謝する。

いちいち個々の名前を挙げることができないほど多数の人たちの助けがなければ、本書を完成させることは不可能であっただろう。私の最初の調査研究は、日本の文部省とドイツ奨学財団からの奨学金によって支援された。私が利用したすべての図書館・文書館では、スタッフが根気よく助けてくれた。東京大学史料編纂所では、特に保谷徹氏に負うところが大きい。彼は、所在があいまいな史料を探すだけでなく、その内容を理解するうえでも、私を助けてくれた。ボン大学における私の指導教官であるヨーゼフ・クライナー教授と、私が一九八七―八九年に東京大学へ留学していたときの指導教官である伊藤隆教授は、寛大にも助言と助力を提供し続けてくれている。私が特に感謝するのは、大久保利謙教授に対してである。彼は亡くなる直前まで、私の研究にとって有益なヒントを与え続けてくれた。彼に本書をお見せすることができないことこそ、私がもっと早くに改訂版を完成しなかったことを後悔する一番の理由である。彼を偲んで本書を捧げる。

エジンバラにて

マーガレット・メール

目次

凡　例

一、本書の底本については解説を参照されたい。
一、原著では、付録として、Hints for using the Historiographical Institute および Select Bibliography が掲載されているが、本書においては省略した。
一、本書索引は日本語版のために作成されたものであり、原著索引とは項目が異なる。
一、本書二八―二九頁および五二―五三頁の図は、訳者が作成した。
一、（　）内の注番号による注記はすべて原著者による注である。これに加えて訳者による注を付し、本文中に［訳注］として注番号を示し、巻末に一括した。このほか、［　］による補足はすべて訳者によるものである。
一、原著に翻訳のうえ引用されている日本語史料は、本書では改めて日本語原文から引用した。その際、正字・異体字は適宜常用漢字を用い、変体仮名は現用のカタカナ・ひらがなに変更し、必要に応じて読点を付した。
一、翻訳に際しては、日本語読者にとって不要と思われる情報（伝説上の天皇の在位年代など）を省略した場合、日本語での慣用的な表現を補った場合がある。

第一章　序　論

一八六八年の明治維新は、日本の歴史に新しい時代の始まりを告げた。それまで二五〇年間日本を支配してきた徳川将軍家は覆され、天皇の名のもとに新しい政府が創設された。それに続いて起こったさまざまな根底からの変化は、しばしば西洋化や近代化という言葉で言い表されている。しかし、この新しい政府は、西洋や未来のみを見ていたのではなく、日本それ自体と、その過去をもまた見つめていたのである。一八六九年四月、次のような御沙汰書が出された。

修史ハ萬世不朽ノ大典、祖宗ノ盛挙ナルニ三代実録以後絶テ続ナキハ豈大闕典ニ非スヤ、今ヤ鎌倉已降武門専権ノ弊ヲ革除シ政務ヲ振興セリ、故ニ史局ヲ開キ祖宗ノ芳躅ヲ継キ、大ニ文教ヲ天下ニ施サント欲シ総裁ノ職ニ任ス、須ク速ニ君臣名分ノ誼ヲ正シ、華夷内外ノ辨ヲ明ニシ以テ天下ノ綱常ヲ扶植セヨ(1)。

維新からわずか一年のこの時期に、なぜ新政府は、歴史を叙述することにこのような関心を持ったのだろうか。御沙汰書そのものが答えの一部を教えてくれる。すなわち、歴史は正統な政府の重要な任務とみなされているのだ。ここでは、修史が正統な支配者の任務であった古代の律令制の時代に言及することにより、王政復古と修史事業の復活の間には明確な関係性が打ち立てられている。さらに、書かれた歴史書は統治においてもある目的にかなうと考えられている。それは知識や教育を増進して、君主と臣民の関係性に対する理解を深め、また全体として何が適切な行為であり何がそうでないかという基準を確立する。――「華夷内外」とは道義的な善悪について言うと同時に、他国との対比で、何が日本にふさわしい行動かということも述べているのだ。御沙汰書の言葉遣いは、かつてすべての者に国家におけるしかるべき場所を与え、さらに日本に世界のなかでのしかるべき場所を与えたような昔の秩序の復活と安定を思い起こさせる。そして、これこそ明治維新が成し遂げるべきとされたことであり、一連の出来事のために初めて使われた「王政復古」という用語の中にも反映されている理想なのである。

「修史御沙汰書」が発せられたころ、公家や薩摩、長州、土佐、肥前藩出身の武士たちからなる維新の指導者たちの権力は、まだ国の運命を決定するほどには安泰ではなかった。旧幕府勢力は倒されたばかりであり、従来の封建諸藩が依然として独立を保っていた。一八七一年の廃藩置県でようやく、明治政府は国全体やその住民に対する支配権、歳入および旧藩の軍事力に対する支配権を統合したのである。維新に続く数年間で採用された一連の改革が、あまりに根底から日本を変えたため、学者のなかには復古 restoration というよりはむしろ革命 revolution であるというものもいる。事実、日本で一般的に用いられている「維新」という語は「一新 renewal」を意味する。(2)

それにもかかわらず、自分たちの行動を正当化するため、維新の指導者たちは「復古」という言葉を当時はむしろ好んで用いた。(3)明治維新後の最初の政府組織は奈良時代や平安時代初期のものにならって創られたが、その時代は八世紀から一一世紀にかけてであり、天皇の権力がその絶頂にあった時代である。新政府の組織は徐々に、より近代的な要請にかなうものへと変更されたり、置き換えられたりしていったが、復興された古代の慣例の中で、八―一〇世紀初頭に編纂された六国史の伝統にのっとった政府による修史事業は、最も長く続いたものであるといってよい。「修史御沙汰書」の時に創られた最初の修史部局はすぐに廃止されたが、新しい官庁がこれに代わり、いく度かの再編を経て、一八八八年には帝国大学（現、東京大学）に移管された。そして一八九五年、それは現在「東京大学史料編纂所」と呼ばれている、史料の収集と出版に専念する研究機関となった。この伝統的とされている機関が最初の専門的歴史家を生み出し、一個の独立した近代的学問としての歴史学の出現に重要な役割を果たしたのである。

もともとの修史部局が経験した変化は、維新後二〇年間の政治的発展と密接に結びついていた（第二章）。明治維新が引き起こされた理由の一部には、西洋列強の脅威に対処できない幕府の無能さがあった。そこで明治の指導者たちの目標のなかでは、西洋諸国から学ぶことによって独立を守り、西洋諸国と対等になることが最も重要であった。彼らは、「富国強兵」を実現するには、西洋から多くのものを模倣しなければならないという事実を受け入れたのである。同時に彼らは、西洋から多くのものを模倣する一方で、日本のアイデンティティーを維持することが必要だと気づいていた。ここに初めて、歴史は果たすべき重要な役割を持ったのである。

「修史御沙汰書」が出されてから一〇年以上がたち、そして国史編纂事業を効果的に組織化しようとする試みが何度かおこなわれたのち、一八八二年一月、いよいよ日本の官撰正史たる「大日本編年史」の編纂事業が始まった。日本は、そのころまでに相当程度、西洋の基準に沿って、憲法の制定と国会の開設へ進みつつあった。すなわち、新しい政治秩序を伝統のなかに根づかせる必要性が、この時期、日本の文化的遺産がふたたび注目された背景に見て取れるのであり、歴史はその一つの表現にすぎなかった。ついに憲法が発布された一八八九年は、帝国大学に国史科の創設をみた年である。帝国大学には国の修史部局（内閣臨時修史局）がその前年すでに移管されていた。これは単なる偶然ではない。明治憲法が日本を西洋型立憲君主制の路線にしっかりと乗せた一方で、日本の過去について研究することは一個の独立した学問分野となり、またそうした過去についての研究により、さまざまな新しい発展がこの国自体の遺産に起源を持つということが保証されるであろうと思われていたのである。

当初、官撰正史である「大日本編年史」の事業は以前と同様に続けられていたが、修史部局の移管は六国史の伝統にたつ官撰正史編纂の終わりの始まりを意味していた。すでに移管前の内閣臨時修史局では、比重は修史から史料の編纂に移っており、一八八五年からは職員が日本中を回って一次史料を収集することを始めていた。一八九三年、前年のいわゆる「久米事件」に続いて史誌編纂掛が閉鎖され、一八九五年に再開されたとき、その目的として定められたところは、現在のそれとほぼ変わらないものとなった（第六章第五節）。

　近代国民国家としての日本の出現は、専門的歴史家が探究する学問分野 academic discipline としての歴史研究の出現は、密接に関係している。歴史にはある重要な機能があったのである。それはすなわち、歴史には、政治的変化を伝統の所産として表現することで正統化し、さらに世界における日本の位置づけと将来の進路に関する疑問への回答を供給することが期待されたのである。

　歴史学と国民国家とのつながりは、決して日本だけに特有のものではない。キャロル・グラックはその著書 *Japan's Modern Myths* の序章で、一八九〇年前後（イギリスの歴史家ジェフリー・バラクラフによれば、このころ世界が「現代」に突入したという）の日本の発展は、多くの面でいくつかの西洋諸国と並行していたと指摘している。一八九〇年前後の数十年には巨大な変化が起こり、それは、現代をそれ以前の時代とは根本的に違ったものとした。例えば工業化や、大衆社会と新たな政治形態、また国民統合に力点を置くイデオロギーの登場である。日本でも、フランスやドイツ同様、イデオローグたちは国民統合と「内面精神の復興」を希求し、明治のイデオローグたちが、「ネーションへの忠誠を結束する原理としての社会的協調 social conformity as the binding principle of national loyalty」を強調したことは、アメリカのネイティビズム（排外主義、土着主義）と異なるものではなかった[4]。

　このように、一九世紀末の日本におけるナショナル・イデオロギーの登場は何ら特異なものでなく、バラクラフの描いたような、できたばかりの現代社会という文脈において見られるべきものである。この過程において日本は、西洋の後を追うというよりも、むしろ西洋と伴走していたように思える。グラックがイデオロギーについて一般的に言っていることは、歴史叙述や学問としての歴史学についてもあてはまる。歴史叙述や学問としての歴史学は、形をとり始めていたナショナリスト・イデオロギーから大きな刺激を受けたのである。さらに、歴史叙述と学問分野としての歴史学の確立は、西洋における歴史研究の影響を直接的に受けていた。この影響を検討する際には、二つの点が重要である。一つは、日本が西洋から観念や概念を輸入したとき、それらの観念や概念が特定の時点で顕在化しているから輸入したのであり、それまでの何世紀もの間、それらがどのように発展し、変化してきたかということを常に認識していたわけではないということである。そして二つ目は、日本人の関心を惹きつけたものは、ある観念体系の内容では必ずしもなく、観念体系が当時の西洋社会のなかで有していた機能の方だったということである。それゆえ重要なのは、一九世紀末のヨーロッパの歴史研究がどのような状況にあり、また国民国家における歴史の機能がどのようなものであったかを見ておくことである。

もしも、一九世紀のヨーロッパを特徴づけるような一つの共通体験があるとするならば、それは、世紀転換期における革命的な大変動や、我々が現代社会の出現といった場合に連想するようなさまざまな発展によって生み出された、加速度的な変化であろう[5]。この体験はヨーロッパにおいて思想を深層から変え、歴史研究と歴史叙述を様変わりさせた。これら革命的変化は、人間の行動や社会制度がどれほど変化の影響を受けやすいかを示してくれる。変化の経済的・社会的な代償のいくつかが明らかになるにつれ、啓蒙主義的な進歩に対する信頼は疑われることとなった。政治秩序を支配する自然法という想定も放棄された。起源や発展といった事柄が関心の中心となり、伝統や「歴史上の法historic law」が政治秩序の基礎とみなされるようになった。同時に、過去へのロマンチックな憧憬も生まれたが、これは歴史小説だけでなく、過去の時代それ自体を完全に理解したいという欲望にも典型的にあらわれていた。原因と結果の連鎖として歴史を見るプラグマティックな見方に続いて、観念論的な歴史哲学があらわれた。過去や現在の人間社会に関する知識が増えることにより、歴史的関心の幅が広がった。人文科学のすべての分野が、歴史的側面において研究されたのである。

上記のような発展が、人文科学全般、特に歴史学において、「歴史主義」として知られるアプローチの背景を形成した。この「歴史主義」こそ、一九世紀の思想や、同時期の学問分野としての歴史学の登場に著しい影響を与えたものである。最も広義にとらえれば、歴史主義とは、過去の時代の特徴を現在とは異なるものとして理解し、これら異なる時代間の関係性を理解することをめざす、ある種の思考法を意味している。歴史は、一つの継続的な発展のなかにある、個々の異なる時代の連続としてとらえられる。こうした歴史の見方が、大学レベルで新しい学問分野として確立する際に、歴史学を特徴づけたのである。(6)

近代的学問としての歴史学の形成や、その大学レベルでの確立といったとき、最も普通に連想される名前は、レオポルド・フォン・ランケ（Leopold von Ranke、一七九五―一八八六年）である。彼は、ベルリン大学のゼミナール（演習）で、歴史文献の分析にもとづいた研究法を教えた。他の学問（ランケ自身は歴史学の前に神学と文献学を学んでいた）で発達していた研究法が歴史学に応用されたので、それらの研究方法こそが、本格的な歴史叙述の唯一正統な基礎とみなされるようになった。ランケのゼミナールは、全ヨーロッパと北アメリカで歴史教授法のモデルとなり、一九世紀後半までには、歴史学が西洋世界のいたるところで独立した学問分野となった。そして、本書が示すように、それは日本でも同様だったのである。

一次史料にもとづく歴史研究の興隆はまた、そのおかげで可能になったとまでは言わないまでも、やはり文書館（アーカイブズ）の開放により助けられた面がある。文書館はかつてない量の史料を供給したからである。(7)これらの史料を研究利用可能な状態に整理し、目録を作り、出版することが重要な業務となったが、この業務は、国家が後援する機関、例えばバイエルン国王マクシミリアン二世が設立し、ランケが委員長として死ぬまで主宰した、バイエルン王立科学アカデミー歴史学委員会のような機関に所属する専門的歴史家たちによって徐々におこなわれるようになった（第七章第二節）。

歴史主義や、それが促進した歴史学の専門化は、近代国民国家の形成と時を同じくして進行しており、そのつながりは今までもしばしば指摘されてきた。(8) 歴史は、過去を現在や未来の道しるべとして利用することにより、ナショナル・アイデンティティーを定義する役割を担った。(9) この機能において、歴史学は、ネーションを正統化し、それを市民に示すために、伝統（それが発見されたものであれ、創られたものであれ、創り直されたものであれ）を利用するという行為の一側面でしかなかった。ネーションは、創られてまだ間もない構築物であり、(10) しかも、個人が感触を得るにはあまりに大きな共同体であって、その共同体を表象するには象徴が必要であった。(11) 伝統は、過去・現在・未来を結びつけることで一貫性を提供し、ネーションの構成員に共有されることで共同体を提供したのである。(12)

要するに、一九世紀ヨーロッパの歴史研究は個別性と発展を強調する歴史主義に支配されていた。歴史学は自らを自律的学問、すなわち明確に定められた研究領域、方法の基準、体系的構造を持つ学問として確立させつつあった。歴史学にはナショナル・アイデンティティーを涵養する役割があって、その役割は国家や、教育を受けた公衆には認識されていた。これこそ、近代化への試みのなかで西洋にモデルを求めていた時期の日本人の目に映ったヨーロッパの歴史研究の姿であり、日本人が自分たち自身の状況にも密接な関連があると見たものなのである。

明治維新以降の日本の変化のスピードは、一九世紀のヨーロッパよりも一層速かった。一九世紀末には、西洋に対して強制的に開国させられてから五〇年しか経たないというのに、日本は多くの点で、前近代における自国よりも、むしろ西洋諸国に似るようになっていた。すなわち、日本は近代国家となっており、議会制憲法を持つ中央集権国家であった。工業化は相当程度に進行しており、都市には大衆社会が出現し、ナショナル・イデオロギーが学校や徴兵制軍隊など、いたるところで伝えられつつあった。その結果、これらの急速な変化を目撃した者たちは、ヨーロッパの同時代人と同様、「方向づけ」の必要性を感じたのである。

もし日本社会が全体として、近代的学問分野としての歴史学の登場に不可欠とされる特質をいくつか有していたとするならば、日本の歴史研究についてはどうだろうか。修史は、明治期に変容を遂げる前から、日本では長い伝統を有していた(13)。現存する最初の歴史叙述は、八世紀の編年史である「古事記」（七一二年）、「日本書紀」（七二〇年）である。そして、「日本書紀」は六国史の最初のものとなった。初期の編年史は、古代の政治改革期の終わりごろに編纂されたが、その政治改革は、中国をモデルにした中央集権的な官僚国家を建設するものであった。そして歴史書も中国モデル、すなわち王朝公認の歴史である正史をまねたのである。これら中国の正史と同様、日本の編年史は、政府の役人により、天皇の支配を正統化するために編纂され、支配者の統治の話が中心だった。一一世紀以降の律令国家の衰退に伴い、編年史の編纂も中止されたが、編年史を編纂するという慣例自体は、のちに将軍家が自らの支配を記録し、正統化するために再開された(14)。正史、すなわち決定版の公認の歴史は、修史の理想として残ったのだ。ちょうど律令国家が政治的理想として残ったのと同じように。

一方、別の形の修史が、今度は日本独自に、一一世紀以降に現れた。これが歴史物語である。歴史物語は、「源氏物語」のような「物語」に影響されて、読者の関心をひきつけること、また、より主観的な歴史理解を生み出すことをめざした。それは歴史的事実を特定の観点から提示し、また人物を性格づけしたり、歴史を動かす諸力を描いたりすることに、より大きな注意を払うことによっておこなわれた。こうした文学的な物語は、一面ではありのままの事実をただ編年的に並べただけの伝統的な歴史叙述に対する不満の結果であった(15)。歴史物語のひとつの特殊な形態が軍記物語であるが、これは日本で一二世紀から一六世紀にかけて荒れ狂った数々の合戦に加わった者の軍功を物語るものである(16)。中世日本の歴史物語のなかでは、特に二つの著作が際立っている。それらは、歴史全体の解釈を試みているがゆえに、日本では通常「史論」と呼ばれている。一つ目は「愚管抄」で、一二二〇年に僧慈円によって仏教的観点から書かれたものであって、日本の歴史を初めて哲学的に扱った。二つ目は「神皇正統記」で、これは一三三九年、北畠親房によって書かれたものである。こちらは神道によって鼓吹され、皇室を中心におく哲学的観点を提供している。すなわち、日本は唯一の「神国」であるとする主張に始まり、北畠は他のすべての国に対する日本の優越性を強調する。「神皇正統記」は日本のナショナリズムの源の一つとなり、修史と、政治思想に多大な影響を与えた。

編年史と歴史物語は日本の修史の主な構成要素となり、その相違は明治初期にも依然として明白だった。すなわち、編年史が事実をありのままに提示し、判断は読者にゆだねると主張するのに対して、歴史物語は読者をまきこみ、歴史を決定するさまざまな力の主観的理解を提供することをめざすのである。[17]

歴史の研究ならびに叙述が、近代的学問と最も関連の深い領域で進んだのは、徳川の支配（一六〇〇―一八六八年）下の平和と政治的安定の時代であった。その領域とは、文書の収集と史料批判の領域である。[18]一六世紀末に朝鮮から活版印刷術が輸入されたことは、大量の文書印刷を可能にしたが、そのころ政治的支配者も関心を学問の方へ向けるようになっていた。時の後陽成天皇と、最初の徳川将軍である家康は、将来の世代に伝えるために文書を集め写させた嚆矢となり、何名かの藩主を含むのちの為政者たちがこれに続いて、自らのコレクションを作ったのである。

新しい支配者たちは、前の時代の者たちと同じように、修史を、自分たちの作った秩序を正統化する手段と見て、系図や編年史の編纂を後援した。徳川家は、武家支配を日本全体の支配として定義し、歴史を通じてそれを正統化しようとした点で、それ以前の将軍たちとは異なっていた。武家支配全般、また特に徳川支配の正統化にとって中心となった著作は、「本朝通鑑」である。[19]これは林羅山によって編纂が始められ、その子鵞峰によって完成された。林家の私塾はのちに将軍家の官立高等教育機関である昌平坂学問所（昌平黌《しょうへいこう》）となり、公式の修史事業のほとんどは、そこで林大学頭の監督下に置かれた。この組織改革は学問の水準を高めたが、それは修史に対する支配者の直接的介入を排除し、長期的な事業計画を立てることを可能にしたことによって実現した。[20]編纂の成果物は客観的であると主張されたが、驚くまでもなく、それらには将軍の支配を正統化する明確な傾向があった。歴史書は幕府に奉仕する形で編纂され、まさしく幕府の崩壊まで続いたのである。

林家の主宰による編纂物を除けば、江戸時代の歴史学の成果のなかでは、二つの著作が群を抜いている。水戸藩主徳川光圀によって始められた「大日本史」と、盲目の学者塙保己一による「史料」という編纂物である。それらは、明治期の修史部局の仕事に直接的な影響を与え、近代歴史学への道を整えるのに貢献した。

光圀は「大日本史」を日本の正史たるべきものと意図しており、人としてのおこない、すなわち家臣の君主に対する忠誠の道を導くべき道徳の原則を描き出そうとしていた。光圀があらゆる目的よりも優先したのは、皇統の正統性を明確に示すと同時に、将軍家の正統性を示すことであった。将軍家は天皇家から政治権力を委任されていたからである。「大日本史」は皇統の系譜を改訂し、これが近代の皇統譜の基礎となった。同時に、「大日本史」は、中国の正史の体裁を忠実にまねた、最初かつ唯一の日本の歴史書でもある。[21]「大日本史」は「紀伝体」で編纂されたが、これは、歴史的事実の間につながりを立てることなく提示する厳密に時系列的な形態の「編年体」に対置されるものである。「紀伝体」では、要素は主題によって配列されており、その主要部分をなすのは、政治的基準、すなわち通常は支配する王朝によって構成される部分である。「大日本史」の主要部である「本紀」では、各章は正統な君主による統治が中心となっており、それらが主要部で扱われることによって、正統な支配者の系譜が確定されるのである。「本紀」以外の他の部分は、伝記である「列伝」、事項史である「志」、そして一覧表である「表」である。

「大日本史」をその中国モデルと区別する最も注目すべき特徴は、情報源となったすべての出典が引用され、その信頼性についての注記が付されていることである。光圀は「史局」を設立し、この史局は一七〇二年以降、水戸と江戸に支部を持ち、さまざまな地域から学者を集めた。彼らは文書を収集し、筆写するため、日本国中に派遣されたのである。水戸藩の学者たちは、自分たちが収集した史料を注意深く検証した。すなわち彼らは、いささかも道義的審判を加えることなく、事実をありのままに記録することをめざしたが、それは事実そのものが雄弁に物語っているであろうと考えたからである。しかしながら、実際には、どの用語を選択するのか、また「大日本史」のそれぞれの部分に含めるものとして何を選択するのかによって、判断は表明されていた。全体として「大日本史」は客観的と言えるが、叙述が日本の皇統に焦点をあてているので、限られた視野しかもっていない。

「大日本史」の大部分は光圀の生前に完成したが、完成版は一九〇六年になってようやく出版された。一八〇九年、「大日本史」は勅許を得て、それにより正史とみなしうるものとなった。幕末の数十年間、「大日本史」が天皇の統治を強調したことは幕府への挑戦と解釈され、「後期水戸学」のイデオロギーは、主として明治維新の思想的よりどころの一つとなったことによって知られている。[22]「大日本史」は学問的業績としてだけでなく、そこから導き出されたイデオロギーという理由からも重要であり、明治政府による官撰修史事業に「大日本史」が与えた影響は高く見積もらざるをえない。[23]

二つ目の編纂事業は、幕府が後援したものだったが、これも天皇の支配を中心に据えていた。[24]一七九三年、幕府は盲目の学者塙保己一が和学講談所を設立するのを支援した。和学講談所は幕府公認の儒学の学問所である林家の学問所の支配のもとにおかれ、その主な目的は日本の法律と歴史に関する史料の収集と刊行であった。「史料」は、和学講談所で編纂されたものの一つにすぎなかった。「史料」は、保己一が正史と考えていた六国史に続くための史料的基礎を提供することを予定しており、彼自身の編纂したものが正史となることをめざしていたわけではなかった。宇多天皇（在位八八七―八九七年）以降の出来事が年代順にあげられ、関連する史料の引用が付された。この形式は「綱目」として知られている。「綱」は正確な情報を提供することを、「目」はそれを文書で立証することを、目的としていた。「綱目」は、歴史の正しい見解を公式化するというより、正史の原典として、一次史料（「史料」は、今日では歴史資料という意味の用語となっている）を収集し、史料批判の注記を付して配列するという新しい傾向を反映したものであった。しかし、「出典」の価値や重要性が十分に問われたとはいえず、これが今日にいたる日本の「実証主義」的歴史記述の一つの問題となっている。[25] 塙保己一の形式は現在でも史料編纂に用いられているのである。

「大日本史」も「史料」も、お互いに大きく異なるものでありながら、江戸時代を通じて重要性を増した修史の一つの特徴を説明してくれる。それは、歴史叙述の基礎として、広範囲に、そしてある程度は批判的に、一次史料を使用することである。テクストの批判的研究は、考証学として知られる学問分野の基礎であった。考証学は清朝（一六四四―一九一二年）中国で始まったが、清朝期には新しい儒学研究が花開いた。新しい文献批判の学派は、儒教の古典の精密な検討と解釈を特徴としていた。日本では考証学は儒学の主流の一部となり、江戸時代の後半には、考証学の方法が、国学者たちによって日本語のテクストの研究にも応用された。国学は、儒学の正統性に挑戦する学問の一派である。国学者たちは、「純粋な」日本の思想を儒教や仏教の影響から自由にしようと企てて、古代日本の文学へ向かっていった。彼らの研究は、近代日本の学問に重大な影響を及ぼした。この考証学の伝統による文献批判は、明治期に完成を見たのである。[26]

国学はのちに、古典研究に専念するより学問的な一派と、あらゆる外国の影響を拒絶し、国家の基礎として神道を復興しようとする政治的な一派とに分化した。両派とも歴史学に大きな刺激を与えた。日本の古代文学にもとづいた文献学的研究は、歴史的関心の範囲を広げ、「古道」への執着は何が特殊日本的なものであるのかをめぐる議論を助長し、既成の秩序に挑戦して、近代の国家主義観念の原型となった。国学は、折衷主義的な後期水戸学とともに、一八六八年以降の明治維新の思想的よりどころの決定的要因となったと信じられ、維新の正統化に重要な役割を果たした。[27]

それゆえ、明治政府が、支配の正統化のために修史を利用しようとしたとき、その業務には当時存在していた歴史学のいくつかの特徴が役立った。すなわち、歴史学を含む学問が政府により後援され、政府部局のなかで組織されるという伝統が存在した。できるだけ多くの史料を収集することが、正史編纂の重要な部分を形成するという認識も存在した。史料を検討してその信頼性ないし意味を確定する確立した方法も存在した。さらに、国学や後期水戸学の思想は、近代のナショナリズム的イデオロギーの基礎となる多くのものを提供していたのである[28]。

本書の目的は、日本における近代歴史学の形成において、政府の関心、学問における日本固有の伝統、西洋からの衝撃、近代国民国家の出現といったことがどのように組み合わされていたかを見ることにある。その焦点は、修史のための政府部局と、それを引き継いだ研究機関におかれている。

明治政府が助成した官撰修史事業は学問的な歴史学の基礎となり、それは帝国大学から新興の大学へと広がりつつ、諸大学で実践された。よって、修史部局や史料編纂所の歴史を研究することは、歴史学という学問分野が日本でどのようにして発達したかを理解するうえで不可欠である。なぜなら、組織の構造は歴史探究のあり方を反映するし、また影響を与えもするからである。

しかしながら、政府の修史部局の仕事から進化して生まれた歴史学の系統を「主流」とみなすことができるとしても、明治政府に雇われた学者だけが歴史を書く唯一の者たちであったわけではない[29]。幕末期から、歴史は世間一般に広範な人気があり、それは明治になっても続いていた。この一つの表れとして、従来の歴史書の大流行がある。特に、源平から徳川家にいたる武家の運命を描いた物語である頼山陽の『日本外史』（一八二七年）がそうである。同様にもてはやされたものには、岩垣松苗《まつなえ》の『国史略』（一八二六年）、水戸学者青山延于《のぶゆき》の『皇朝史略』（一八二六年）があった。これら江戸時代の著作は明治初期にも版を重ね、注釈書が出版されて学校教科書として使われたりした[30]。

世界史をあつかった西洋の著作の翻訳書も人気があり、それには普遍史を哲学的に論じたものも含まれていた[31]。これらは新しいタイプの歴史叙述に影響を与え、そうした歴史叙述は、日本史を人類発展の歴史である「文明史」として扱い、西洋化と近代化に向かう一般的傾向を反映したものと考えていた。なかでも、最も重要な著作が福沢諭吉の『文明論之概略』（一八七五年）と田口卯吉の『日本開化小史』（一八七七―八二年）であった。文明史、もしくは啓蒙主義的歴史は、一八八〇年代の末まで盛んであったが、八〇年代末にいたって思想の傾向はより保守的なものとなった。前代の文明史家たちに影響された「民友社系」（徳富蘇峰が一八八七年に創立した出版社にちなんで名づけられた）の歴史家たちは、いくつかの歴史の著作を生み出したが、彼らはいわゆる「世界史」よりもむしろ日本の歴史を書いた。徳富蘇峰自身も、『近世日本国民史』などを出版した。竹越与三郎は『新日本史』や『二千五百年史』を出版したが、後者は日本の始まりから彼の同時代までの日本の通史である。山路愛山は江戸時代の著名人（荻生徂徠・新井白石・徳川家康）の伝記を出版し、一八九七年から一八九九年にかけては、長州藩の公式な歴史書である『防長回天史』の編纂に従事した。彼はまた自分の歴史観を明らかにして、東京帝国大学の歴史家たちをするどく批判した(32)。

そしてこれらが、明治時代の歴史の二大潮流となった。一つ目は、文献批判と実証にもとづき、主に政府機関や帝国大学の専門家によって実践されたものである。二つ目は、経済史や社会史・文化史・思想史を含む、歴史の解釈を提供しようとする歴史叙述を生み出したが、これらは主に、在野の学者やジャーナリストによって実践された。その最も代表的な存在である山路愛山は、これを表すのに「民間史学」という用語を作り出した(33)。これら二つの流れは、一八六八年以前の修史の伝統的要素をある程度反映している。すなわち編年史的なものと物語的なものである。

歴史記述のさまざまな傾向は、より正統な主流と徐々にあわさり、大正期（一九一二―二六年）までには、歴史学は明治以前ないし明治初期の特徴の多くを払拭し、近代的な学問分野となった(34)。

もちろん、多かれ少なかれ学問的な歴史書を書くということが、過去を援用してナショナル・アイデンティティーを定義し、現在や未来に意味を与える唯一の方法ではない。それはハルトヴィヒが「歴史文化 Geschichtskultur」と呼んだ、より広い文脈のなかで見なければならない。それは、歴史的伝統や歴史的知識が、社会のなかで表出されるさまざまな形態を含んでいる。例えば、歴史を利用して、社会的・政治的な論争、物質文化、モニュメント、儀式、記念日、国家シンボルに論拠を供給するといったことである。歴史に対する関心は、さまざまな要求に応じてさまざまな形をとる。ニーチェは、記念碑的歴史は畏敬の必要性に応え、尚古的歴史は保存を目的とし、批判的歴史は生の力を脅かすものを破壊しようとすると言ったが、この区分は日本にも当てはまる(35)。

官撰修史の展開について論じるなかで、官撰修史が失敗した理由が明らかになるであろう。その理由とは、現存するすべての史料を考慮し、過去をあるがまま正確に記録する正史を作ることが不可能であると証明されたからだけではなく、歴史が、さまざまな形で満たすことを期待されている政府や公衆の要望に応えることができなかったからである。このことは、修史部局の学者たちが、何世紀にもわたって民衆の想像力をかきたててきた日本中世のある英雄たちの実在に、疑問を投げかけ始めたときに明らかになった（第六章第三節）。続いて巻き起こった憤慨のなかで、官撰修史の代表者である重野安繹《やすつぐ》は、「抹殺博士」というレッテルを貼られたのである。

しかしながら、修史を、外側からの期待に応えたか否かという点からのみ見るのは間違いであろう。官撰の歴史を書くために雇われた重野や彼の同僚には、彼らの雇い主と同様、彼らなりの行動指針があった。彼らは、他の政府機関の同僚たちと何ら変わることのない政府の役人として、自分たちの業務に着手したが、修史部局に残った者たちは徐々に、専門家、すなわち日本で最初の専門的歴史家となった。彼らは歴史的真実を探求していると主張したが、その主張は検証されなければならない。現代の我々はもはや、歴史的真実なるものを最終的に確立する可能性について、彼らと同じ楽観主義を共有しない。我々は、そのように試みることが望ましいのか疑いさえするかもしれない。ハーバート・バターフィールドはこう指摘している。「もし歴史が、そのすべての複雑さと細部において完全に語られうるなら、その歴史は我々に、人生そのものと同じくらい混沌として、不可解なものを与えるだろう(36)」。バターフィールドは、歴史研究の難しさの根底にある基本的な問題は、いかに「歴史の物語の意味や目的」を変えずに要約するかということにあると示唆している。確かに、重野や同僚が直面した最も困難な問題の一つは、どうしたら、彼らが日本中を歩いて発掘した増えるばかりの史料を、「意味や目的」がわかる程度の扱いやすい形で提示するかということであった。

重野や同僚にとって、意味の問題は単純なことだったようである。彼らは、歴史的事実を「ありのまま」記録すれば、その意味はおのずから明らかになると信じていた。彼らは（ありのままの事実の）発見discoveryと（事実の再構成を伴う）表象representationとの区別に、十分気づいていなかったようである。[37]しかし、歴史学者が著作のなかで再構築を試みようとするところの過去を表現する方法は、決して所与のものでなく、それ自体学問的探究の主題である。そのことを認めるのに、ヘイドン・ホワイトのように、歴史叙述（narrative）と他の叙述（narrative）形態には何ら重大な違いはないと主張する必要はない。[38]実際、修史部局の職員は、歴史叙述の形式に考察を加えた。それにもかかわらず、彼らは結局、事実の時系列的羅列という古い型にとどまってしまったのである。こうして、これらの学者の著作は、歴史の叙述方法にはほとんど影響を与えず、歴史解釈の領域においても、歴史学は儒教的なバイアスから自由でなければならないという主張以上の何らかの革新をもたらすことはなかった。このように、史料の収集・検討・整理へ集中し、歴史的事実の表象や解釈より事実そのものに没頭したことは、なぜアカデミックな歴史学が、一九三〇年代に政治的目的でおこなわれた官による歴史の歪曲に抵抗する立場をとれなかったのかという問いに対する答の一つとして、しばしば引き合いに出される。[39]これは一面では正しいかもしれないが、史料編纂所で実践されていた歴史研究の孤立は、むしろ学者と政治家との間の合意の結果だった。この合意とは、「純正史学」とも呼ばれる歴史研究は、教育目的の歴史といったような「応用史学」として知られる他の形態の歴史とは区別しなければならないというものである。この区別は一九一一年の教科書論争（南北朝正閏論争、第六章第六節）で決定的なものとなったが、このとき歴史の問題は勅裁によって決定されたのである。

一九世紀における国民国家の出現と、歴史学の出現との間には密接な関係性があり、それは日本以外の国々でも特徴的であることはすでに概略を述べた。本書は比較研究ではなく、また、今のところ日本での研究は、全面的な比較が許されるほど進んではいない。しかしながら、次の三つの理由から、特にドイツについてはある程度言及したい。その理由の一つ目は、ドイツ歴史学が日本に輸入される以前に、他のヨーロッパ諸国や北アメリカに一つのモデルを提供したことである。二つ目は、ルートヴィヒ・リースや、ドイツで歴史学を学び、日本に帰ってそれを教えた何名かの日本人などを通じて、ドイツ歴史学が日本の歴史学研究に直接的な影響を与えたことである。実際ドイツは、議会制憲法の導入を含む多くの分野で、日本のモデルとなった。そして三つ目は、ドイツでは他のヨーロッパ列強に比べ国家の統一が遅れ、ドイツ帝国は、明治政府が廃藩置県をおこなって全国的支配権を得たのと同じ一八七一年に建国されていることである。それゆえ、これら両国では、歴史記述とナショナル・アイデンティティー追求の関係性がとりわけ明瞭なのである。しかしながら、重野や彼の同僚によって実践された歴史学は、現れつつあるナショナル・イデオロギーに対して、プロイセン学派の歴史学がドイツ帝国のナショナル・イデオロギーに及ぼしたのと同じような影響を与えたわけではなかった。日本における近代歴史学は、国家が支援する事業に起源をもつという事実にもかかわらず、ドイツにおけるよりずっと、ナショナル・イデオロギーとは別個のものだったのである。

本書のアイデアが着想されたのは、日本とドイツの両国が自ら引き起こし、極度の残酷さを伴って戦った世界大戦での敗戦以来抱えてきた国家的過去に関する問題が、特に先鋭化した時期であった。両国ともに、保守的な知識人の間には、ナショナル・アイデンティティーの感覚を再強化する必要があるとか、歴史はその感覚を提供できるといった意識があった。ドイツでは、これらの議論は、第三帝国についての古臭い議論とあわさって、一九八六年夏の歴史家論争 Historikerstreit で最高潮に達した。同時期の日本でも、国家意識の欠如を認識し、これを矯正するために過去に立ち帰ろうとするドイツ同様の試みが起きたが、それはちょうど、昭和天皇の死に先立つ数ヵ月間、天皇の戦争責任についての議論が新たな高まりに達したときだったのである。

そのときから、両国とも変化を経験してきた。日本では昭和が終わり（それは名前の変化にすぎないように見えるかもしれないが、それにもかかわらず大きな断絶のように感じられた）、一九九一年末以降の長引く不況と、それまでほぼ四〇年にわたり日本の政治を支配してきた自由民主党の没落は、日本が一九四五年以降経験してきた変化に脚光をあてた。ドイツにおける一九八九・九〇年の出来事は、ナショナル・アイデンティティーや自国の歴史に対する観念がいかにつかの間のものであるかをより明確に見せてくれた。

共産圏の崩壊と東欧における国家主義感情の復活に続く日独両国や世界全体における変化が、歴史の編纂や叙述にどのような影響を与えるかは、これからも見続けなければならない。確かだと思われることは、歴史とナショナル・アイデンティティーについての議論は、今後も現在進行中のものであり続けるだろうということである。

第二章　政府事業としての修史

明治政府は、権力の座に就くや否や、官撰国史編纂を目的とする一部局を設置した。この事実ほど、修史事業と国家の結びつきを明瞭に示すものはない。この修史部局は、一八七二年から一八八八年にかけて、最高行政機関である太政官と、一八八五年に太政官を引き継いだ内閣の一部を構成していた。

第一節　明治維新と政府による修史事業再興

一八六八年の明治維新から一八七一年の廃藩置県にかけて、維新の指導者、すなわち公家の岩倉具視や三条実美や薩長土肥出身の士族たちは、新政府の手に政治権力を集中すべく努めた。旧幕府勢力による軍事的抵抗は、戊辰戦争が終結する一八六九年春までには打ち破られた。一八六八年一月（慶応三年一二月）に王政復古が宣言され、一八六八年四月（慶応四年三月）には、一般的な方針を含む天皇の誓約（五箇条の誓文）が発せられた。それに続いて政体書が定められ、天皇の下に最高政治権力の場として太政官が設置された。太政官は立法機関、行政機関、司法機関から構成される。一八六九年の夏、太政官は再編成され、新しく設置された神祇官が理念上では政府の最高機関となった。しかし、最も重要な官職は、太政官の左大臣、右大臣、参議であった。太政官所属の省は当初六省であったが、のち七番目の省が加えられた。[訳注1] 新しい政府は奈良時代（七一〇—九四年）の律令国家にならったものであった。

明治政府による修史事業の始まり、あるいは初期の教育制度全体の始まりについては、ほとんどのことがわからない。歴史課（第二章第二節参照）のあった太政官が一八七三年に炎上した際、文書のいくつかは失われてしまったのかもしれない。残った数少ない文書は、政府の布告の編纂物である「太政類典」と『法規分類大全』に収録されている。(1)

新政府の主な関心は教育にあった。新政府の最初の官立学校は、京都において一八六八年に設立された。一八六八年夏、東京遷都に続き、以前の徳川幕府の学校である医学所、開成所、そして昌平黌（以前の林家の学校）が再開された。(2) 数ヵ月後、昌平黌は、太政官中の行政官の管轄下に置かれた。翌年初め、昌平黌の再開は公認された。[訳注2] 旧土佐藩主山内豊信（容堂）、元将軍侍読秋月種樹《たねたつ》、山内豊信の侍読松岡時敏が職員となった。この「昌平学校」もしくは「学校」は単なる教育機関ではなく、教育制度全体に責任を持つ行政機関でもあった。一八六九年の夏、昌平学校は「大学校」と改称された。「大学校」は文部省のような地位を占め、医学校（医学所）と開成学校（開成所）が大学校の管轄下に置かれた。翌年「大学校」は閉鎖され、教官たちは解雇されたが、文部省が一八七一年に設立されるまで事務は続けられた。医学校（大学東校）と開成学校（大学南校）はふたたび独立することになった。すなわち、政府は、以前の昌平黌で教えられていた儒学よりも西洋的知識の教授に重きを置いたのである。昌平黌の再開も、岩倉具視のようなより保守的な見解への配慮にすぎなかったのである。(3) 昌平学校または大学本校の閉鎖は、国学者と漢学者間の抗争の結果であった。彼らは新しい教育体制への影響力や、政治権力をめぐって争ったのである。そのうえ、教官と生徒との間にもさまざまな緊張関係があった。彼らのほとんどは士族出身で、藩においてあらかじめ教育を受けていた。「大学校（大学）」は今日的な意味で言う大学というよりも、むしろ学生たちが自由に己の学問を追究しながら集い、意見を交換する場であったのである。国学者と漢学者の対抗関係についてはここでは詳しく取り扱わない。しかしながら、その対抗関係は明治期を通じて続き、政府による官撰修史の運命に多大な影響を及ぼしたことからも重要である。[4]

「学校」こそ、政府による官撰修史を復活させようとする、現在知られている最初の試みがなされたところである。この発端についてはほとんど知られていないが、一八六九年の初頭に、「学校」は国史編纂のための部局設立の伺書を起草している。この伺書は、王政の衰微以来、六国史の後が続かなかったことを嘆く。しかしながら、今や王政は復古されたのであって、官撰修史の伝統も、天皇に敬意を表して復活されなければならない。このためには一部局を設立し、それにふさわしい官吏が任命されなければならない。「学校官員ノ所長《ちょうずるところ》」をもって兼勤させ、業務もすぐに開始すべきであるとしている。[5]

伺書の作成者は不明であるが、そのとき誰が「学校」内にいたのかは判明する。大久保利謙によると、教官はすべて漢学者で、そのうち以前の徳川幕府による学校（昌平黌）に所属していたのはたった二名（芳野立蔵・塩谷修輔）にすぎない。[6]大久保は、彼らの任命の理由は不明であり、おそらくは自薦ないし他薦によるものであろうと述べている。彼らのうち何名かは、のちに修史部局に所属することになる。それは頼復二郎《らいまたじろう》・岡松甕谷《おうこく》・藤野正啓・蒲生褧亭《けいてい》である。青山延光《のぶみつ》はさまざまな歴史の著作を著し、水戸藩で「大日本史」編纂に従事した人物であった。また、彼の弟延寿《のぶひさ》は、のち修史館の一員となった。水本成美《せいび》は、のち修史部局で重要な人物となる重野安繹の親友であった。水本と重野は、ともに「大日本史」を基礎とする編年体での日本史の編纂をおこなった経験があった。[7]おそらく官撰の日本史編纂をおこなうという考えは、これらの人々か、もしくは秋月種樹から出たものであろう。秋月はこの数週間後に出された「修史御沙汰書」の草稿を修正したとされる人物である。

この伺書の責任者が誰であるにせよ、その人物は、伺書の中で言及されている六国史を生んだ奈良時代の律令国家を念頭に置いていたようである。歴史家の坂本太郎は、奈良時代の王朝的・官僚制的な律令国家と六国史との密接なつながりを指摘している。[8]したがって、政治的制度のモデルが奈良時代に取られたとき、奈良時代の修史の伝統もまた再開されたのは驚くべきことではない。

「学校」による伺書は受理され、翌月には史料編輯《へんしゅう》国史校正局が開局された。しかし同局は、もともとの伺書を出した湯島の「学校」にではなく、もう一つの旧幕府の学校であった和学講談所内に置かれた。和学講談所はその前年、創立者塙保己一の孫にあたる塙忠韶《ただつぐ》によって新政府に引き渡されており、おそらくは行政機関としての「学校」の管轄下にあったのだろう(9)。同時に三名が史料編輯国史校正御用掛に任命された。木村正辞《まさこと》、小中村清矩《きよのり》、横山由清である。彼らに加えて、塙忠韶が助手である史料編輯国史校正御用掛見習に任命された。彼らはみな国学者で、以前は和学講談所にいた者たちであった。場所と人物の選択が示唆するように、江戸時代以来の国学の伝統を再始動させようとする意図、特に塙保己一の仕事を続けようとする意図がうかがえる。塙保己一が諸文書を編集した「史料」は、明治政府による修史事業の出発点となった。

天皇の政府による修史事業の復活は、一八六九年四月（明治二年四月四日）の三条実美宛《あて》御沙汰書（「修史御沙汰書」）によって裁可された（第一章）。御沙汰書の言葉遣いは「学校」が提出した伺書に類似しており、天皇の支配の衰微と軌を一にした修史事業の衰微を嘆き、伝統復活の重要性を強調していた。沼田次郎によれば、天皇自身がこの御沙汰書を書いたとされる。エライユは、秋月種樹が天皇の草稿を修正したと述べるが、その根拠は何も示していない(10)。とはいえ、御沙汰書が立脚するイデオロギー的伝統は十分明白である。この「修史御沙汰書」は、官撰修史事業を正当化するために繰り返し引用された。御沙汰書は、その前に「学校」から出された発議を承認したものにすぎないのであるが、歴史家はこれを明治時代の官撰修史事業の始まりとみなすのである。

史料編輯国史校正局は設立の二ヵ月後に昌平学校（旧昌平黌）へ移され、さらに二名が国史編輯御用掛に任命された。その二名とは平田鉄胤《かねたね》と谷森善臣で、ともに国学者であった。

加えて、三名が国史編輯御用掛に任命された。その一人頼復二郎は京都出身の儒学者で、頼山陽の息子であった。

他の二人は藤野正啓と岡松甕谷であった。漢学者が任命されたのは彼らが最初であった。このとき国史編纂の仕事が始まったか否かは明確ではない。史料編輯国史校正局は、一八六九年の秋に国史編輯局と改称された。新しい名称によって、初めて局の目的が示された。しかしながら、同年末、国史編輯局は閉鎖された。それはおそらく、国学者と漢学者の対立の結果であろう。

こうして、六国史の伝統を再開するという明治政府の最初の試みは、失敗に終わった。明治政府は、歴史の叙述という事業以上に差し迫った重大事を抱えていたのである。しかしここで注目に値するのは、そもそも明治政府がいわば歴史を「作る」ことに忙しかったときに、歴史を「叙述する」ことにも関心を示したことである。その理由は明治政府の指導者たちの主張のなかに見出される。彼らは、天皇の統治は将軍たちにより七〇〇年以上にわたって簒奪されてきたが、彼ら明治政府の指導者たちこそが天皇親政への回帰をもたらしたと主張していた。古代律令制国家の下でおこなわれた国史編纂の伝統を再開することは、明治政府の指導者たちが唱えたこの主張の正当性を強調する役割を果たしたのである。

国史編輯局の廃止後、局の官吏の多くは政府の他のポストに移っていき、国史編纂の業務を命じられた者のうち、塙・藤野・谷森だけがのちに修史部局の職員となった。木村正辞は神祇官の役人となり、その後文部省に勤務し、そこで学校で使うための歴史教科書を編纂した。さらにのちには司法省や宮内省に勤務し、一八九一年には帝国大学の教授となった。小中村清矩は初め太政官に勤務した。そして、一八七八年には東京大学の講師に、八二年には教授となり、歴史学の発展に大きな影響を与えた。横山由清もまた政府の役人となり、晩年は東京大学で法制史を教えた。塙忠韶は文部省の一員となり、のちに神祇官の一員ともなった。平田銕胤は教部省の大教正となった。谷森善臣は神祇官の一員となり、頼復二郎は京都に戻った。藤野正啓と岡松甕谷もまた数年後に東京を去った。岡松は熊本で教鞭をとり、のちに東京大学の教授となった。

国史編輯局の閉鎖は、歴史への関心が薄らいだことを意味したわけではない。一八七二年に歴史課が設置される以前にも、さまざまな部局が何らかの種類の歴史調査に携わっていた。その一つが一八七〇年の秋、神祇官中に設けられた御系図取調掛である。これは一八七二年に歴史課の一部に組み込まれた。

一八七一年、湯島の「大学校」の跡地に文部省が設立された。文部卿には大木喬任が就任し、「大学校」の職員の多くも文部省にポストを得た。そして、省内に教科書を編集する部局である編輯寮出版掛（一八七二年からは教科書編成掛）が設けられた。この部局の人員の中には、のちに歴史課に移った者もいる。

一八七二年に歴史課が創設される以前、明治政府は太政官の一官吏である長松幹《つかさ》に、「復古攬要」と題する明治維新史を書くよう命じていた。この「復古攬要」は、一八七一年に岩倉使節団が欧米を訪問する際、使節団の参考書として役に立つことを予定されたものである。[11] 長松は長州藩出身の医者の息子で、京都で学んだあと、自藩の編輯局に任じられた。編輯局で彼は、「尊皇事蹟」と題する明治維新の記述を執筆している。「復古攬要」は、明治維新の官撰記録である「復古記」編纂の出発点となり、この目的のために、一八七二年には太政官に歴史課が設けられた。

第二節　中央集権化と歴史課

一八七一年、明治政府は藩を廃止した。藩は維新直後の数年間はかなりの独立性を保ってきたが、府県に置き換えられた。この処置によって、全国土とその住民の管轄権、旧藩の歳入や軍隊の管理は、中央政府の手に統合された。同時に政府は旧藩の課題も継承したが、なかでも重要な課題は土地の所有権を規定し、租税を確保することであった。一八七三年に新たな税制が導入されたが、それにより土地所有者は土地の評価額（地価）の三％を納めるべきものとされた（地租改正）。この制度は施行されるのに八年を要した。[12] 廃藩置県に続いて、太政官は正院を中心として再編成され、正院を通じて天皇が親政するものとされた。政府の最も重要な役職は、太政大臣・左大臣・右大臣・参議であった。

歴史課は一八七二年に、政府の最高部局である正院の中に置かれた。「復古記」の序文は、歴史課の設置は中央集権化の結果であると示唆している(13)。歴史課の設置は新たな税制導入を容易にする一つの方法と見られたのかもしれない。なぜなら、歴史課は主に、行政の基礎となる情報を収集し整理することに従事したからである。効率的な統治を可能にするために、中央政府は国内のことについてできるだけ多くのことを知ろうとした。この目的のために府県も、諸省や他の政府部局と同様に、文書を集めて提出するよう繰り返し命じられた（第三章第三節）。

行政の基礎として情報を集めようという明治政府の試みは、歴史課と同時に地誌課が設立されたことによく示されている(14)。地誌課は「皇国地誌」を編纂したが、それはおそらく、奈良時代の「風土記」や江戸時代の同種の試みによって触発されたものであろう。「皇国地誌」が各地域の現在の社会的・経済的状況に関する記述を含んでいたのに対し(15)、歴史課で編纂された「府県史料」は各地域の歴史的展開を記述した。地誌課長は塚本明毅《あきたけ》であったが、彼は旧幕臣で軍事教官を務めたことのある人物であった。地誌課はのち一時期内務省の所管となったあと、修史局の一掛となった。

一八七三年に歴史課の業務は確定されるとともに、「国史の編修」を含むものに拡張された。翌年、川田剛《たけし》（甕江《おうこう》）とその弟子たちも歴史課に移された。川田は一八七三年に文部省から国史編纂を命じられていたのである。川田は歴史課御用掛となって、後小松天皇（在位一三八二―一四一二年）から仁孝天皇（在位一八一七―四六年）までの時代の歴史編纂を任された。しかしながら、歴史課の中で、官撰国史の編纂が熱心に試みられたようには見えない。

歴史課のメンバーが誰であったのか正確にはわからない。宮地正人は長松のほかに一八名いたというが、この情報の典拠については言及していない。大久保利謙は川田に従った八名の名前を挙げているが、彼らのうちのいく名かはのち修史局で任用された。また、以前は教育部局や太政官にいた長　炗《ちようひかる》（三洲）・四屋恒之・中村鼎五・広瀬進一も歴史課の所属とされ、一八七五年には修史局に移されている。(16) 御系図取調掛も歴史課、のち修史局の所属となった。これら三つのグループ、すなわち太政官の役人、川田剛とその弟子たち、そして御系図取調掛が、一八七五年に設立された修史局の中の各課（局）を構成することになった。

川田を除いて誰も、この段階で歴史叙述に従事する者はいなかった。長松が作成していた「復古記」は、歴史書というよりも、むしろ直近の出来事に関する記述であった。「復古記」を別にすれば、役人たちは各県からの文書収集と天皇家の系図調査に専念していた。歴史課は、各県にとっての行政部局であるとともに、文書館（アーカイブ）としても機能していたのである。このように、現在の出来事を記録することと歴史を叙述することとは明確に区別されてはいなかった。修史局が設置されて初めて、国史に関する業務が真剣に試みられるようになったのである。

第三節　大阪会議と修史局

一八七一年、明治政府の寡頭政治家たちのいく名かが、岩倉使節団として日本を離れ、アメリカとヨーロッパに向かった。彼らが出かけている間、留守政府の政治指導者たち、すなわち西郷隆盛・副島種臣・後藤象二郎・板垣退助・江藤新平は、一八六八年から緊張関係にあった朝鮮との戦争を引き起こそうと計画した。使節団の帰国によって朝鮮との戦争は防がれたが、明治政府は分裂し、西郷・副島・後藤・板垣・江藤は一八七三年一〇月に下野した。その結果、伊藤博文・大隈重信・大久保利通・岩倉具視が政府の中で最も大きな影響力を持つようになった。

政府を去った政治指導者たちは、彼らの旧藩において不平士族を組織化し始めた。(17) 全国規模では、板垣は愛国公党を創設し、後藤・副島・江藤がそのメンバーとなった。一八七四年一月一七日、彼らと愛国公党の他の四人は、民撰議院設立建白書を政府に提出した。この建白書は自由民権運動の始まりを画し、運動は主に士族や豪農、豪商によって支持された。愛国公党の指導者たちは、政府による改革に対する人々の不満を利用して、政府指導者への反対を煽った。江藤は不平士族による武力反乱（佐賀の乱）を率いたが、すぐに鎮圧され、江藤は処刑された。台湾に対する懲罰的出兵（台湾出兵）も、部分的には士族をなだめるために計画されたが、大久保が清との合意にいたった後、日本軍は撤兵した。結果として、明治政府内部の緊張は高まった。台湾出兵に抗議して木戸孝允は政府を去り、板垣や後藤に加わった。彼らは強力であり、彼らの反対は政府にとって深刻な脅威であった。そこで、大久保は団結を再構築するべく、木戸・板垣との会合を設定した。この会議は一八七五年二月に大阪で開かれた（大阪会議）。会議の参加者たちは立憲政体の樹立に向けて努力することで合意し、彼らの決定は一八七五年四月一四日の詔書（漸次立憲政体樹立の詔）で裁可された。木戸と板垣は政府に復帰した。大阪会議の結果、元老院・地方官会議・大審院が設立され、太政官制は再編された。

大阪会議は、一八七三年の岩倉使節団の帰国に始まる一連の危機を終わらせた。連立政権の崩壊は、民権に対する人びとの要求の高まりと連動して、明治政府にとっての試練であった[18]。一八七五年四月一四日、詔書によって立憲政体が約束された。その同日に修史局が以前の歴史課に取って代わったというのは、単なる偶然ではない。「修史」は「歴史の編纂」という意味であり、新しい部局の名前には国史を作り出すのだという意図が表れていた。重要なのは、この変化が明治政府の指導者間の権力闘争の後に起こったということである。その権力闘争は、政府の権威のさらなる強化をもたらしたのである。政府は、自由民権運動に直面するなかで、その権力を行使する必要があった。

以前の歴史課は完全に再編された。一八七五年五月四日、修史局は「修史事宜」と題する文書を太政官の大臣・参議に提出し、意見を求めた[19]。「修史事宜」によれば、「復古記」がまもなく完成することになっており、今後の方針を計画する必要があるというのである。またこの文書のなかでは、正史がないこと、そして正史を編纂することの重要

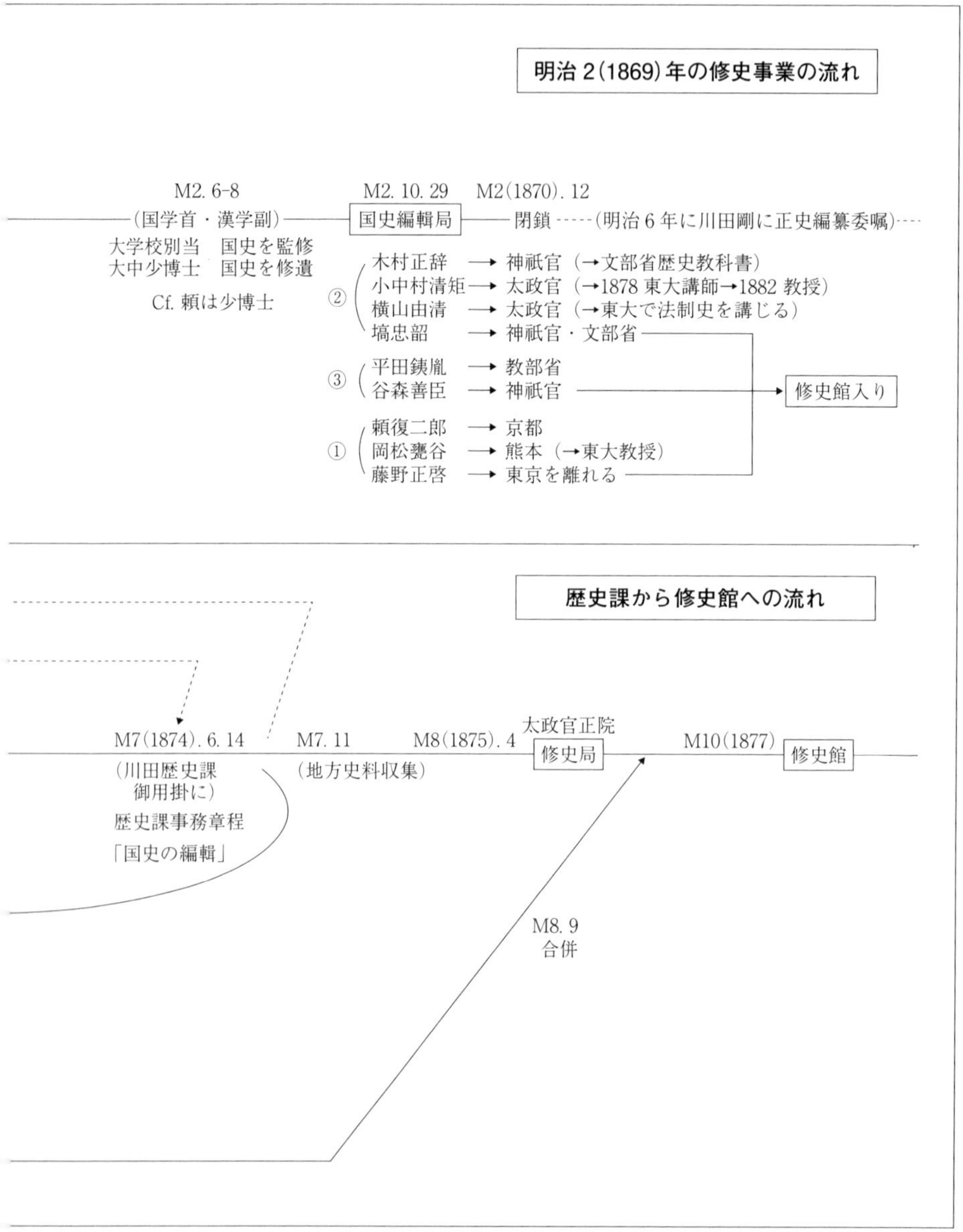

明治2(1869)年の修史事業の流れ
M2. 6-8
(国学首・漢学副)
大学校別当　国史を監修
大中少博士　国史を修遺
Cf. 頼は少博士
M2. 10. 29
国史編輯局
M2(1870). 12
閉鎖
(明治6年に川田剛に正史編纂委嘱)
②
木村正辞 → 神祇官 (→文部省歴史教科書)
小中村清矩 → 太政官 (→1878 東大講師→1882 教授)
横山由清 → 太政官 (→東大で法制史を講じる)
塙忠韶 → 神祇官・文部省
③
平田鉄胤 → 教部省
谷森善臣 → 神祇官
修史館入り
①
頼復二郎 → 京都
岡松甕谷 → 熊本 (→東大教授)
藤野正啓 → 東京を離れる
歴史課から修史館への流れ
M7(1874). 6. 14
(川田歴史課
御用掛に)
歴史課事務章程
「国史の編輯」
M7. 11
(地方史料収集)
M8(1875). 4
太政官正院
修史局
M10(1877)
修史館
M8. 9
合併

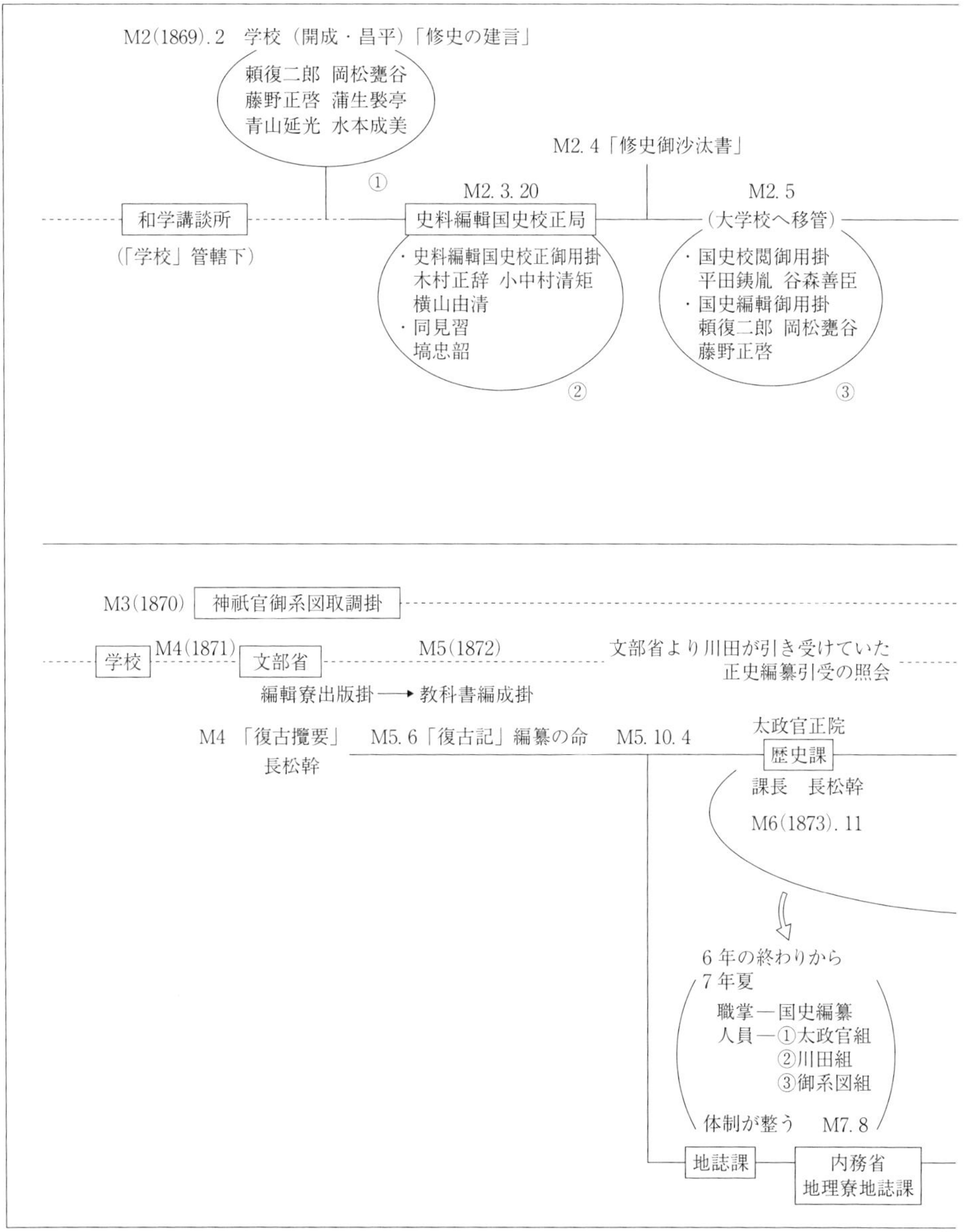
M2(1869).2　学校（開成・昌平）「修史の建言」
頼復二郎　岡松甕谷
藤野正啓　蒲生褧亭
青山延光　水本成美
①
和学講談所
（「学校」管轄下）
M2.3.20
史料編輯国史校正局
・史料編輯国史校正御用掛
木村正辞　小中村清矩
横山由清
・同見習
塙忠韶
②
M2.4「修史御沙汰書」
M2.5
（大学校へ移管）
・国史校閲御用掛
平田鉄胤　谷森善臣
・国史編輯御用掛
頼復二郎　岡松甕谷
藤野正啓
③
M3(1870)　神祇官御系図取調掛
学校　M4(1871)　文部省　M5(1872)
文部省より川田が引き受けていた
正史編纂引受の照会
編輯寮出版掛→教科書編成掛
M4　「復古攬要」
長松幹
M5.6「復古記」編纂の命　M5.10.4
太政官正院
歴史課
課長　長松幹
M6(1873).11
6年の終わりから
7年夏
職掌―国史編纂
人員―①太政官組
②川田組
③御系図組
体制が整う　M7.8
地誌課
内務省
地理寮地誌課

（訳者作成）

性が指摘されていた。次にどのようにその作業を進めてゆくべきかについてのいくつかの提案が続いている。この文書はさらに続けて、歴史的事実は常に正確に伝えられてきたわけではなく、特に「封建時代」ではそうであったと述べている。そういった歴史的事実を明らかにするためには、中央政府の権威が必要とされる。さらにこの文書は、十分尊敬された高位の者が総裁に任命されるべきだと述べている。以前の総裁三条実美は他にも多くの職務をかかえていたため、歴史に関わることができなかった。この要求に応えて、一八七五年六月二四日、伊地知正治が修史局の副総裁に任命された[20]。

新しい局は四課（局）に分かれていた。うち二つの課は歴史課の事業を引き継ぎ、他の二つの課は国史編纂のための準備を開始した。誰が修史部局に在籍したかについて完全に知ることができるのはこの時期以降である（第三章第一節）。

一八七五年九月二〇日、一時期内務省内にあった地誌課がふたたび太政官に移管され、修史局の独立した課となった。

国史に関する事業は、修史局の設立とともに始まった。修史局は歴史課よりもずっと大きい機関であり、その業務内容は業務の進め方と同様に、明確に定められた。年に二回、修史局はそれ以前の数ヵ月における進捗状況と、修史局に雇用されている職員に関する報告書を提出した。

しかしながら、修史局は長くは続かなかった。一八七七年の初頭、修史局がその一部を構成しているところの太政官正院は、西南戦争前夜の財政難に直面して、政府機能をより効率的にするため廃止された。修史局も一月一八日に廃止され、一月二六日に修史館へと置き換えられた。年間予算は二万五〇〇〇円に固定されたが、これは後の文書によると修史局が受け取っていた予算のたった半分である[21]。職員は七四名から五九名へと減らされ、なかでも地誌課への影響が最も大きかった。長松が、この修史館の職制の起草を任された。伊地知正治が副総裁、のち総裁（八月二九日、同時に宮内省御用掛兼任となった）に任じられた。種々の役職が改称され、管理部門はある独立の局に割り当てられた。かつての修史局の課（局）は統合され、一つの課（局）は解体されて、その職員は数ヵ月後に宮内省に新設された新しい部署に移された。

修史館での仕事は予算の不足に悩まされた。総裁伊地知正治は右大臣岩倉具視に一度ならず不満を表明している。[22]修史館の職員間における意見の不一致も作業の進捗を妨げた。各部署はその業務のみならず、性格も異にしていた。皇親系図担当の部署は、これら不和の結果、宮内省へ移管されたのである。小河一敏のいくつかの意見書や書簡が残されていることから、おそらく彼がこの部署の利害を代弁していたと思われる。[23]しかし、皇親系図担当の部署を外へ移管しても、修史館における不和のすべてを解決することはできなかった。

これらの困難にもかかわらず、修史館は新たな業務を任された。西南戦争が一八七七年に終結したとき、修史館は「征西始末」という題名で、戦争についての報告書を編纂するよう命じられた。ここにもまた、「復古記」に見られるような、歴史編纂と最近の出来事に関する記述との密接なつながりが示されている。しかしながら、政府は歴史を書くことよりも重要な処理すべき問題を抱えており、修史館でなされている仕事には大きな関心を示さなかった。続く数年間の作業は遅々として進まなかった。それにもかかわらず、国史の編纂は政府の職務であるという信念は広まっていった。一八八一年、新たな政治危機が改革をもたらしたとき、政府による修史事業はまたもや再編されることとなる。

第四節　一八八一年の政治的危機と修史館の再編

一八八一年の政治的危機（明治一四年政変）は、政府が政府内部の分裂と外部の広範な抗議に脅かされたという点で、一八七五年の政治的危機と似通っていた。自由民権運動から現れた国会期成同盟が強力になるなかで、北海道開拓使官有物払下事件が政府への反対運動に油を注いだ。政府内部では、大隈重信が国会の即時開設をめざして動いていた。しかし、政府内外の反対運動が結びつく前に、伊藤博文の協力者である井上毅が行動を起こした。大隈は一八八一(明治一四)年一〇月一一日、政府から追放され、一〇月一二日には、憲法発布後の一八九〇年に国会を開設することを告げる詔書が発せられた。妥協を伴う果断な行動によって、またしても政府はこの国の政治的運命を決定する権威を確保したのであった。

一八八一年の政治的な危機において、政府内部では保守的勢力が優勢となった。明治維新に続く数年間は、政府自身が改革の推進力であったが、一八八一年以後、政府の努力はすでに達成したものを確保することに集中されるようになった。西南戦争の鎮圧に成功した後は、もはや士族反乱が脅威となることはなかった。そのかわりに、一八七八年に開設された府県会と、今や合法と認められて立憲政体を要求する政党が、政府に圧力をかけた。政府は、一〇年以内の国会開設を約束することで、これらの要求に部分的に譲歩したのち、憲法制定の準備へと進んだ。一八八一年一〇月二一日、伊藤博文を議長とする新しい会議(参事院)が、新しい法律を起草するために設立された。同時に、未来の国会の権限を抑えることを目的とするさまざまな対策が導入された。明治の寡頭政治家たちは政党に深い疑念を抱いていたので、その影響力を制限する措置を講じた。官僚制は、短期的な政局に左右されないよう強化された。新しい貴族階級が作られ、そのメンバーは貴族院の主要な要素を構成し、政党への対抗勢力の役目を務めた。一八八五年には内閣制度が導入されたが、内閣の大臣たちは天皇に対してのみ責任を負った。皇室の財政的地位も安全にして、議会での予算審議に左右されないようにした(24)。

教育においては、明治初期における極端な西洋化と改革への熱狂を和らげるために、さまざまな措置が講じられた。一八八五年に文部大臣となった森有礼の下で、すでに体系的に再編されていた教育制度が、よりしっかりと政府の管理下に置かれるようになった[25]。一八八六年には東京大学が帝国大学となった。帝国大学は政府ないし実業の指導者を育成することで国家に奉仕し、東京専門学校（現、早稲田大学）などの私立専門学校（のち大学へ昇格）の影響を相殺した。この東京専門学校は、大隈重信が政府から追放された後の一八八二年に設立したものである。森はイギリスとアメリカで学び、駐清公使・駐英公使を務めた経験を持つ。改革において森は西洋モデルに従った。しかしながら、その根底にある主張は、ただ国家のみが何が最良であるかを決定すべきであり、教育は何よりもまず国家に奉仕すべきだといったものであった。この主張は反動的なものであって、森を国学者や儒学者に接近させることになった。国学者や儒学者は、彼らの学説のみが権威あるものとして扱われることを望んでいたのだ。一八八〇年代以降、政治的・知的な風潮は次第に保守的な傾向の影響をうけ、伝統的学問の代表者たちは、明治維新後の数年間に大部分を失ってしまった以前の影響力を、いく分か取り戻すことができた。古典の研究は新しい諸機関で復活した。古典講習科が一八八二年五月、東京大学に設置された。それは一八八七年までしか存続しなかったが、数多くの著名な学者を輩出した。一八八二年にはまた、皇典講究所も設立された。これは現在の国学院大学である。

一八八一年一二月における修史館の再編は、こうした、すでに達成されたことを確保し、日本固有の伝統文化を再強調する努力の一環にほかならない。さらに言えば、修史館の再編は明治一四年政変の直接の結果である。このことは「三条家文書」に所収されている修史館の改革について記された執筆者不明の文書からも明らかである[26]。この文書の日付は不明だが、「修史館改革ノ義」という題と一八九〇年の国会開設についての言及から、一八八一年に作成されたと推定することができる。この文書には、新しく開設される国会は予算について討議するであろうから、もしも修史館がみずからのために何も示すことができなければ、予算は取り上げられるであろうと記されている。それゆえ、日本の正史を一刻も早く著述することが必要であった。

同時に修史館の再編は、おそらく修史館内部の問題からも動機づけられたものであったと思われる。国史編纂事業は満足のいくほど進捗していなかったのである。どのような形式の歴史を書くべきかですら未だ決定されておらず、職員の間では多くの問題について意見が分かれていた（このことは一八八一年一一月四日付の編修長副官・副監事任命上申書からうかがえる）[27]。このような論争に終止符を打つべく、修史館は上下の階層的なラインに沿って編成された。編修長官と編修副長官が四人の編修官の仕事を監督した。彼らの仕事はここで初めて編年史の編纂と定義され、他のどのような任務よりも優先された。「大日本編年史」と名づけられた編年史の事業は、翌年から始まった。作業はすでに集められた史料をもとになされたが、新たな史料も加えられ、史料収集は修史館の主要な任務であり続けた。新たに発見された文書を吟味して体系づけることによって、修史館の職員は彼らの歴史に関する知識を増し、史料批判の方法を洗練させていった。しかしながら、このことはすぐに結果を出すことには貢献しなかった。それ以上に、予算が不足し、職員間の摩擦が続いたことが、進展をさまたげたのである。

それにもかかわらず、一八六九年の「修史御沙汰書」で命じられた官撰国史の編纂は、「大日本編年史」によってついに始まった。しかし、明治一四年政変後というタイミングは、官撰正史に新たな重要性を付与した。すなわち「大日本編年史」は、明治憲法（大日本帝国憲法）のための準備の一環となったのである。のちの史料によると、「大日本編年史」は一八九〇年までに完成することが期待されていた。第一議会の開会に合わせるためである。

しかしながら、「大日本編年史」の作業は、依然として満足いくほどには進捗しなかった。第一議会開会の日が近づくにつれて、政府による修史事業の行く末はまたしても議論の対象となった。

第五節　明治憲法への道――政府の部局から帝国大学の機関へ

一八八〇年代に、日本の歴史を含む日本の伝統にふたたび関心が持たれるようになったが、そのことは、修史館のみに影響を与えたわけではなかった。この時期、正史を作るための二つの新しい事業が始まったのである。

一八八三年六月、史学協会が設立され、『史学協会雑誌』を発刊した。会長は副島種臣で、幹事は丸山作楽であったが、その丸山は一八七〇年の「大学」閉鎖をもたらした国学派と漢学派の紛争において顕著な役割を演じた人物であった。史学協会の会員には小中村清矩と木村正辞がいたが、彼らは一八六九年における最初の修史部局である史料編輯国史校正局にいたことがある。丸山は最初の会合で演説をおこなったが、そのなかで彼は、協会の目的は日本語で書かれた日本の歴史書を刊行することにあると述べている。修史館について言及こそしなかったものの、丸山は日本歴史の書物によいものはほとんどないと不満を述べ、自国の歴史を外国語（漢文を指す、第四章第三節参照）で書くことができるという考えに強い非難を示した。それによって、間接的に修史館の仕事を批判したのである。しかしながら、史学協会は数本の論文を雑誌に掲載したにすぎなかった(28)。

日本史を叙述することを目的とする二つ目の事業は、岩倉具視によって始められた。岩倉は明治政府のなかで最も保守的な政治家の一人であった。立憲政体に向けた準備が進みつつあるなかで、岩倉の主な関心は、天皇の優越性が議会の干渉によって脅かされないことを確実にすることにあった。さらに岩倉は、日本が西洋のモデルに固執することで、自国の政治的・文化的遺産を正当に評価しなくなることを恐れた。伊藤博文が各国の憲法を調査するためにヨーロッパに滞在しているあいだ、岩倉は、日本の特殊性を描き出す日本史を編纂することを命じ、その翻訳を受け取ることになるお雇い外国人にも、そうした日本の特殊性がはっきりとわかるようにするよう命じた(29)。

岩倉は、伊藤博文とローレンツ・フォン・シュタイン（Lorenz von Stein、一八一五―九〇年）との対話についての伊藤の報告に影響を受けたのかもしれない。シュタインは、一八八二年一〇月、ウィーンで伊藤に憲法史や憲法について講義した人物である(30)。シュタインは講義で、憲法はそれが発展してきたところの社会という文脈のなかで見なければならないことを強調した。彼は、異なる環境が異なる憲法を生むことを論証するために、イギリス・フランス・プロイセン・オーストリアの憲法を比較した。法体系は、社会の歴史的発展を考慮に入れて研究しなければならない。シュタインはさらに伊藤ら日本人の聴講生に対して、日本の大学にラテン語科やギリシャ語科を設けるよう強く勧めさえした。それは西洋文化を理解するためには古典の研究が必要不可欠だからである。伊藤はシュタインがお雇い外国人として来日することを望んだが、シュタインは高齢を理由に断った。シュタインは伊藤の招聘に対して答えた一八八二年一一月一五日付の書簡のなかで、憲法を社会全体の一部分として研究する重要性を再度強調して、日本が他の国の法体系をただ単に採用することのないよう警告した。(31) 明治憲法（大日本帝国憲法）発布後に、ローレンツ・フォン・シュタインは英訳版で憲法の本文と注釈書（『憲法義解』）を受け取ったが、それらは伊東巳代治によって翻訳されたものである。日本に宛てた二つの書簡（受取人は不明である）――一つは一八八九年四月二二日付のものと、もう一つは日付不明であるが、おそらく一八八九年秋に書かれたもの――のなかで、シュタインは日本の新憲法の特質を論じ、憲法の条文の解釈方法への道案内として日本人も自国の歴史を研究するよう促した。一八八九年末に金子堅太郎がウィーンのローレンツ・フォン・シュタインを訪れたとき、シュタインはほとんど死の床にあったが、彼は再度日本の憲法について言及し、日本人は自国の憲法の発達史を刊行して、その内容を国内と同様に海外でも確実に周知させることを勧めた。彼はまた、愛国心を涵養するために、教育における国史の重要性をも強調した。(32)

シュタインの見方がどの程度岩倉に影響を与えたかはわからない。シュタインの見方が岩倉に影響したり、シュタインの見方が直接、一八八九年における帝国大学での国史科設立を促したりしたという直接的な証拠はない。しかし、時期のみならず論旨の点でも類似していることから、シュタインの影響があったことはありうる。少なくとも、シュタインは日本人自身が信じていたことを正しいと認めたのである。同様の考えが、シュタインとは無関係に日本内部でも表明されていた。例えば、修史館の監事である三浦安は二つの覚書を作成したが、一つは一八八〇年の三条実美に宛てたもの、もう一つは一八八二年に渡欧前夜の伊藤に宛てたものであった。(33) 二つの覚書のなかで三浦は、「固有ノ御国質」や万世一系、そして日本と西洋諸国との違いを強調した。三浦によれば、日本を西洋諸国と区別する一つの事実は、日本の議会政治は、イギリスやフランスと異なり、革命の結果ではないということである。そこで三浦は伊藤に、君主臣民に憲法を与えたプロイセンをモデルとするよう忠告したのである。

一八八三年四月七日、岩倉は宮内省中に編纂局を設置し、そこで日本史の歴史書の概要が起草された。上下二編が構想され、上編は上古から徳川時代までの歴史、下編は明治維新から現在までとなっていた。上編の編者は福羽美静[34]で、彼は国学者であった。下編の編者は西周《あまね》で、彼は儒学者であるが、かつてオランダで学んだ経験があった。二人の編者およびその他このプロジェクトに携わった人々は、みな官吏であった。唯一の例外が小中村清矩で、彼は東京大学で教えていた。修史館と関係のある者は誰もいなかった。この上下二編本は「大政紀要」と名づけられ、歴代の天皇ごとに編成されていた。和文で、かつ一般に通じる文体で書くこととされた[35]。この「大政紀要」は天皇制の起源と発展を叙述することを意図していたが、それは王政復古の正統性を示すためであった。終始一貫して含意されていたことは、天皇が新しい憲法の下で卓越した地位を保持すべきであるということであった。この著作は、伊藤がヨーロッパから帰国するのに間に合うよう、六ヵ月以内に完成させることとなっていた。

岩倉は、一八八三年七月二〇日、「大政紀要」が完成する前に没した。事業は山県有朋の監督の下で継続したが、結局この歴史書は放棄され、一八八三年一二月一一日、編纂局は閉鎖された。当初、井上毅が「大政紀要」を完成させる案もあったが、井上が既述部分を読んでみると間違いだらけであったうえ、すでに井上は憲法起草のため多忙を極めていた。「大政紀要」の事業を修史館へ引き継ぐことも考えられ、修史館ではその一冊の印刷本を受け取ったものの、修史館は井上同様、そのなかに多くの誤りを発見したのである[36]。

「大政紀要」は啓蒙思想と自由民権運動に対する反発によって生まれたものであり、立憲政体に向けて漸進的な移行を望む政治指導者たちの立場を正当化する役割を担った[37]。

修史館においてすでに正史が編まれているときに、なぜ岩倉は正史の編纂を宮内省編纂局に命じたのであろうか。岩倉が主導した一連の流れは、編年体の歴史書である「大日本編年史」の編纂の進め方に対して岩倉が不満を抱いていたことを示している。「大政紀要」と「大日本編年史」の違いは顕著なものであった。「大政紀要」は漢文ではなく和文で書かれており、厳密な年代順ではなく、歴代天皇の順に従って書かれていた。そして最も重要なことに、「大政紀要」には日本の政治文化の独自性を明らかにしようとする編纂者の政治的な狙いがはっきりと表れていた。その焦点は、直近の時代におかれていた。明治維新についての「大政紀要」の解釈は、修史局が編纂した編年史「復古記」と基本的に変わるものではなかったが、記述はより一層偏向していた。憲法を起草しようとしている政治家たちの参考となるように、「大政紀要」は六ヵ月という短い期間で編纂される予定であった。

短い期間で目に見える成果を残せなかったことが、修史館の主な問題の一つであった。一八八一年には、目標が明確に定められ、修史館はより効率的なものに組織化された。しかしながら、編年史の各々の個所で原稿の提出は遅れ、修史館に多くを期待することはできないと岩倉は確信するにいたった。一〇年以上前に編纂が開始された「復古記」でさえ、未だ完成していなかった。

史学協会と、岩倉による「大政紀要」の編纂は、「大日本編年史」に対する不満を示す二つの事例にすぎない。だが実際には、修史館の職員たちが批判の下にあったことを示す根拠は他にもある。一八八五年に太政官が廃止され内閣制度が導入されたが、その時点で、修史館は政府の期待にまったく応えていなかった。内閣制度の導入という処置の直接的な契機は、岩倉死後、空席となった右大臣の選任が行きづまったことによるが、一方で右大臣の廃止は議会制憲法への第一歩ともなった。代わりに、各省大臣と、強力な権限を持つ総理大臣伊藤博文が天皇の輔弼にあたった(38)。皇室は政府から独立した存在であるという理由から、宮内大臣は内閣に列しなかった。内閣のなかにはいくつかの部局が設けられ、そのうちの一つが修史館であった。修史館は一八八六年一月に臨時修史局と改称された。その組織は以前のものと変わらなかったが、名称に「臨時」という文字が加えられたことは、近い将来この部局を閉鎖する意図があることを示していた。実証に足る史料は見つからないが、この部局は「復古記」と「大日本編年史」がいったん完成すれば、その目的は果たされると見なされていたと思われる。

もう一つの考慮されていた事項は、新しい憲法の下ではいかなる修史部局も想定されないことであったかもしれない。確かに官撰正史を編纂する政府機関というのは、西洋のどのようなモデルにも存在しない。明治憲法の二月草案は一八八八年二月に完成し、続く数ヵ月にわたって修正が加えられた。同年一〇月には、内閣臨時修史局を帝国大学に移管することが議論された。勅令案では、「大日本編年史」を、年を越えた一八九〇年中には完成させることを期していた。これには二つの予算案が付与された。すなわち、一つは一八八九年（二万三六八六円）の、もう一つは一八九〇年以降（一万二〇〇〇円）のためのものである。[39] この二つの計画が、帝国大学総長の渡辺洪基が提出した一八八八年一〇月付の上申書の主要な部分をなしている。上申書のなかで渡辺は、歴史の重要性と日本史研究の必要性を強調している。そして、帝国大学に国史科を創設することと、内閣臨時修史局を大学へ移管することを提案した。修史局の専門家たちの存在と、彼らが収集した古文書はともに、国史科にとって重要な資産になるであろうし、修史局閉鎖後の彼らの身の振り方をどうするかという問題の解決にもなるであろう。

渡辺の見解はローレンツ・フォン・シュタインのそれと似ていた。歴史（と地理）を学ぶことは、いかなる国であれ、その国の法律・政治・経済を理解するための鍵となると信じていたのである。渡辺によれば、日本は西洋諸国の歴史を学んでいるが、現下の根本的変化の時代においては改革の基礎として日本の歴史も学ばれるべきであり、その目的のために国史科を設けるべきであるというのである。[40] 渡辺は日本の代表的啓蒙主義者である箕作麟祥や福沢諭吉に学んだことがあり、また岩倉使節団の一員でもあった。岩倉同様に（ただし、必ずしも同じ理由からではないが）改革に不可欠なものとして日本史を学ぶべきだと信じていたのである。おそらく、渡辺の上申した意見が受け入れられるほど、このような見解は広く流布していたのであろう。

渡辺の上申からは、内閣臨時修史局が早晩廃止される予定であったことは明らかである。渡辺の上申は、修史局の職員あるいは他の閣僚と事前になされた相談の結果であったと推測することができる。内閣臨時修史局の帝国大学への移管、すなわち臨時編年史編纂掛への移行は、一八八八年一〇月三〇日になされた。臨時編年史編纂掛は英語では史料編纂所と同じ名称（Historiographical Institute）で知られる。この移管を、単純に渡辺の上申の結果（いくつかの日本人による記述はそのように示唆しているのだが）だと考えるのは妥当ではない。移管の前日、臨時修史局の二人の編修、久米邦武と星野恒が帝国大学教授に任じられていた。これに続いて一一月九日に編修長重野安繹が教授に任命された。前年の一八八七年には史学科が創設されていた。国史科は明治憲法が発布された年である一八八九年までは開設されなかった。これは偶然の一致ではない。憲法は新しい時代の始まりを告げ、しかし同時に日本の将来の発展はその固有の伝統に基礎を置くべきこととなったのである[41]。一八八九年二月一一日には、明治憲法（大日本帝国憲法）の発布を祝う式典の一つが帝国大学で開かれ、その席上、重野安繹が「我邦古来の憲法及大学の景況」という名の講演をおこなった。この講演で、彼は一七条憲法（六〇四年）や大宝律令（七〇一年）の条文を明治憲法と比較して、これらの憲法は単に時代に見合った形をしているだけで本質的には類似していると述べた。重野によれば大学の歴史も七世紀までさかのぼるとされる[42]。

同じ月に重野は雑誌『文』で維新の原因の概略を述べる評論を公にした[43]。この評論は彼の維新に対する見方を要約している。重野にとって維新の原因は、一二世紀に源頼朝が鎌倉幕府を興して天皇の支配権の侵害を始めたときにまでさかのぼる。彼は、「大日本史」のなかで天皇による支配の正統性を明らかにした水戸藩の学者たちの役割を、維新の直接的原因の一つとして強調した。

旧臨時修史局の職員の多くは帝国大学への異動を喜ばず、歴史の編纂を終えたら政府の官吏に戻りたいと希望していたようである。星野は何年にもわたってそのように希望していたといわれる[44]。三浦安を含む何名かの職員は政府に残り、新しい編纂掛は修史館・臨時修史局よりも人員が少なかった[45]。しかしそのことは別にして、業務は従来通り続けられた。おそらく新たに任命された教授たちは、一八八九年六月に国史科ができるまで教育上の負担はわずかであっただろう。新たな編纂掛は政府機関としての性格をとどめ、帝国大学それ自体も政府と密接な関係にあった。編纂掛は、その役割が変化して研究機関になったはるか後の一九二〇年代まで、「史局」として知られていたという。

さしあたり臨時編年史編纂掛はその前身機関と同様に官撰国史の編纂を続けた。その名称に冠された臨時という言葉は、その存在が一時的なものであることを依然として示しており、その歴史書が完成したときには閉鎖されることが予期されていたものと思われる。

第三章　修史部局の活動

国史の編纂は修史部局の主要業務であったが、それが唯一の業務だったわけではない。政府の一部局として、修史部局はもっとも広い意味での政府行政に関わるさまざまな機能を有していた。また、修史部局は、何らかの形で歴史が編纂される唯一の政府部局でもなかった。

第一節　一八八一年までの組織と職員

最初の修史部局についてはほとんどわかっていないので、前章で述べたことにつけ加えるべきことはあまりない。国史編纂がこの時期始められたとは考えにくい。川田剛が文部省から後小松天皇（在位一三九二―一四一二年）以後の日本史を書くよう任じられたことには若干の連続性があるにせよ(1)、歴史課は、明治最初の修史部局を直接継承したわけではない。歴史課では三つの異なる事業が組み合わされたとはいえ、それらはそれぞれ独自に活動していたように見える。すなわち、太政官から来た長松とその同僚たちによる編年史「復古記」の編纂、神祇官から来た官吏たちによる皇統譜の取り調べ、そして川田による日本史の編纂である。

一八七五年に歴史課を継承した修史局でも、三事業の作業は続けられた。太政官に対して、「修史局職制及編輯着手ノ方法ヲ定ム」と題された修史局からの職制案の伺が提出されており、それは一八七五年九月一九日付の指令で認可されている。[2] その職制によれば、修史局は四課を有していた。そのうち二つの課は、既存の歴史書から歴史的事実を取り上げて関連史料を集め、国史編纂の準備をすることを責務とした。第三課は「復古記」を完成させたうえで同時代の出来事の編年史を編纂することが期待され、第四課は皇統譜と塙保己一によって始められた「史料」稿本作成の作業を継続することになっていた。修史局には、修撰・協修・書記という三つの官職があり、それぞれに一等・二等・三等という三つの等級があった。この文書は二九名の人名を挙げており、筆者はうち二二名について伝記として詳細な記述を見つけることができた。以下の表は、一八七五年に雇用されていた人々について詳細を示したものである。aは名前、任用年月日、官職と等級。bは出身地、身分や職業、生没年月日（わかる場合）。cは修史局に任用される以前の官職（わかる場合）。dは修史局ないし後職の官吏としての最後の記述。[3] 各課で最初に挙がっている名前は、課の総括者の名前である（表1）。

名前の挙がっている者の詳細を必ず明らかにできるわけではないにせよ、いくつかの傾向を見てとることができる。職員のほとんどは限られた地域の出身である。九州から六人、本州南部から五人（三人は山陰地方から、二人は山陽地方から）、京都と東京から三人ずつ。これらはまた、明治政府のほとんどの指導者たちの出身地域でもある。[4] 職員たちはたいてい、かつて出身藩の君主に仕えた藩士であった。漢学者として知られているかどうかを問わず、彼らは中国の古典で教育を受けてきた。彼らのほとんどは、一八七五年時点で四〇—六〇歳であった。彼らの多く（五弓・川田・平野・蒲生・藤川・四屋・岡・萩原・依田）はかつて江戸の幕府の昌平黌で学んだことがあり、さらに彼らのうちのいく人かは、嘉永年間（一八四八—五四年）に同時に同所にいたのである。彼らのうちの何人かは学生時代からの友人であったことが知られており、それは例えば、重野と岡や、藤野と三浦がそうであるが、彼らはのちそろって修史部局に任じられたのである。

修史部局への任用前に歴史を学んだり、書いたりした経験のあることが知られているのは、比較的少数の者でしかない。最も経験があったのは、おそらく長松と重野であった。長松は、明治維新の直後、自藩のために、明治維新における勤王家の事績についての歴史を編纂したことがある。また重野は明治維新以前に、薩摩藩の国父島津久光のために日本史を編纂したことがある。彼らのなかには、尊王家や勤王家と性格づけられる者（中村・長・岡・藤川）や、明治維新の英雄たちの経歴集（『国事鞅掌報効志士人名録』）のなかに自分の経歴が載っている者（伊地知・依田・藤野）がいる。彼らは、「国事に勤めた」と表現されるような諸活動に関わった。すなわち、明治維新にいたる数年間、尊王運動のために闘ったのだった。これらの人たちには、おそらく他の政府官吏と何ら変わるところがない。確かに、彼らは歴史の研究や叙述の分野では専門家ではない。彼らのうち、その文才のため任用された者もいれば、政府にとって他に使い道がなかったから任用された者もいたのかもしれない。

修史局の四つの課は、以前に歴史課で進められた事業群に対応している。課のあいだにはいくらか違いがあり、それが摩擦を引き起こした形跡がある(5)。第四課のメンバーのほとんどは国学者であり、漢学に反対していた。第三課の人たちは明治維新以前にとりわけ活動的だった人びとであり、おそらくはその文才や学問的能力のためというよりは、その政治的な忠誠心への報酬として任用されたのであろう。上記文書のなかの等級は、後の史料の記載とは一致しない。明らかに、修撰に位置づけられた高位の官吏の多くは、重要な官職へは昇格せず（竹添・長・広瀬）、なかにはまもなく局を去る場合もあった。おそらく彼らが最初に得た官職は、局内での役割以上に、生まれや政治的背景による等級の方により関係があったのだろう。

一八七五年に修史局にいた人たちのほとんどは、そこに長くはとどまらなかった。一八八一年末の大再編の後になお修史部局にいたのは、二九名のうち五名だけであった。一八七五年に最高位の修撰に任じられていた者に限っても、重野・長松・谷森だけが一八八一年後も局にとどまり、それも重野だけが実権を有していた。実際、一八九三年に事

c	d
1874 年歴史課	1879 年帰郷
1874 年 7 月 2 日歴史課御用掛	1882 年宮内省，1884 年東京大学教授兼務
1874 年 4 月 29 日修史局御用掛	1875 年大蔵省，1880 年天津領事
昌平学校教授	1876 年
	1879 年
	1876 年
	1876 年
1875 年 4 月 14 日副局長（1872 年から太政官所属）	1893 年（免職）
1872 年地方官会議書記	1881 年文部省
1870 年大学助教	1877 年東京図書館長
	1877 年太政官で外交史編纂
	1878 年
（在職の前後教師として働く）	1875 年 12 月 9 日，後任は星野恒
	1876 年
1873 年歴史課長，1875 年 4 月 14 日局長	1884 年元老院議官
大学，文部省，1874 年 11 月 5 日歴史課御用掛	1878 年（後ろ盾である木戸孝允が 1877 年に死去した後，勤めを辞する）
岩手県，その後太政官の官吏	1879 年教師

表 1

	a	b
総裁	伊地知正治 1875 年 6 月 24 日，修史局総裁	薩摩藩士，1828-86 年
第一課	川田剛（甕江《おうこう》） 1875 年 8 月 28 日，一等修撰	備中（岡山県）松山藩士，漢学者，1830-96 年
	竹添進一郎 1875 年 8 月 28 日，二等協修	肥後（熊本県），外交官，漢学者，1841-1917 年
	蒲生重章（褧亭《けいてい》） 1875 年 10 月 4 日，三等協修	越後（新潟県），漢学者
	伊藤介夫 1875 年 8 月 28 日，三等協修	
	渡辺明 1875 年 8 月 28 日，二等書記	
	堀口章介 1875 年 8 月 28 日，三等書記	
第二課	重野安繹 1875 年 9 月 20 日，三等修撰（兼副局長）	薩摩藩士，漢学者，1827-1910 年
	依田百川《ひゃくせん》（学海） 1875 年 8 月 28 日，三等修撰（1876 年第一局）	下総（千葉県），佐倉藩儒，漢学者，1833-1909 年
	岡千仞《せんじん》 1875 年 8 月 28 日，一等協修	仙台藩士
	萩原裕（西疇《せいちゅう》） 1875 年 8 月 28 日，一等協修	江戸，儒者，1830-98 年
	木原元礼 1875 年 8 月 28 日，二等協修	
	五弓《ごきゅう》豊太郎（久文《ひさぶみ》） 1875 年 8 月 28 日，三等協修	備後（広島県），国学者，1823-86 年
	江目長芳 1875 年 10 月 4 日，三等書記	
第三課	長松幹《つかさ》 1875 年 9 月 20 日，一等修撰（兼局長）	周防（山口県），萩藩士，1834-1903 年
	長炗《ちょうひかる》（三洲） 1875 年 8 月 28 日，一等修撰	豊後（大分県），漢学者，書家，1833-95 年
	広瀬進一（青邨《せいそん》） 1875 年 8 月 18 日，一等協修	豊前（福岡県），儒者，1819-84 年

c	d
太政官，1874 年 6 月 19 日歴史課御用掛	1881 年元老院書記官，帝国大学講師
学校督学，太政官，1874 年歴史課	1879 年埼玉・滋賀県で教師
太政官，私塾の創設者，1874 年歴史課	1878 年，1888 年大阪の水産学校，明治維新に関するもの（「維新実記」）を含む多くの著作の著者
佐倉で教師	1875 年，佐倉藩史編纂
	1884 年
学校管轄下の史料編輯国史校正局，御系図取調掛，歴史課	1886 年，1877 年以降主に宮内省，さまざまな著作の著者，そのうちいくつかは歴史に関するもの
御系図取調掛，1873 年歴史課	1877 年，宮内省
1874 年歴史課	1877 年
歴史課	1877 年
谷森善臣の弟子，神祇事務掛，1874 年歴史課	1877 年
1874 年歴史課	1876 年（6 月 13 日），病気のため免職
	1877 年

業が停止されるまで、重野は官撰修史事業における最重要人物であった。

重野安繹（一八二七—一九一〇年）は、薩摩藩主島津家の家来の子であった。(6) 彼は自藩の藩校（造士館）、そして一八四八—五四年には江戸の昌平黌で学んだ。彼は明治維新期には政治的に活発であり、その後太政官の官吏となった。重野は、以前に歴史を書いた経験のある数少ない者のうちの一人である。造士館の訓導師に任じられ、彼は国父島津久光から「皇朝世鑑」と題された、編年体の日本史を編纂するよう命じられた。藩校造士館には「史局」が設けられた。重野とその助手は、水戸学派の歴史学を一心に信奉し、彼らの著作（「皇

表 1 つづき

	a	b
第三課	四屋恒之（穂峰） 1875 年 9 月 2 日，一等協修	日向（宮崎県），延岡藩士，漢学者，1831-1906 年
	中村鼎五《ていご》 1875 年 8 月 28 日，二等協修	近江（滋賀県），水口藩士，1822-97 年
	藤川将監《しょうげん》（三渓） 1875 年 8 月 28 日，三等協修	讃岐（香川県），高松藩士，勤王家，水産業の専門家，1818-91 年
	平野重久《しげひさ》（知秋） 1875 年 8 月 28 日，一等書記	下総（千葉県），佐倉藩士，1814-83 年
	沢渡広孝 1875 年 8 月 28 日，一等書記	
第四課	谷森善臣 1875 年 8 月 28 日，三等修撰	京都，三条家の家来，1817-1911 年
	小河《おごう》一敏 1875 年 8 月 28 日，三等修撰	豊後（大分県），岡藩士，1813-86 年
	大谷秀実 1875 年 8 月 28 日，二等協修	石見（島根県），津和野藩士
	塩田益穂 1875 年 8 月 28 日，三等協修	出雲（島根県），森藩士
	樹下《じゅげ》茂国 1875 年 10 月 4 日，三等協修	近江（滋賀県），勤王家，1822-84 年
	松浦長年 1875 年 10 月 4 日，三等協修	
	梶山義門 1875 年 8 月 18 日，一等書記	東京府貫属，士族

朝世鑑」）は「大日本史」の編年体版にすぎないものであった。しかし重野は「大日本史」の中のいくつかの間違いを訂正しようと試みた。この重野による「大日本史」の史料批判的精査は、彼の歴史学者としての始まりを示すものである（7）。

一八八一年まで、第一課の長である川田剛（一八三〇―九六年）は、重要性において重野に比肩していた。彼は備中松山藩（岡山県）出身で、その主君は明治維新の際、将軍の側についた。それにもかかわらず、川田は新設の文部省の役人になった。彼はのち、薩摩閥の犠牲者とみなされて、長州閥の政治家に気に入られた。

まもなく川田に友人の依田が同

僚として加わった。依田は一八七六年に第一局（第一課を改組）へと異動したのである。依田の日記からは、重野と川田の対立について若干のことを知ることができる。[8] 依田と入れ替わったのは藤野正啓（海南、一八二六―八八年）であり、藤野は初め御用掛（彼の名前は重野に次ぐ二番目に見える）に任命され、一八七七年には編修官になっている。藤野は昌平黌時代からの重野の友人であった。[9] 彼は松山藩（愛媛県）出身で、重野同様、明治維新にいたる数年間、政治的に活発であり、新政府側につくよう自藩を説得した。明治維新後、彼は昌平学校の教授に任じられ、国史の編纂を委嘱されたので、修史部局に加わる以前にいくらかの歴史編纂の経験をもつ数少ない者の一人であった。修史部局任用後、藤野は重野とともに、足利時代・徳川時代の史料を編集する一方、「先朝紀略」と題された明治維新前最後の天皇（孝明天皇）の統治についての叙述を執筆した。藤野は尊敬された学者だったようで、重野は彼を高く評価したが、藤野について知られているところは少ない。重野によれば、これは藤野の生前でもそうであった。[10] というのも、藤野は一八八八年に死去しており、内閣臨時修史局が帝国大学に移管され、メンバーたちが自分たちの仕事の成果を公刊し始めるのはその後だったからである。

続く数年のあいだに、第一課と第二課のメンバーたちが、修史部局において支配的な地位についた。彼らは、一八六九年の「修史御沙汰書」において緊急の業務と評された国史の編纂のため、史料を編纂する作業に従事していた。一八六九年に天皇によって官撰修史事業の総裁に任じられた三条実美は、自身がその事業に関与するための時間を持たなかった。実際、彼が関心を抱いた形跡はまったくない。それゆえ、副総裁が、修史局の具申「修史事宜」（第二章第三節参照）[11] に応える形で任命された。これが伊地知正治である。伊地知は旧薩摩藩士で、明治維新において主導的な役割を果たし、一八七一年以来さまざまな顕官を歴任していた。一八七五年には修史局総裁となったが、一八七九年に彼は免官を願い出て、薩摩に帰郷した。彼は三条ほどの権威を持たなかったが、より積極的だったようである。なぜなら、伊地知が病気になった際に、修史局のメンバーたちは彼がすぐに回復して務めを再開することを望んでいるからである。[12]三条は一八七九年五月二一日にふたたび総裁に任命された。一八七七年の職制にも一八八一年の職制にも副総裁の規定はなかったが、一八八三年一二月二二日に、新たな副総裁として伊達宗城が任命された。

修史局が一八七七年に廃止されて修史館に取って代わられた際――この措置は政府の財政的必要に応えるためのことであったが――同時に修史館の仕事は国史編纂に焦点が置かれることになった。第四局（皇統譜）は解散され、メンバーは第一局へ、そしてのちには宮内省へ移された。このことは、国学者のほとんどが、一―二人は御用掛（第六章第二節参照）として残ったにせよ、修史部局を離れたことを意味した。そして、修史局の地誌掛が修史館第三局乙科となった。修史局の第一局・第二局・第三局は、修史館では第二局甲科・第二局乙科・第三局甲科となった。[13]編修官は長松・長・重野・川田・小河・依田・藤野、そして地誌掛から塚本と河田羆《たけし》であった。

管理部門は、このときはじめて学術業務から分離されて、第一局に移された。その職務に任じられた最初の役人が、一八七六年に修史局の御用掛となった宮島誠一郎である。また、一八七七年一〇月、三浦安が監事に任じられた。宮島誠一郎（一八三八―一九一一年）は出羽米沢藩（山形県）士であった。[14]彼は維新後に太政官に職を得たが、彼はそこで活発に働き、日本の国憲に関わる建議書（「立国憲議」）を書いた。しかし彼は大した影響力を得ることがなく、一八七六年の修史局への任用は、政治活動の中心からの追い出しを意味していた。伊予（愛媛県）出身の三浦安（一八二九―一九一〇年）は昌平黌で重野や藤野の同輩であった。彼も、明治維新前の数年間は、政治的にとても活発であった。[15]彼は修史部局が帝国大学に移管される時までその管理者を務め、移管の際は政府に残った。管理部門の担当者の三人目は、巌谷《いわや》修（一六《いちろく》、一八三四―一九〇五年）である。彼は一八七八年に編修官に任命され、一八八一年には副監事を兼任して、「復古記」を校正した（一八八二―八四年）。[16]

一年に二度提出された進捗報告書によって、一八七六年から一八八八年にかけて修史部局でなされた仕事の状況を

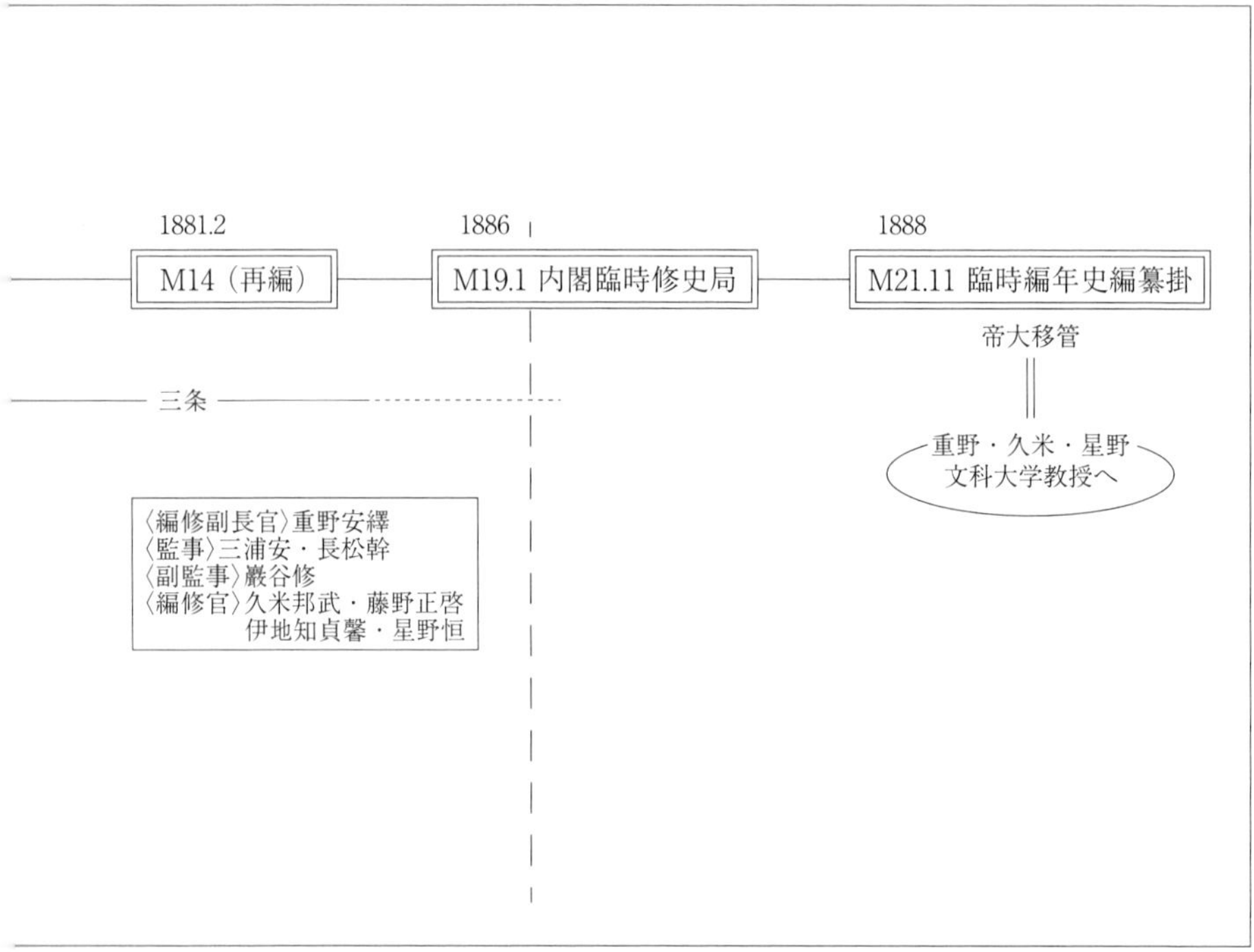

知ることができる。[17]最初の報告書によれば、一八七六年の上半期、修史局第一局は、一三九二年から九四年までの年表および事件に関連史料を備えた稿本（「史料稿本」）三冊を仕上げた。第二局では、江戸時代の初期・中期・後期について同時に作業がなされ、一四冊の稿本が完成した。すなわち、一六一二、一三年について四冊、一七一六年について五冊、そして一八六三年について五冊である。第三局では、一八六七年についての「復古記」二巻分が完成するとともに、「明治史要」の最初の部分（一八六七―七〇年）が完成した。第四局では、一〇二五年について年代順の文書集が四巻完成した。これらすべての業務に関する作業は、翌年以降の数年間にも続けられた。上記の数字は、いかに進捗が遅かったかを示すものである。すなわち、年半期の報告でカバーされるのは、数年分、ときには数ヵ月分だけであった。そのうえ、新たな業務が追加で割り当てられている。すなわち、一八七六年の下半期には、第二局が諸藩の歴史（「藩

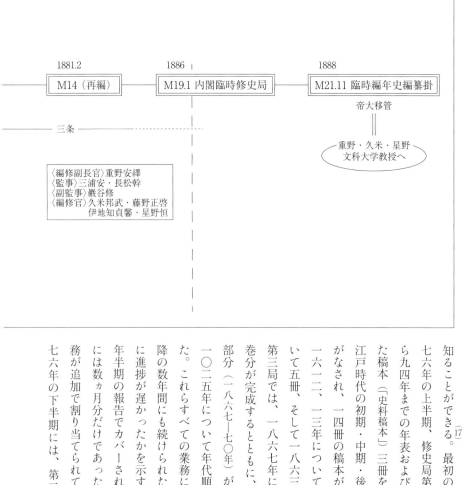

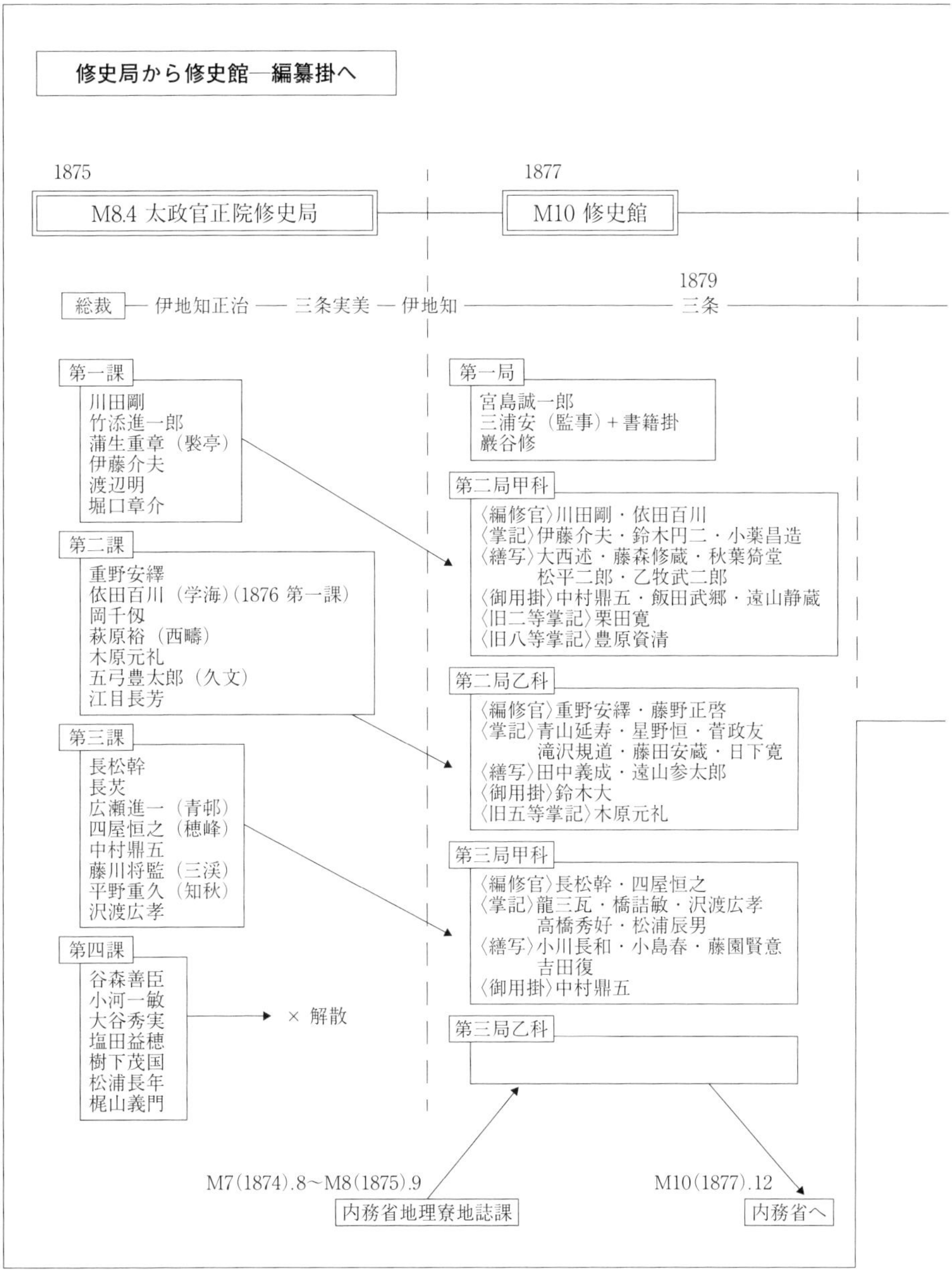
修史局から修史館—編纂掛へ
1875
M8.4 太政官正院修史局
1877
M10 修史館
1879
総裁
伊地知正治 — 三条実美 — 伊地知 — 三条
第一課
川田剛
竹添進一郎
蒲生重章（褧亭）
伊藤介夫
渡辺明
堀口章介
第二課
重野安繹
依田百川（学海）(1876 第一課)
岡千仭
萩原裕（西疇）
木原元礼
五弓豊太郎（久文）
江目長芳
第三課
長松幹
長炗
広瀬進一（青邨）
四屋恒之（穂峰）
中村鼎五
藤川将監（三渓）
平野重久（知秋）
沢渡広孝
第四課
谷森善臣
小河一敏
大谷秀実
塩田益穂
樹下茂国
松浦長年
梶山義門
× 解散
第一局
宮島誠一郎
三浦安（監事）＋書籍掛
巌谷修
第二局甲科
〈編修官〉川田剛・依田百川
〈掌記〉伊藤介夫・鈴木円二・小薬昌造
〈繕写〉大西述・藤森修蔵・秋葉犄堂
松平二郎・乙牧武二郎
〈御用掛〉中村鼎五・飯田武郷・遠山静蔵
〈旧二等掌記〉栗田寛
〈旧八等掌記〉豊原資清
第二局乙科
〈編修官〉重野安繹・藤野正啓
〈掌記〉青山延寿・星野恒・菅政友
滝沢規道・藤田安蔵・日下寛
〈繕写〉田中義成・遠山参太郎
〈御用掛〉鈴木大
〈旧五等掌記〉木原元礼
第三局甲科
〈編修官〉長松幹・四屋恒之
〈掌記〉龍三瓦・橋詰敏・沢渡広孝
高橋秀好・松浦辰男
〈繕写〉小川長和・小島春・藤園賢意
吉田復
〈御用掛〉中村鼎五
第三局乙科
M7(1874).8〜M8(1875).9
内務省地理寮地誌課
M10(1877).12
内務省へ

（訳者作成）

史稿」）や先帝である孝明天皇の統治の編年史（「先朝紀略」）を編纂した。

修史局の修史館への再編後、第二局甲科（旧第一局）は南北朝時代から徳川の統治の始まりまでの史料を編纂し、皇統譜の調査をおこなった。第二局乙科は、江戸時代についての作業をおこない、第三局甲科は明治維新期の作業をおこなって、「復古記」と「明治史要」を編纂した。第三局乙科は、もと修史局の地誌掛であった。続く数年間の報告書は、追加の業務割り当てがあったことを記録している。一八七九年には、第二局甲科・乙科は、日本史の概論（「日本史略」）を編纂しなければならなかった。一八七七・七八年には、管理部局（第一局）でさえ、明治維新のあいだに没した人々の記録（「殉難人名誌」）を編纂しなければならなかった。仕上げるべき数多くの多岐にわたる業務のため、官撰正史についての作業が進捗しなかったことは、ほとんど驚くに値しない。しかし、このような状況は一八八一年に変わる。

第二節　一八八一年以降の組織と職員

一八八一年の修史館の再編は、官撰正史編纂に向けた決定的な一歩を示すものであった。とうとう、官撰正史編纂が修史館の中心的業務になったのである。絶え間ない争いが進捗を妨げるのを防ぐため、以前よりも上下の階層性の強い組織が導入された。同時に、重野率いる何人かが自分の意見を押し通すことに成功したようである。川田が修史部局を去ったのは、この時だった。久米によれば、その直接的原因は、総裁三条が修史館の進捗具合について尋ねたことにあったという。重野は国史編纂をすぐに始めることを希望したのに対して、川田はそれを後回しにして、史料の収集と配列に集中するのがよいとした。久米も賛同した重野の意見の方が勝ちを制した(18)。しかし、実際は、長年重野と川田の間には軋轢があり、川田の友人である依田はこの組織再編を重野による修史館乗っ取りと捉えている(19)。修史館を去った川田は宮内省に入り、死去するまで宮内省に雇用されていた。宮内省での彼の仕事には歴史研究も含まれたが、岩倉によって命じられた歴史書「大政紀要」の編纂に彼は携わっていない。川田は一八八四年から一八八八年まで東京大学（帝国大学）で、そしてその後は皇典講究所で教鞭をとったが、教えたのは漢学であって、歴史ではない。[20]

川田と重野は生前等しく尊敬されており、彼らは世に言う「明治の三大文宗」のうちの二人であった。[21]しかし川田の業績は今日ではほとんど知られていない。彼は重野ほどには著作を発表しておらず、彼の著作集もない。[22]

この組織再編の後は、編修長官と編修副長官が、どのように歴史書を編纂するかを決定し、編修官の仕事を管理することになった。編修長官は任命されなかったので、編修副長官の重野安繹が、公式にすべての実務を取り仕切った。長松幹は重野より等級が高かったのだが、「復古記」の仕事のみを行い、監事に任じられた。おそらく、他の誰よりも重野が官撰正史の形態と進捗に対して影響力があったものと思われる。同僚の久米は重野の学問の官僚的性格を強調して、のちに重野を「政治家質の学者」と呼び、常に「史官」であり続けたと述べている。[23]重野の学問は江戸時代の伝統に深く根ざしていたのだが、その一方で、重野は明治時代の歴史学を最も代表する者の一人となった。彼の強みは、洗練された史料批判の方法を用いて、学問的業績を批判的に吟味し修正することにあった。彼は実に精密であり、衒学的でさえあったが、特に創造的というわけではなかった。実際に官撰正史を書く段になると、彼は直接には関与せず、編修官たちにそれを任せた。[24]

編修官は掌記が収集した史料を配列し、引用文書に対して綱文を書いた。加えて繕写や写字生が雇用されたが、彼らはたいていかつての武士であった。[25]編修官の業務は、このときはじめて「編年史ヲ撰ス」ることとされた。[26]「復古記」の編纂のような他の業務は、副次的なものとして扱われた。かつての諸局課は解消され、それまでになされた仕事は編年史のための基礎とされた。すなわち、一八八一年の一二月に提出された報告書には、すでに史料が収集され、編年順に配列された年代の一覧表が含まれていた。史料編纂は続けられたが、その一方で、一八八二年に四人の編修官が編年史の執筆を開始した。これは「大日本編年史」と題された。四人の編修官とは、久米邦武・藤野正啓・伊地知貞馨《さだか》・星野恒《ひさし》のことである。このうち藤野と星野の二人だけが数年にわたって修史部局に在籍してきたものであった。今や、一八七五年に高位を有した役人のいく人かはすでに修史部局にはいなかった。

それでは、四人の新たな編修官はどのような人物だったのであろうか。藤野が一八七六年以来修史部局の重要なメンバーであったことはすでに触れた。星野恒（豊城、一八三九―一九一七年）は藤野と同年に任用された。星野の地域的また社会的背景は、同僚たちとは異なっていた。彼は越後（新潟県）の、代々百姓の家の出であった。[27] 星野は長子であったが、一八五九年、田畑を弟に任せて、田辺、ついで江戸で勉学することを許された。彼は儒学者塩谷宕陰の私塾で八年を過ごした。塩谷の死後、星野は帰郷して、彼自身が塾長である家塾で儒学の古典を教えた。

一八七五年に星野はふたたび上京した。彼は重野の知遇を得て、修史局に任用された。星野は日本史について何も知らなかったといわれている。ある逸話《アネクドート》によると、彼が地方の名望家に招待され、その宴で話が日本史に及ぶと、星野は気恥ずかしさで赤面したという。[28] 確かに漢学・儒学の題材は中国の歴史に限られていた。

星野は修史局とその後継機関に、一八九九年までとどまった。編年史編纂掛が一八九三年の久米と重野の免職後に一時的に閉鎖された際、一八九五年の再開まで掛を管理したのは星野であった。彼は再開された掛の長（物品管理者・部長）を一九〇四年まで務めた。一八八八年に彼は帝国大学の教授に任じられ、日本史と漢文学、和文学を教えた。彼が歴史について書いたものは一九〇九年に二巻本として公刊（『史学叢説』）されている。

久米邦武（一八三九―一九一三年）は、一八七八年に修史館に任用され、重野に次いで最も影響力のあるメンバーとなった。彼は、明治維新において主導的役割を果たした藩の一つである肥前藩（佐賀県）の出身である。久米は岩倉使節団の一員であり、修史部局のメンバーになる前は政府の記録課の職員であった。重野や星野と同様、彼も一八八八年に帝国大学教授となったが、一八九二年に免職となった。日本の近代的歴史学の発展における久米の重要性は、重野に匹敵する。(29)

一八八一年に任命された編修官の四人目にして最も重要性の低いのが伊地知貞馨（一八二六—八七年）であり、彼はそのわずか数ヵ月前に修史局館のメンバーになったばかりであった。彼は元薩摩藩士で、(30)三浦や重野と同時期に昌平黌で学んだ経験を持つ。彼は重野や伊地知正治とともに、薩摩藩とイギリスとの交渉に参加したことがあるが、この交渉とは、一八六二年の薩摩藩士による外国人一名の殺害事件（生麦事件）の結果としておこなわれたものである。明治維新後、貞馨は薩摩藩で藩政改革を指導した。一八七一年、彼は台湾における琉球島民殺害事件について琉球国王と交渉をおこない、明治政府に報告するよう命じられた。続く数年間、彼は琉球問題の責任者となり、それは一八七六年に免職されるまで続いた。琉球問題が一時的に片付いた後は、おそらく政府には、これ以上彼の使い道がなかったのであろう。(31)

一八八一年六月に貞馨が修史館のメンバーになると、彼はまず琉球に関する著述（『沖縄志』）を編修し、その後は「大日本編年史」の編修官となって、一八八七年に死去するまでその職にとどまった。明治維新以前の功績に比べると、彼のその後の経歴は目立つものではない。彼はまた何らかの文才を有することで知られているわけでもない。おそらく、彼が修史館に任用されたのは、薩摩出身で、伊地知正治・重野・三浦とよい間柄にあったからであろう。「大日本編年史」の編修官（星野が例外である可能性はあるが）といっても、他所の役人と大差はなかったのだ。彼ら「大日本編年史」の編修官は修史館内で最も重要な人物となった一方で、官撰修史にとって出発点であった「復古記」の編修者たちはほとんど影響力を持たなかった。一八八二年に「復古記」に関する仕事はほとんど放棄されかけたが、長松がそれを防いだ。

一八八三年に新たな副総裁が任命された。それは伊達宗城《むねなり》（一八一七—九二年）であり、彼は一八七七年にしばらくのあいだ正治の代わりを務めたことのある人物である。[32]宗城は宇和島藩（愛媛県）の最後から二番目の第八代藩主であった。一八五八年、安政の大獄の結果、彼は隠居した。彼はその後、朝廷と幕府の間を仲介しようと努めた。明治維新後、彼は政府内部で高位の官職を保持したが、ほとんど政治的影響力を及ぼすことはなく、『コンサイス人名事典』や『明治維新人名辞典』のような人物辞典が一八七一年以後の彼について何も述べていないことは示唆的である。

宗城は晩年に修史館の副総裁となったが、彼の日誌である「修史館備忘」は、彼がほとんど毎日出勤していたことを証言している。彼は他のものとともに「復古記」や「征西始末」を読んでおり（後者に彼は触発され、日誌中に詩を書いている）、彼が修史館の活動に関与したのは明らかである。伊達宗城は一八八六年に職を免じられた。

伊達宗城は、明治維新のために貢献したものの、一八六八年以後は十分な政治的影響力を持つことに失敗したもう一つの例である（もっとも彼の場合、部分的には彼の年齢の高さによるところもあるが）。修史部局のほとんどのメンバーは、その階級の構成員としては当たり前の教育を受けた以上に歴史を書くための特別な技能を有していたわけではなく、修史部局で数年以上働いたこともなかった。そのなかで、三人のメンバーだけが、官撰修史のみならず、修史部局の帝国大学への移管後は学問としての歴史学においても、決定的な役割を果たすこととなった。その三人とは、その時点で修史部局に最も長く在籍していた重野と、一八八一年時点で編修官に任命された四名のうちの二名である星野と久米である。

一八八一年の組織再編が修史館のメンバー間の対立のすべてを解決することはなかった。一八八四年に重野と巖谷は総裁三条実美に宛てて書簡を出したが、そのなかで彼らは修史館での任務が学力と文才を必要とすることを強調した。さらに、最近任用された役人たちが修史館の任務に適していないだけでなく、高位であることを笠に着て編纂諸員の上に立つかのように振る舞い、チームワークを妨げ、業務の進捗を阻んでいるとさえ述べている。[33]その書簡内に挙げられていたのは、最近太政官から修史館勤務を命ぜられた役人たちのリストであった。そのリストには、松平乗《のり》承《つぐ》や前田利鬯《としか》のように徳川時代に有力だった家の出身者や、樹下《じゅげ》茂国（一八二二—八四年）のように一八七五年に修史局の一員になった者たちを含んでいた。樹下は坂本（京都近郊）の日吉社の社家の出身であった。彼は国学を谷森善臣に学び、幕末には岩倉具視について、政治的に活発な行動をおこなった。維新後は神祇官、太政官、そして宮内省の官吏となった。注目すべきことに、彼はそれまで目立つような存在ではなかったにもかかわらず、ふたたび修史部局に任用されたのである。(34)

先述の書簡が出された直接の理由は、府県による史料編纂が放棄されたことのようである。節約された費用は修史館の追加職員への支払いのために使われた。それらの職員は、他の部局からもはや必要のない者が移されてきたのである。これは、重野によって一八八五年に書かれたと推定される覚書にほのめかされている。この覚書のなかで重野は、一次史料を収集することの重要性を強調している。重野がいうには、追加の資金は余計な官員にではなく、古文書調査の費用に費やされるべきである。一八八五年の六月三日と六日付で副総裁伊達宗城に宛てた二通の書簡では、より率直である。(35)特に重野は丁野《ちょうの》遠影について不満を述べているが、丁野は重野の三条実美宛て書簡内に挙げられたリストの筆頭にある名前であり、重野が見るところまったくの無能かつ概して厄介者で、できるだけ早く転任させたいと望んでいた人物であった。丁野遠影（丹山、一八三二—一九一六年）は旧土佐（高知県）藩士であった。彼の経歴もまた修史部局の役人の一典型である。彼は明治維新のあいだ尊王のために働いたが、一八六八年以後は、新政府で重要な位置を得るほど強力でも有能でもなかった。丁野など、この頃修史部局に任用された者たちは、他の職員と同様の前歴を有していたが、しかし一方で、他の職員たちはこの時までにかなりの職務経験を積んで、専門家になっていたのである。修史部局が、他に使い道が見つからない人たちを収容する場所としてみなされていたということは、いかに官撰修史が重要とされていなかったかを示している。

一八八六年に修史館が内閣臨時修史局となった際に、組織再編はなかった。人員は減らされ、修史館によって提出されたリストには四〇名前後が挙げられていたのに対し、一八八六年一月のリストには三六名しか挙げられていない。(36)仕事はそれまでと同様に続けられた。また、一八八八年に内閣臨時修史局が帝国大学へ移管された際も、業務は変わらなかった。帝国大学内では「臨時編年史編纂掛」となったが、それは英語ではHistoriographical Instituteと訳されている。(37)帝国大学への移管の際、多くの役人が政府に残り、一八八八年度の終わりに提出された報告書は一〇名の名前しか記していない。重野が臨時編年史編纂委員長とされ、久米と星野は編纂委員となった。彼らは書記の日下《くさか》寛《ひろし》(勺水、一八五二―一九二六年)とともに、「大日本編年史」の編修者として名前を挙げられている。書記がもう八人おり、そのなかには田中義成と菅《かん》政友がいた。さらに、「元修史局掌記残務取扱」とされる任務を持つ者も数名いた。

続く数年間には、帝国大学の卒業生が採用されるようになった。始めは古典講習科から、次に史学科からである。彼らのなかには、一八八九年九月に編纂助手に嘱託された三上参次がいる。彼は、のち史料編纂掛の事務主任となった。(38)このことは単なる世代交代にとどまるものではない。役人が専門的学者へと徐々に置き換えられていったことは、史料編纂掛の歴史の新たな出発を象徴していたのである。

第三節　「応用史学」

「応用史学」という用語は、歴史家の坪井久馬三《くめぞう》(一八五八―一九三六年)によって、その論説「史学に就て」のなかで用いられたものである。彼は、自然科学との類比によって、「純正史学」と「応用史学」とを論じている。(39)同様に久米も、その論説「史学の活眼」のなかで、歴史の知識を応用する「応用者」と、専門家である「専修者」を区別した。(40)こうした区別の危険性は、明治後期以降、日本の歴史学がたどった経路から明らかである。官選修史の特質が、こうした区別を助長した。歴史課や修史局は政府の一部であり、広く過去に関係するさまざまな業務に関与していたが、直接歴史を書くことには関与していなかった。

文書、特に近い過去の文書の収集は、歴史編纂というよりも行政とかかわるところが大きかった。すなわち、文書の収集は、政府にとって必要な情報を提供することに役立ったのである。維新直後、政府はどの藩が信頼できるのかを知る必要があった。なぜなら、依然として旧幕府支持者の抵抗を打ち破る必要があったからである。おそらくこれが、一八六九年、明治政府が二度にわたって各藩に、維新期に死んだ人々およびその遺族について調査を実施するよう命じた理由である(41)。翌年には諸藩主と公家が、一八五三年以降の文書類を提出するよう命じられた。静岡藩（将軍家が移封された藩）は旧幕府の記録を提出しなければならなかった。一八七二年、諸省各寮司各府県は、政府御用の際の提出に備え、一八六八年の戊辰戦争以来の記録を散逸脱漏させないよう命じられた。旧藩主など武家華族も同様のことをおこなうように、また幕府によって編纂された「続藩翰譜」内の系譜を増補するため自家の系譜を編纂するよう命じられた。一八七四年には、同様の命令が公家華族や神職、僧侶に対して出された。

一八七三年五月五日、太政官の置かれた建物が焼け落ち、その日までに集められていた文書類のほとんどが焼失した。焼け残ったものは、現在、東京大学史料編纂所にある。一八七四年二月、諸府県は、火事で焼失した文書類の代わりを提出するよう、再度命じられた。これに加えて、維新の大義に尽くした臣下である「復古功臣」（岩倉具視・三条実美ら二一名）の記録、ならびに国家に尽くした人々である「国事勤労」者（山県有朋ら三二名）の記録を編纂するため、各自の「事蹟」を取り調べるようにとの命令が出された。政府は維新の英雄についての一種の正典《カノン》を編纂しようとしたようである。

一八七三年には、明治維新の官撰編年史である「復古記」を編纂するため、旧藩主は文書類を提出するように命じられた。また、一八七四年、府県は一八七五年までの沿革について記録するよう要求された。この記録はその後、継続的に更新されなければならなかった。かねて歴史課は藩史編集のため一五万石以上の旧藩地に御用掛を置きたいとの伺を出していたのだが、多大の経費がかかるため拒絶されていた。

地方の歴史的沿革に関する情報とともに、地誌的データも編纂された。このために独立の部署（地誌課）が一八七二年に太政官内に設置された。一八七五年に府県は「皇国地誌」編集のための財源を受け取った[42]。これらの地誌的編纂物のほとんどは、一九二三年に東京帝国大学図書館が焼け落ちた際そこに保存されており、ごく少数が地方の文書館（アーカイブズ）に保存されていた[43]。

府県に出された命令にはたいてい、実施方法の指示が伴っていた。系譜事跡に関する指示は簡潔で、和文で書くか漢文で書くかなど、諸家にかなりの自由を与えていた[44]。一八七三年に出された府県史のための指示は、より詳細なものであった[45]。この指示は歴史の編集に関する全般的な説明に始まり、府県史に含まれるべき事項のリストがそれに続いていた。同様に、「復古功臣」「国事勤労」者の伝記のためにも特別な指示が出されたが、それはさまざまな名前の取り扱い、またその人間の世系に関してどのような種類の情報が必要とされるかを含むものであった[46]。一八七六年には藩史編集のための新しい例則が出されたが、より具体的であることを除けば、以前のものからあまり変わりはなかった。この例則はまた、府県に対して藩史編集の主任を置くように勧告したが、主任とは歴史課が質問や仕事の調査依頼を申し入れることのできる相手であった[47]。でき上がった歴史書にある程度の統一性を持たせるための試みもなされた。続く数年間、いくつかの府県は実際に稿本を提出した。その稿本は現在、東京大学史料編纂所に保存されている。しかし、一八八五年にこれらの全事業は廃止され、修史館自体が諸府県の府県史編集の責任を引き継いだ。修史館（第二局乙科）で編纂された藩史もいくつかあり、そのための凡例が一八七八年に作成された[48]。その焦点は、明治維新期に決定的な役割を果たした藩におかれ、どの藩を選び出すか（諸藩のうちから七―八藩）という問題が議論を呼んだ[49]。

各府県で編纂された歴史書以上に重要であったのは、各府県で収集された史料である。それらは「府県史料」として国立公文書館の「内閣文庫」に保存されている[50]。一九六二年にマイクロフィルムが作成され、短い序文の付いた目録が公刊された[51]。多くの府県は編纂物の写しを作成したので、その副本はいくつかの府県（京都府・山梨県・長崎県）の文書館（アーカイブズ）に保存されている。第二次世界大戦後、これら文書の地方史史料としての価値が見出され、府史や県史の刊行のために使われた。府県の編纂した史料の他に、「府県史料」は一八七七―八三年に修史館が収集した史料も含んでいる。それらは、中央政府で作成された府県に関する文書類で、（目録によれば）「修史館」の罫紙に筆写されている。福井県・三重県の収集物は修史部局との往復文書を含んでおり、そこからは業務がいかに遂行されたかがわかる。編纂物は府県によって相当に異なるのだが、この収集物は全体として、明治維新前後の時期の、ほとんどの地域における政治・経済・社会的状況についての貴重な情報を提供してくれるのである[52]。

情報収集は大事な業務であったが、情報の伝播をコントロールすることもまた、もう一つの大事な業務であった。一八七三年九月、歴史課は一八六九年および七二年の出版条例にもとづいて、文部省に事前提出された二つの著作の点検を求められた。この要請はあきらかに歴史課に困惑をもたらした。「史料編纂始末」に収録されている文書の草稿は次のように指摘している。歴史課が扱うことになるであろう書籍の数は歴史課の少ない人員が処理することのできる数を超えている。加えて、文部省は、事実の誤りという理由によって出版を差し止めることができない。なぜなら出版条例はそのような理由による出版差し止めを規定していないからである。いずれにしても条例が改正されない限り、出版を意図する著作の調査は文部省の責任である、と。最終的には、歴史課は歴史に関する著作の調査を拒否した[53]。

文書のなかで歴史課は、その前年に調査を求められた著作に言及している。それは『近世史略』という山口謙《けん》（椒山野史）の著作であり、一八五三年のペリー提督の来航から、一八六九年の新政府軍と幕府軍との戦争（戊辰戦争）の終結までの時期を扱ったものである。この著作は事実の相違を多く含み、その売買が一八七二年に禁止された。その後、著者が訂正版を出版することを望んだため、『近世史略』が文部省に提出されたのである。文部省はこれを太政官歴史課に回したが、歴史課は全編において誤謬がなお多く、いちいち指摘する暇はないと回答した。この『近世史略』は他の同種の著作と大差ないものであった。しかしながら、イギリスの外交官にして日本の専門家であるアーネスト・サトウによって英訳されたため、海外で知られることとなった。このことは修史部局のメンバーによって、懸念をもって書きとめられている。[54]

歴史課に回された別の著作に、皇族の有栖川宮家に仕えた飯田忠彦（一七九九―一八六一年）による『大日本野史』がある。『大日本野史』は「大日本史」の続編として構想されたもので、仁孝天皇（在位一八一七―四六年）の時代までをカバーしていた。著者はこの著作に四十余年を費やしており、序文は一八五一年付である。一八七〇年に有栖川宮より太政官へ、旧家臣の著作の出版許可願いがおこなわれた。一八七三年に養子飯田文彦からの申請が文部省へ提出され、文部省は審査のために著作を歴史課に回した。歴史課は、『大日本野史』は非常に多くの誤りを含むものだと結論づけた。間違いのいくつかが言及されたが、そのほとんどは南北朝時代に関するものだった。[55] さらに歴史課は、この著作は徳川幕府びいきに強く偏向していると主張した。それにもかかわらず、歴史課は、支配者と臣民の関係性を決定する倫理原則、すなわち大義名分に直接関わりのある誤りを訂正するという条件の下で、出版許可を勧告したのであった。[56]

出版のための原稿審査以上に重要だったのが、歴史課と文部省の教科書編纂のための協力であるが、これについては本章で後述する。

文部省が歴史課およびその後継機関に向けて照会を送ってくる唯一の政府組織ではなかった。多くの照会は皇統に関わるものであった。一八七六年二月四日、教部省が後醍醐天皇の皇子の一人の墓に関して照会し、修史局は二月一五日に回答している。修史部局は教部省や元老院からの類似の照会にしばしば対処しなければならなかった。時には、その照会が、宮内省との飯豊青皇女《いいとよあおのひめみこ》をめぐる論争のように、長引く争いを誘発することもあった。[57]

一八七七年、修史局は内務省式部寮祭事課より照会を受けた。それは、一四世紀の英雄新田義貞の没した土地に建てられた藤島神社の祭日に関するものであった[58]。

一八七九年、修史館は、岩倉によって編成された貴族の分類名簿（「華族類別録」）を調査検討して、考案（「華族類別録考案」）を作成した[59]。華族の系譜調査のため、修史部局のメンバーは何度も忙殺された。なぜなら、一八八四年に華族の爵位を規定する法令（華族令）が公布されたからである。既存の華族に加えて、国家に多大な貢献をしたとみなされた人々やその子孫にも爵位が与えられた（勲功華族）。一四世紀の多くの英雄たちが位を追贈され、しばしば記念碑が建立された[60]。そして、次のことを決定するのは、修史部局の学者の責任であった。誰が最も功績があったのか、すなわち、分立した朝廷と幕府のあいだの争いにおいて、後醍醐天皇とその後継者という「正しい」側に立って戦ったのは誰なのか。徹底的な調査が必要となったのは、南部師行《もろゆき》（?—一三三八年）の事例であった。南部師行の末裔である南部利恭《としゆき》が、一八八三年一二月に、新田義貞に与えられたのと同様の名誉を南部師行にも与え、その子孫である南部行義を華族に列するよう求めた。修史館は師行の功績を認めたものの、系図が偽造されていたことを理由に、行義が正当な末裔であることを否定した[61]。また修史館は、徳島の河野武吉郎の申請を却下している。河野武吉郎は、先祖である河野《こうの》通盛《みちもり》（通治、?—一三六四年）に名誉が与えられることを望んだ。彼は通盛が土居《どい》通増《みちます》（?—一三三六年）や得能《とくのう》通綱《みちつな》（?—一三三七年）とともに南朝のために戦ったと主張した。修史館は一八八二年から一八八三年にかけてこの二人について徹底的な調査をおこない[訳注3]、かれらは贈位には値しないとみなした[62]。修史館によれば、通盛は足利尊氏に与して土居や得能と戦ったのである[63]。別の事例では、修史館の方が主導したこともある。一八八二年、修史館は児島高徳の例に言及しつつ、歴史書「神皇正統記」（第一章）の著者である北畠親房を祀る神社を建立するよう提案したのである[64]。

修史部局のメンバーが、没した明治維新の指導者の墓碑撰文を任されたりしたこともあった。一八七七年に川田が木戸孝允の、一八七八年に重野が大久保利通の墓碑について、撰文を命じられた。しかし、撰文は一八八一年まで完成しなかった[65]。また、一八八一年には久米が撰述した、太平洋岸の諸県への明治天皇の巡幸記録（「東海東山巡幸日記」）が上申されている[66]。この種の業務は、修史事業が、後世の世代のために出来事を記録することを含むその他の諸活動と別個のものとはみなされていなかったことを示している。

修史部局はまた、海外に向けて日本を表象することも求められた。一八七六年のフィラデルフィア万国博覧会では、修史局が公刊したばかりの「明治史要」第一編が、地誌課の出版物とともに出品された[67]。さらに重要なことには、一八七八年のパリ万国博覧会に出品するために、修史館は「日本史略」と題した日本史の歴史書を特別に用意したのである。この作業は一八七七年に始まった[68]。「日本史略」は、天皇の歴代に沿って出来事を年代順に配列した編年史にすぎなかった。これはのち改訂されて『稿本国史眼』として出版され、帝国大学に新たに設立された国史科で教科書として使われた。

実際、官撰修史事業と教育は、当初からさまざまな形で結びついていた。正史は、一八六九年の「修史御沙汰書」によれば、教育に奉仕しなければならないのであり、維新直後は修史事業と教育はともに同じ役所、すなわち「学校」の支配下にあった。「学校」の後身である文部省は、のちに歴史課の一部となる編輯局を有していた。

確かに、歴史は学校で教えられるべき重要な科目とみなされていた。これは新しいことではない。なぜなら、江戸時代には歴史の学習が儒学教育の重要な一部分を形成していたからである[69]。歴史――普通は中国の歴史――は、儒学の古典のなかで教えられる倫理的原理のための実例を提供しており、史実は儒学的原理によって判断された。幕末に近づくにつれて、日本史を含む歴史は、自立した学問分野となった。刊行された初期の歴史教科書は、たいていは「大日本史」など、高く評価されていた著作のダイジェスト版であった。この動向は明治時代になっても続く。一八七二年の学制では、歴史（世界史と日本史を含む）と修身科は二つの別々の科目として扱われた。維新後の初めの数年間は、歴史はしばしば、儒学的伝統の一部としてよりも、むしろ啓蒙の精神のもとで教えられた。そこでは西洋諸国の歴史が優位を占めた。

明治期の教育の一般的傾向は、制度と教育内容の両面での画一化が国家レベルで進むことであった(70)。教科書もその傾向を反映している。一八八一年まで、教科書の出版と使用はほとんど統制されていなかった。文部省によって刊行された教科書は、民間による主導を奨励するのに役立ったのみであった。文部省によって一八七二年に出版された最初の歴史教科書は、同種の多くのものと同様に、『史略』と題された。一八七二―七七年に一三万部以上売れたが、それは文部省によって出版された他のどの歴史教科書よりも多かった。加えて、『史略』は府県によって翻刻され、類似の出版のモデルとして役立った(71)。『史略』のうち、中国史と日本史に関する最初の二巻は木村正辞によって書かれたが、木村は一八六九年に修史部局に在籍したことがある。日本史に関する巻は歴代天皇名の一覧によってなっており、おそらくは参考図書として、ないしは年代を覚えさせることのみを意図したものであろう。木村はまた、専ら日本史のみをあつかった教科書としては最初のもので、一八七五年に出版された『日本略史』と題された教科書を執筆し、それに続く二冊の教科書も執筆した。

一八七三年、文部省の最高官〔訳注4〕である田中不二麿は、右大臣の岩倉具視に宛てて書簡を送った。田中は自省で編纂中の歴史教科書のために、皇統に関していくつかの点をはっきりさせることを望んだ。田中の照会は歴史課の長松のところに回され、それに対して長松は一八七四年に回答をおこなった(72)。同日、長松はその問題に関して勅裁を仰ぐとして上申した。皇統に帰せられる重要性や、皇統が引き起こす問題は勅裁によって解決できるとする考え方は、後の事件（第六章第六節）に照らしてみるとき、示唆的である。田中の疑問の一つは、南北朝分立期においてどちらの朝廷が正統かというものであった。長松は南朝であると回答している。

修史部局自身による歴史書である「日本史略」は、パリ万国博覧会のために編纂されたものだが、いくつかの学校教科書の基礎となった。このことは一八七九年になされた歴史の編纂方法についての重野の講演中で言及されている。「日本史略」の改訂版である『稿本国史眼』もまた、小学校での使用のための改作が許可されている。(73)

修史部局のメンバーはまた、文部省による教科書編纂に直接関与してもいた。一八八〇年代、文部省は歴史教育に対する統制を強めた。天皇自身が倫理的目標、すなわち尊王愛国を明確化することに関与した。特に強調された時代は、天皇家が最大の権力と影響力を享受した時代である。そして、伝記が歴史教育の中核を形成することとなった。史実に関するいくつかの用語は改められ、例えば「南北朝の乱」は「南北朝の両立」となった。神話の時代により注意が向けられるようになった。一八八六年以後、教科書の使用には文部省の検定を必要としたが、しかしこれは最低限の基準を確保することを意図したものであり、依然として民間での出版が優勢であった。教科書検定の方針が公表され、教科書執筆者を奨励するため歴史教科書の原稿公募がおこなわれた。編纂趣意書は委員会によって作成されたが、その委員会は重野安繹や、イギリスから帰ってきたばかりで内務省に在籍していた末松謙澄が主宰していた。(74)委員会の他のメンバーは文部省編輯局長の伊沢修二、帝国大学教授の外山正一《とやままさかず》と物集高見《もずめたかみ》などであった。この編纂趣意書は、教科書に含まれるべき項目リストを提示していた。このリストは、重野をはじめとした当代一流の学者によって作成され、原稿応募の基礎となった。さらに、一九〇三年に教科書が国定化した後には、同一のリストが、文部省によって一九〇三年に出版された最初の国定教科書と、それに続く一九四〇年代までのすべての教科書に、枠組みを提供した。重野の教科書編纂や歴史教育に対する影響力は、それゆえ重要であった。重野はまた、学校における歴史教育についても、講演中で言及している。(75)

一九〇三年の国定教科書編纂を、文部省はふたたび名高い学者らに委嘱した。一人は『古事類苑』(第三章第四節)の編修長であった佐藤誠実《じょうじつ》、またもう一人がそののち史料編纂掛の主任となる三上参次であった。(76)三上とその同僚田中義成は一九〇四年に設立された教科書改訂のための委員会のメンバーになった。一九〇八年にその委員会は一九〇三年の教科書の改訂版を準備して、一九〇九―一〇年に発行した。この第二版は、一九一一年の教科書論争（南北朝正閏論争）後、部分的に書き換えを余儀なくされた。このことは、一九一一年に問題となった教科書を執筆した三上・田中・喜田貞吉を含む関係する歴史家の見方が無視され、公的イデオロギーの方が優先されたことを意味する。教育は学問とは異なる基準によって支配されるとする考え方が、こうして公的な方針となったのだ。そして、三上ですら、教育と学問の区別を受け入れた。続く数年間に、学校で教えられる歴史に対する歴史学の影響力は低下した。[77]

帝国大学に移管された後も、このかつての政府機関は、歴史に関する問題の最高権威としての性格を思い出させる機能をいくらか果した。メンバーは歴史教科書の編纂に関与し続けた。当時史料編纂掛の主任である三上参次などは、徳川時代の制度に関する鑑定人として裁判所へ呼ばれたこともある。[78]掛の出版物は海外の諸機関に送られたが、それは部分的には日本人による達成を示すためでもあった。毎年天皇が帝国大学を訪れ卒業式に出席する際は、価値ある古文書の特別展が天皇のため史料編纂掛で用意され、掛の主任によって天皇に説明された。しかしながら、「純正史学」と「応用史学」は徐々に異なる道を歩んでいったのである。

第四節　修史部局とそのライバル

修史部局で遂行された仕事は、決して唯一無二のものではなかった。江戸時代そして明治時代には、史料収集や歴史的著作の編纂に関わるいくつかの事業が見られた。[79]

江戸時代におけるさまざまな歴史的編纂物のなかで、歴史書「大日本史」と塙保己一の「史料」は、修史部局で着手された諸事業の直接の先祖としてみなされるに違いない。幕府によって開始されたもう一つの事業で、一八六八年以後も継続したものが、対外関係に関わる文書の収集である。その事業は一八六五年に始められ、田辺太一（外国奉行手附、一八三二―一九一五年）が、「通信全覧」と題されたこの編纂物の編者となった。維新後には外務省が「続通信全覧」の名の下に編纂を継続した。これは江戸時代から明治時代への連続性のよい例である[80]。この対外関係についての文書編纂は、一九〇七年に東京帝国大学史料編纂掛に移管された。

明治政府の活動の結果として生じる文書は、「公文録」「太政類典」「公文類聚」、そして『法令全書』といった編纂物にまとめられた。『法規分類大全』は、関連文章を引用しつつ、法規がどのように制定されたのかを簡潔に記述するとともに、制定後の展開の概要を含むものである[81]。

一八七〇―八〇年代には、各省は政府の命令に応えて、歴史書や、責任を持つ分野に関する史料集を公刊した。例えば、文部省は『日本教育史資料』（一八八三年）を編纂した[82]。

文部省はまた別の編纂事業をも始めた。一八七九年に始まった『古事類苑』がそれである。『古事類苑』は日本文化史の史料を中国風に集めた百科辞典であり、各見出し項目ごとに初出史料と関連法令が引用されている。『古事類苑』に関する作業は長年にわたって続き、一九〇七年に暫定的に完成し、一九一四年に出版された。その時までに、事業はまず東京学士会院へ、それから皇典講究所へ、そして最後には神宮司庁へと移管されていた。修史部局のメンバーは、『古事類苑』の編纂に時折従事した。

明治時代の官ないし半官的な歴史編纂物のうち、最も重要なグループの一つは、明治維新の包括的な正史を史料にもとづいて生み出そうとするさまざまな試みを含むものである。歴史課で編纂された編年史である「復古記」こそが、その最初のものである。岩倉具視によって委嘱された著作である「大政紀要」は、簡潔であり、かつある特定の目的のためのものであることが意図された。より重要なのは史談会の設立である。かつての薩摩の国父、島津久光は、一八八七年に死んだが、その遺命では、そうした協会の設立を宮内省に提案している。宮内省はすでに三条実美や岩倉具視の伝記編纂を進めていたが、一八九〇年に宮内省は、明治維新を主導した諸藩の大名家――島津家（薩摩藩）、毛利家（長州藩）、山内家（土佐藩）、そして徳川家（水戸藩）——の代表者に、一八四八—七一年の自藩の歴史を三年以内に作成するよう命じた。[訳注5] のちに宮内省は、将軍家（徳川宗家）や尾張・会津・桑名・安芸藩の旧大名家の子孫にも、史料提出を命じている。そして、「明治中興史」と題する明治維新の歴史書を作成することを目的として、宮内省に一編纂部局が設置された。(83) 一八九二年には宇和島の旧藩主伊達宗城と、徳島の旧藩主蜂須賀茂韶が副会長となり、すべての旧藩主家に参加が呼びかけられた。この「史談会」は、史料や情報を交換し、議論するための場として意図されていた。各会員による寄稿は『史談会速記録』で発表された。しかし、維新史（「明治中興史」）の編纂は完成せず、明治維新の英雄や殉難者の伝記だけが、一九〇七年以後、二巻本で公刊されただけであった（『戦亡殉難志士人名録』と『国事鞅掌報效志士人名録』）。史談会の会員は旧大名家の代表者であって、かつての家臣らへの政治的影響力を失っていた。彼らの明治維新についての記述は、新しい政治的権力である、いわゆる藩閥政府に敵対的であった。藩閥政府は、明治維新を主導した諸藩出身の旧武士で構成されていた。これら藩閥政府の活動的な政治家たちは、歴史書を書くことにあまり関心を持たず、史談会への政府の援助を拒否し、史談会を民間事業へと格下げした。史談会は文字通り昔話をするための会となり、そこでは輝かしい過去の思い出話が交わされたのである。(84)

重要なことに、かつて史談会に関心を抱かなかったのと同じ政治家たちが、明治時代が終わりに近づくにつれ、自分たちの政治的影響力が徐々に衰えていったとき、自分たち自身の明治維新史のため文書を収集し始めた。かつての藩閥の指導者たちは今や元老となり、一九一〇年に彰明会を設立した。一九一一年に彰明会は、文部省内に設置された維新史料編纂会となった。維新史料編纂会の総裁は井上馨であった。維新史料編纂会の設立は、危機感に刺激されたものである。一九〇九年に伊藤博文はハルビンで暗殺された。明治の寡頭政治家たちは、時代が急速に変化しており、もはや自分たちが現在の出来事において大した役目もないことを悟り、過去の栄光を思い起こし始めたのである。彼ら寡頭政治家たちは明治維新を王政復古として解釈するが、それは史談会の会員によって採用された解釈、あるいは岩倉の「大政紀要」や「復古記」で表明された解釈とさえ、大きく異なるものではない。維新史料編纂会による維新史編纂のために、高名な歴史家が雇われた。彼らは『概観維新史』（一九四〇年）や『維新史』（一九三六―四一年）を作成した。両者はともに第二次世界大戦中に出版されたが、ちょうどそのときは超国家主義的な国体イデオロギーが絶頂に達したときであって、おそらく両出版物は維新史料編纂会の発起者が意図した以上に、日本帝国の優越性と唯一性の観念に影響されているであろう。それにも関わらず、『維新史』は明治維新の学問的記述として、今もかなりの価値がある。[85] 維新史料編纂会によって収集された史料類は、一九四九年に文部省から東京大学史料編纂所に移管され、「維新史料引継本」として保管されている。

宮内省は、三条実美と岩倉具視の伝記を作成（『三条実美公年譜』一九〇一年、『岩倉公実記』一九〇六年）する以外にも、一九〇一―〇五年に徳川時代最後の天皇の伝記である『孝明天皇紀』を編纂し、一九〇六年に公刊した。同様のやり方で、明治天皇の伝記（『明治天皇紀』）編纂が明治天皇の死後開始され、一九三三年に完成した。編修官のなかには、東京帝国大学史料編纂掛の主任であった三上参次がいた。これらの伝記はすべて編年史の形式である。編纂期間中に多くの文書が蓄積され、それらは現在、宮内庁書陵部に所蔵されている。

いくつかの旧大名家は、史談会や維新史料編纂会に促され、あるいはそれとは無関係に、自身の歴史書を編纂した。旧大名家の歴史書の多くは一九三〇年前後に公刊された。例えば、紀伊徳川家の『南紀徳川史』、前田家の『加賀藩史料』、水戸徳川家の『水戸藩史料』、ないし細川家の『改訂肥後藩国事史料』などである。[86] この種のもので最も重要なものの一つが『防長回天史』であるが、これは毛利家によって編纂されたもので、初版が一九一一―二〇年に公刊された。[87] 毛利家は明治維新直後には歴史書に関する作業を始め、その目的のために部局を設置し、部局は一八八三年に東京に移された。史談会のおかげで、毛利家は他家同様に宮内省から後援を受けた。長州藩最後の藩主毛利元徳が一八九六年に死んだ際、井上馨が毛利家の代理となって部局を再編成した。井上は毛利家歴史編輯所総裁に、伊藤博文から推薦を受けた末松謙澄を任命した。この選択は驚くべきことである。なぜなら、末松は小倉藩の出身であるが、小倉藩は末松が子供の頃、長州藩と戦った（第二次長州戦争）ことがあるからだ。末松は一八七九年に、修史館のために西洋の歴史研究法を調査したことがある（第四章第四節）。彼はこの毛利家の歴史書編纂に積極的な役割を果たし、歴史書完成前の一八九九年に部局が閉鎖された際も自力で作業を継続しさえして、初稿の完成後の一九一一年になって総裁としての務めを辞した。彼は徹底的に初版を改訂し、彼の死後の一九二一年に公刊された。

　これらは、明治中期から後期にかけて着手された編纂事業のうちのいくつかにすぎない。本章で筆者は、事例を官ないし半官的な刊行物に限定してきた。私的なものの例を一つ挙げると、田口卯吉の『国史大系』『続国史大系』があるが、これは田口の会社である経済雑誌社によって一八九七―一九〇二年[訳注6]に刊行され、のち一九二九年に東京帝国大学の歴史の教授である黒板勝美によって改訂・増補された[訳注7]。そして、この編集熱は歴史分野に限られたものでもない。一八八〇年代から文学作品集の出版が流行し、一八九〇―九二年には『日本文学全書』が刊行された。ちなみに、文芸評論雑誌の『早稲田文学』は一八九三年、他の社会的流行とともに「全書熱」を報じている[88]。歴史書の編纂は、しばしば作成を委嘱した者たちの政治的立場を正当化するのに役立つものであったが、『国史大系』のような仕事はまた、歴史文献の正典《カノン》の形成にも貢献した。それは、『日本文学大系』が文学作品の正典《カノン》の形成に寄与したのとまさに同様である。しかし、何にもまして、国の過去とその文化的遺産への没入は、日本のナショナル・アイデンティティーの定式化の一環だったのである（第七章第二節）。

　修史部局の仕事にとって以上が意味するところは、「大日本編年史」が過去についての官撰記録として排他的な地位を占めるには程遠く、これらのさまざまな冒険的事業のなかで最も成功した作品でさえなかったということである。政府の正統化の手段としての歴史書の編纂は、古代の天皇の歴史の伝統を汲むものであるが、ひとたび明治維新と新政府の確立が既成の現実になってしまうと、歴史編纂は重要性を失ったのである。明治維新それ自体が、関心の焦点と、政治権力の正統化の源泉となった。一八八〇年代後半までには、明治維新は「あまりに意義が薄れてしまったため、事実上、再創造されなければならなかった」のである。徳川時代と同じく、明治維新は「十分なほど現在から遠ざかっているので、現在に尽くし、現在を評価し、現在をののしるために過去を利用するという由緒ある伝統には適任となった」のだ。[89]重要なことは、「大日本編年史」への関心の衰えが、史談会の設立および史談会による明治維新の正史編纂の試みと、軌を一にしたことである。

第四章　官撰修史の体裁

修史部局が初めて設立されたとき、官撰正史が採るべき体裁は未だ定められていなかった。そのため、続く数年間、修史部局のメンバーたちはどのような種類の歴史書を、誰に向けて書くべきか決めなければならなかったのである。

第一節　明治維新を記録すること

一八七二年に設置された太政官正院歴史課の業務の一つが、明治維新の編年史である「復古記」の編纂であった。明治新政府はその成立にいたるまでの出来事の記録を欲したが、それは、新王朝の正当性を示すために前王朝の没落を記録する中国の各王朝の正史と似ていた。このように、一八六九年の「修史御沙汰書」は六国史の後を継いで、武家政権の時代全体をカバーする歴史書を編纂する意図を示唆したにもかかわらず、新政府による最初の歴史叙述の試みは、直近の過去に焦点を当てていた。「復古記」の編纂主任の長松幹は、すでに一八七一年、岩倉使節団のために「復古攬要」と題する明治維新の記述を執筆した経験があった。

一九三〇年になってようやく出版された『復古記』初版の序によると、一八七三年には長松とその同僚は、「復古記」三十余本と、維新期の武力紛争の編年史である「復古外記」二十余本を編纂していた。しかし、その年太政官の建物が焼失したため、文書のほとんどが失われ、長松はふたたび史料収集を始めなければならなかった。その後一八七五年には「復古記」は完成に近づいていたと考えられるが[1]、一八八二年になっても長松は未だその編纂に携わっており、修史館再編後に廃止されそうになった編纂作業は、かろうじて長松の三条実美への上申によって廃止をまぬがれた。刊本の序によれば、「復古記」(「復古外記」と合せて二九八巻)は一八八九年一二月に完成をみたという[2]。

一八七六年六月一日付の「復古記」の凡例では、その構成が説明されている。それによると、『復古記』が扱う期間は、一八六七年の大政奉還から一八六八年の東征大総督の解任までである。各出来事については年月日を示して、関連史料が一語一句そのままで引用された。また、当該期間の初期は中央の行政部局の文書がほとんどないので、編纂にあたっては諸藩・華族・軍事機関や個人の史料に依拠せざるをえなかった。証拠が不確実なときは、できる限り関係者に尋ねた。また、不明確な点があれば、その旨の注記が付された。日付を確定できない出来事や文書は、当該月の末尾に、さらに月も確定できない場合は当該年の末尾に載せられた。重要な官職の任免は常に注記された。凡例では、用語の選択や人名・地名の用法についても説明している。また、引用書目は一覧にまとめられており、そのほとんどはさまざまな中央・地方の行政部局の日誌類、重要人物の手記や伝記、社寺の文書、名簿により占められている。引用書目の数は一二一二種と記される。第一冊の目次は四二頁におよび、それはそのまま出来事を編年順に列挙した概略ともなっている。それらの出来事は本文でも編年順に並べられ、そこには関係人物の出身地や別の称号を記した短い注が付され、関連史料が引用される。

要するに、「復古記」は綱目形式(第一章参照)による出来事の一覧と関連文書の集成にすぎない。「復古記」の価値は使われている豊富な史料にあるのであって、出来事について説明や解釈をほとんど加えようとしない綱文にはないのである。しかしながら、「復古記」という書名は一つの解釈を含意している。すなわち、この書名は、明治維新を、過去にそうあったはずと考えられる王政への復古と性格づけるのである。編纂で使用された原史料で散逸しなかったものは、現在東京大学史料編纂所に所蔵されており、近年になってようやく詳細な調査が始められた(3)。

それでは、「復古記」はどのような目的で編纂されたのであろうか。もちろん、中国の正史の伝統にもとづいて明治新政府の正統性を示すことも、ある程度は意図されていた(4)。しかし、おそらくこれは唯一の動機でもなければ、最重要の動機ですらなかった。「復古記」が扱うのは、直前の数年間を含む明治維新そのものだけであって、（いわば前「王朝」に相当する）江戸時代全体ではない。「復古記」は歴史書というよりも、むしろ近年の出来事を回顧したものであり、それは現状把握と正当化のため、そしておそらくはまた新政府にとっての方向づけを用意するという非常に実際的な目的のためでもあっただろう(5)。このため、「復古記」に関する作業は一八八二年にほとんど廃止された。政府はもはや、その必要性を感じなくなっていたのである。

「明治史要」は「復古記」をもとに作成されたもので、同じ出来事に関する編年史であるが、文書の引用は省略される。「明治史要」は完成され次第順次、一八七六―八六年に全六巻で刊行された(6)。このうち第一巻は、一八七六年四月のフィラデルフィア万国博覧会に、地誌課の成果物とともに出品された。同年六月一日には、修史局の編纂作業が皇室に敬意を表しておこなわれたことの証拠として、宮内省に献納された。また在日の各国公使にも写しが贈られた(7)。

「征西始末」は、「復古記」や「明治史要」と同様、最近の出来事の記述で、一八七七年に起きた対薩摩戦争（西南戦争）を扱う。西南戦争では、政府軍は西郷隆盛とその追随者の反乱を打ち破った。政府は戦争終結直後の同年一二月に「征西始末」の編纂を命じた(8)。おそらく正当化の意図が多少はあったとしても、「征西始末」は、将来のための記録として、西南戦争の各出来事を詳細に記述したものであった。明らかに公刊は予定されていなかった。編纂規則では政府の秘密活動についても記事に含めるよう述べている。「征西始末」における事実と史料の配列は、「復古記」と同じである。一八七八年三月に起草された規則によると、「征西始末」は一八七七年二月一五日―一〇月一〇日の出来事についての編年史的記述とすることになっていたが、その期間とは西郷隆盛による攻撃が始まったときから政府軍の勝利までの期間である。主として政府の記録（「実録」）である情報源は、引用して示されることとされた。よって、政府部局は関連史料を提出するよう求められた。政府に提出された内容目録によると、「征西始末」で計画された記述内容は、歴史叙述というよりはむしろ事実の包括的な編纂であった。もしかするとそれは西南戦争の歴史書の基礎として役立つこともできたかもしれないが(9)。

「征西始末」の編纂作業がすでに始められていた一八七九年には、修史館のためにロンドンで西洋の歴史研究方法を調査していた末松謙澄が、出版されたばかりのマウンジー著『薩摩反乱記』を日本へ送付している。『薩摩反乱記』はすぐに日本語に翻訳され、少なくとも重野はその訳稿を読んでいる。しかし、マウンジーの記述が「征西始末」の編纂に何らかの影響を与えたことを示唆するものはない(10)。

修史部局が最初に編纂したものは、歴史叙述という意味での歴史書ではなく、かろうじて結末をみたばかりの直近の過去の出来事についての編年史であった。「復古記」の編纂規則によれば、「復古記」は継続的に更新されていく予定だったのである。しかしながら、これら初期の著作の体裁は、その後数年の間に始められる編年史の体裁と同じものであった。

第二節　史料の収集と歴史の記述

明治維新後の最初の数年に関しては、官撰正史の主唱者たちが考えていたことを正確に伝えてくれるような史料はほとんど残されていない。最初期の二つの文書、すなわち「学校」の提案と「修史御沙汰書」はともに六国史に言及し、王政が復古したのであるから修史事業（「国史編修」「修史」）も天皇の名の下に再開するべきであるという考えを表明する。両者ともにその業務を「大典」と表現するが、その表現は、国家の儀礼や、規範を定める重要な仕事であることを意味しうるものである。修史事業は、王政が武家の勃興以前に持っていた優越性へと復古した後に、秩序を生み出すことの一環であるとみなされていたのだ。

しかしながら、その後数年間、六国史の後を継ぐ歴史書を編纂するという計画は実行に移されなかった。「歴史課事務章程」では「国史」「正史」の編纂に言及されていたにもかかわらず、太政官正院歴史課では国史に関する作業はおこなわれなかった。[11] また、府県から集めた文書も府県が作成した歴史書も、行政や徴税の目前の必要性に応えるものであった（第三章第三節）。府県は毎年その作業を継続するよう求められたが、そのことはそれらの作業が実際的な目的のためでもあったことを示唆する。それにもかかわらず、一八七三年八月に起草され、翌年府県に布告された例則（「歴史編輯例則」）は、冒頭、歴史の定義から始まる。[12] それによると、歴史とは政治の沿革や民物の盛衰を取り扱うものである。よって各府県は、余分なものは除きつつも、府県の成立からの沿革について叙述しなければならない。出来事はそれぞれ年月日を詳細に調べ、関連文書は引用しなければならない。事由が難解なものには注釈を加えなければならない。八つの規則のうち五つが記述に含めるべきものを規定している。すなわち、焦点は、戸口・社寺・開港開市場・城市・鎮台に関する情報を含んだ行政や税制のみならず、古趾遺跡や碑文にも置かれるものとされた。関連史料は年月日によって編年順に並べて引用すること、政治的出来事を中心にすること、府県からの差し出しでは簡潔な言葉の使用が期待されること、といったことである。これらはすべて、続く数年間に修史部局が始めることになる歴史編纂を性格づけた。

六国史の伝統にのっとって日本史を編纂することは、修史局が設立された後、一八七五年に本格的に始まった。「修史事宜」と「編輯着手ノ方法」という二つの覚書ならびに職制からは、どのような種類の作業が計画されていたかを知ることができる。重野と長松による伺によると、この二つの覚書は一八七五年五月に三条実美と太政官のメンバーに提出されたものである。[13]「重野家史料」にはこの文書の写しが含まれている。文書に使われるいくつかの言い回しが一八七九年に重野がおこなった講演「国史編纂の方法を論ず」と共通することから、重野自身がこれら覚書の草案を作成したと考えられる。「修史事宜」は、「復古記」が完成に近づいており、修史局の今後の事業を考えるべき時期であるとして、次のような提案をおこなう。「皇国ノ正史」は、六国史の後に続くものがない。のちに作られた「大日本史」は「正史」ではあるが、南北朝時代（一三三七―九二年）の終わりまでしかカバーせず、その後の五〇〇年間は信頼性を欠く私撰の歴史書があるにすぎない。よって、「正史」を編纂する必要がある、と。言い換えれば、ここでは徳川御三家の一つによって作成された「大日本史」が正史の地位を認められているのに対して、徳川幕府の官撰編年史である「本朝通鑑」は正史の地位を認められていないのである。

「修史事宜」によると、史実は三つの課で収集される。第一課では後小松天皇から後陽成天皇まで（一三八二―一六一〇年）、第二課では後水尾天皇から孝明天皇まで（一六一一―一八六七年）、そして第三課では明治維新以降（一八六八年―）である。第一課・第二課では、史料は「塙史料」の体裁に従って収集・配列される。また、各局員がそれぞれ短い対象期間に責任を持つように、仕事は分割されなければならない。第三課では「復古記」に関する作業に加えて、公文書を収集・編纂する。「復古記」は厳密にいえば歴史叙述ではなく、原史料を引用した出来事の詳細な編年記録である。修史局の事業は史料収集と編纂の二つに分割すべきである。

塙保己一への言及から、「修史事宜」の執筆者は、実際に歴史を記述するということに対してそれほど関心を持っていないことがわかる。「修史事宜」が目的とするのは、正史よりもむしろ、信頼に足る史料を提供することであり、それこそが正史の基礎となることができるばかりか、それ自体価値を有することなのであった。塙は「史料」にこの形式を採用したが、それは塙の同時代人林述斎（一七六八―一八四一年）も同様であり、林の主宰のもと「朝野旧聞裒《ほう》考《こう》」の編纂が始められたのであった。[14] ただし、「朝野旧聞裒考」は幕府の統治を中心としたものだったので、修史局のメンバーによって言及されることは明らかになかった。修史局のメンバーは、塙と同じく、天皇の統治（王政）を中心とした歴史書の作成に従事していたのだ。

しかしながら、最終的な目標は「正史」、すなわち正確で決定版の歴史であった。さらに、この業務は不特定の将来の世代に任せるということではなく、できるだけ早く着手することになっていた。このため、「修史事宜」の執筆者は、責任を持って最終的な判断を下す者（総裁）を任命する必要性を強調する。また、これが必要なのは、封建時代の悪政が史実を明るみに出すことを妨げてきたためでもある。「修史事宜」の執筆者が指摘するところによれば、六国史が編纂された際には親王が責任者となっていた。今度もまた最高の権威が必要であると考えられたのである。「修史事宜」には、歴史書に使う言語や、西洋の歴史叙述を参照することの有用性に関する論評も含まれるが、強調点は、綱目形式の成果物を作成するということにあった。そして、事業着手の命令が下れば、進め方の詳細を提出すると約束して締め括られる。そして、この詳細が展開されたのが、「編輯着手ノ方法」と題された文書である。その文書は本書第三章第一節で引用した各課の人員とその業務の一覧で始まり、続けて事業の進め方についての指示が書かれる。もっとも重要な点の趣旨は次の通りである。

第一課・第二課では、各員がそれぞれ二〇―三〇年間に対して責任を持つ。文献から収集された史実は、日付（可能であれば具体的な日まで）をまず掲げ、続いて出来事を記す。さらに史料引用が続くが、最初に原史料（一次史料）、次に二次的で疑わしい記事とする。

引用個所は、繕写生が筆写する。採録すべき出来事は、天災・黜陟・生没・戦闘・賞罰・金銭と食糧・土木といったもので、宗教関連の記事や朝廷の儀式などの場合は選択して採録する。何を採録するかなどといった問題は職員の間で相談して決定する。編纂を終えた部分は修撰・総閲・総裁が検討して校正をおこなう。そして年に二度、作業についての報告書を作成する。(15)

「編輯着手ノ方法」によれば、編纂の主要業務は、事実や文書を収集する協修と、それをもとに文章を編集する修撰によっておこなわれるようである。総閲は作成された編纂物を検査し、総裁は仕事を監督する。書記は集められた史料を整理する。すなわち、修史事業は行政活動だったのであり、他部局の政府業務と似たような方法で系統づけられていた。

これらの方針の修史局のとるべき方向を定めたにもかかわらず、事業の進め方に関する議論は終わらなかった。そもそも、これらの文書には、実際の歴史書や、その書き方についてはまったく述べられていない。このことは議論されたのであろうが、そのことをはっきりと語ってくれる文書はほとんどないのである。ただし、重野安繹が一八七九年に東京学士会院でおこなった「国史編纂の方法を論ず」と題する講演から、いくつかの証拠が得られる。この講演で重野は初めて持論を一般の聴衆に対して述べたのである。重野は、これから論じようとする問題は緊急を要するものであると言って、聴衆の意見を求めた。重野によれば、現在における道徳的振る舞いの教訓として過去の出来事を学ぶことが必要であった。また、中国の歴史編纂における編年体・紀伝体・記事本末体というさまざまな体裁に言及し、日本の歴史編纂に話をすすめ、日本は、文学の形式を中国から採り入れたにもかかわらず、正史と呼べるものを持たないと指摘した。いくつかの著名な日本の歴史書についても簡単に論じているが、重野はそれらを正史とは認めなかった。修史部局は日本において先例のないものなので、計画された歴史書にはどのような体裁を採用すべきかに関しては議論の余地があり、そのような議論は実際におこなわれていると重野はいう。正史の体裁を調査するにあたって修史館の職員は中国の著作とともに西洋の著作をも参照しており、重野は両者の長所についても論じている。

正史が望ましいものであり可能なものでもあると、重野は信じて疑わなかった。重野は、修史部局の直面している困難の大半を財源と人材の不足のせいにした。しかしながら、誰か一人が事業に責任を持ち、その人物の意見が最終決定的なものでなければならないという重野の主張は、重大な問題を示していた。もしも歴史をどのように記述すべきかという点に関してさまざまな意見があったならば、誰の意見が最終的なものとなるはずなのか、そして、いかにしてこの選択が唯一の正しい選択であったとして正当化できるのか。そもそも、歴史書はどれほど決定的で、客観的なものでありうるのか。たとえそれが緩やかにつながった一連の事実だとしても、事実そのものと、かつそれを表す言葉の選択は必要なのであって、そのことは偏向《バイアス》を避けられないものにするであろう。さらに、単なる編年記録ではなく歴史叙述を創出して、出来事の関連を打ち立てようとする試みともなれば、困難はより増すことになる。そのような歴史叙述を重野が考えていたことは、彼の講演から、すなわち単なる編年記録への批判や、西南戦争に対する発言から明らかである。重野は自分は薩摩出身であるから、権威を持って話すことができると、聴衆に思い起こさせようとした。このことを認めさせなければならなかったことは逆に、修史館の重野の同僚は彼とは違った考えを持っていたことを示唆している。

歴史を書くことに対する重野の見解は、修史館の他の職員に比べると、記録によってよくわかる。しかしながら、重野とは違った見解を示す意見書が一通存在する。「修史館改革ノ議」と題されたその意見書の執筆者は明らかでないが、修史館の職員ではない。「修史館改革ノ議」は、重野と同様に歴史を書くことの重要性を強調し、日本に「正史」がないことを嘆き、日本の歴史書を満足のいくものではないと述べる。そして重野と同様に、また同様の理由から、西洋における歴史著作の事例を賞賛する。さらに、修史館の学者たちが西洋の歴史書をモデルとして参照しつつ、できるだけ早く「良史」を作成することを要求する。このために国学・洋学・漢学の学者を雇い、「提督」を任命して、その「提督」が人員を選抜し一人で全責任を担うべきだという。

「修史館改革ノ議」と重野の講演との違いは、主にその強調点の置きどころにある。覚書の氏名不詳の執筆者は、計画されている歴史書の目的に関してより具体的である。すなわちその歴史書は一般民衆によって読まれるべきであり、その一般民衆がそれを読むことによって知らず知らず教育を受け、祖国を愛することを学び、祖国を愛することが今度は日本の「富強」化に貢献するものでなければならないという。また、重野以上に強調するのは、予定された国会開設を考慮して、歴史書はすぐに完成されるべきだということである。もしも、国会が予算を審議するようになるときまでに、修史部局がその経費や大量の学者の雇用を正当化するだけの結果を出さなければ、皇室の評判は堕ちることになる、というのである(16)。

「修史館改革ノ議」の氏名不詳の執筆者は、歴史編纂についてよく知っていたようで、歴史学の講義を受けた経験もあったという。彼は、自身が修史部局に勤めてはいないが、修史部局内で何がおこなわれているかを知っていたようである。重野以上に、この覚書の執筆者は実務的な検討に集中しており、このことは、修史事業に自身携わっている学者と、修史部局外にいて主に早急な結果に興味がある役人との優先事項の差異を反映している。しかし、両者には歴史の見方において何ら根本的な違いはない。

以上論じてきた史料から、計画されていた官撰正史の編纂方法について多少の洞察が得られる。綱目形式による編纂は、最終的な目標である「正史」のための基礎を築くことになっていた。どのような形式をとるべきかは修史部局の職員間における不和の種となったようであるが、この議論の性質についてはほとんど知ることができない。議論されたことの一つには、歴史書の体裁の問題、すなわち厳密な編年体とするか、「大日本史」のような紀伝体とするか、といったことがあったようである(17)。また、別の問題として、歴史書を六国史の終わったところから続けるのか、それとも「大日本史」の終わったところから続けるのか、もしくはまったく一から始めるのか、という問題もあった。しかしながら、最も議論を呼んだ問題は、使用する文体の問題だったようである。

第三節　官撰修史の文体

なぜ文体の問題がそれほど重要なのであろうか。この疑問に答えるためには、我々は修史部局の職員が有していた選択肢とその意味するところについて知っておかなければならない。

ここには、日本の書き言葉の二つの特徴が関わってくる。すなわち、書き言葉の文体が多様であることと、明治時代のかなりの時期までは書き言葉の大部分と話し言葉とは大きく異なっていたことの二つである。この二つの特徴はともに、五世紀以降日本人が中国文字（漢字）を採用・適用してきた結果である。日本語と中国語は構造がまったく異なるため、最初は文章を中国語の文法で書いて日本語で読んでいた。これが「漢文」として知られる形式である。八世紀前後から、日本人は漢字を日本語に適用させようとし始めた。漢字は意味だけでなく音を表すためにも使われるようになって平仮名と片仮名の二つの仮名が発達し、日本語を話すのと同じように書くことができるようになった。その後、何世紀にもわたって、中国語の要素をどれだけ取り入れるかで、かたや「純粋な」中国語を日本語で読む「漢文」から、かたや「純粋な」日本語であり、話し言葉を最も反映した「和文」まで、多様な文体が現れた。

しかしながら、話し言葉が時代とともに変化したのに対して、書き言葉はその始まりである平安時代（九―一二世紀）以来ほとんど同じであった。そのため、明治時代の初めには大部分の書き言葉は同時代の話し言葉とはまったくかけ離れたものとなっていた。中国語、あるいは中国語の語彙と文法に満ちた中国風日本語である「漢文」は、公文書や学術的著作など、「堅い」文章全般のための規範とみなされていた。(18)

しかし、明治時代になると変化が訪れた。(19) 西洋の著作が話し言葉に近い文体で書かれていることに、日本人が気づいたのである。政府上層部や出版界は、大衆（教育制度の結果、識字率が上昇していた）へ情報を効率的に伝えるためには、教育を独占する少数のエリートだけではなく、日本全国の人々に理解可能な言葉を使わなければならないと気づいたのだ。この議論は、当初はまったく実務的なものであったが、明治中期、特に日清戦争後からは、ナショナリズム的なイデオロギーに影響されるようになった。書き言葉を話し言葉に近い形態に標準化していく過程は二〇世紀になっても続き、完了したのは第二次世界大戦後のことであった。

それでは、官撰正史の記述におけるその帰結は、どのようなものであっただろうか。明らかなのは、ある選択をしなければならず、その選択が正史の読者層と密接に関係するということである。実質的には二つの選択肢が議論された。二つの選択肢とは、漢文にするのか、それとも国文（和文）にするのかというものであったが、後者にしてもおそらくは漢字仮名交じり文を意味するとみられ、依然として話し言葉とはかけ離れていた。漢文は学問の言語としての長い伝統があり、おそらくヨーロッパにおけるラテン語に比肩しうるものであった。また、漢文は「大日本史」で使われた言語であり、ナショナリズム的な内容に矛盾するものとはみなされていなかった。漢文を使用することは、中国の教養や道徳への敬愛を含意しており、また、より正確であるとも考えられていた。明治時代の学術的著作では、たとえ本文を漢文で書かないにしても、序文は漢文で書くことがしばしばあった[20]。一方、漢字仮名交じり文も学術的著作の文体として認められていた。漢字仮名交じり文は、中国語の影響がまだ強く残るものの、より理解しやすいものであった。

官撰正史に使用する言語の提案にいちばん最初に言及したのは、一八七五年の「修史事宜」である。この覚書の執筆者はおそらく重野であるが、彼は漢字仮名交じり文を提案した。主な理由は、漢字仮名交じり文であれば、著作が明瞭に理解されることにあった。一八七九年の講演「国史編纂の方法を論ず」のなかでは、重野は文体については述べていないが、彼が称賛した歴史書のうち、「大日本史」を別にして、「神皇正統記」と「読史余論」は漢字仮名交じり文で書かれており、『日本外史』の諸版のなかにも漢字仮名交じり文のものが存在していた。重野は漢字仮名交じり文の方を選んだようである。

一方、「修史館改革ノ議」の氏名不詳の執筆者の主張はより明瞭である。彼は、目下西洋の知識と（西洋型の）文明は前進を見せつつあり、大部分の人々はもはや漢文を読むことができないと主張するのである。このような意見はすでに本居宣長（一七三〇―一八〇一年）も述べており、多くの国学者によって共有されていた。そして、一八八〇年代以降、ナショナリズム的なイデオロギーが優勢になるにつれて、それは自然と強力な主張になっていった。そして、その主張は、修史館の著作を批判するときに、しばしば聞かれた。

しかし、「修史館改革ノ議」の氏名不詳の執筆者が官撰正史の言語についての自分の見方を述べたときには、すでに漢文に有利な決定がなされていた。決して異論がなかったわけではないことは、漢文採用論がある長文の文書（「修史文体論」）の中で擁護されていることからわかる。その文書は修史館の職員によって書かれたもので、おそらく修史館再編の時期のものであろう。執筆者は知られていないが、多くの史料を引用し、それらのほとんどが室町時代（一三三八―一五七三年）のものであることから、それらの史料を扱っていた人物、おそらくは久米邦武であろうと想定することができる[21]。この文書の著者は、漢文への主要な二つの反対に対し再反論する。漢文への主要な二つの反対とは、漢文はたいていの人には読めないというものと、漢文は外国語であるので日本史を記述するのにふさわしくないというものである。漢文で書く方が効率的であるという主張は、学者が真に考慮したというよりも、むしろ政府の役人の官僚的な精神に対して譲歩したものであろうが、簡潔さの主張は漢文を擁護するときにしばしば持ち出されるものである[22]。

歴史書の文体ばかりでなく、「修史文体論」の執筆者は、修史館によってとられた方向性を全般的に擁護している。執筆者が説明するに、修史館が最終的には西洋のモデルに従うことをやめたのは、西洋の知識が未だ十分に消化しきれておらず、翻訳書も十分でなかったからである。また、この執筆者は史料収集を擁護して、修史館の職員が怠けているわけではないと強調する。目的は、「軍談戦記」のように人々を楽しませる歴史書ではなく、「我邦歴史学ノ基本」を形成してさらなる歴史著作につながるような歴史書にあると、彼は主張する。

しかしながら、この漢文擁護者は歴史書を書き直す可能性も認めている。それは、漢文形式が、将来のいつか、標準的な日本語形式に取って代わられる場合か、もしくは西洋の歴史編纂が、翻訳の結果、より広範に知られるようになった後である。これは、文書の執筆者が意図するとしないとにかかわらず、結局は「正史」の否定に等しい。漢文を採用するという決定は、また別の点でも一八六九年の「修史御沙汰書」で宣言された意図からの逸脱を意味した。なぜなら、漢文の採用は読者層を限定するからである。修史館による歴史書は民衆の教育に役立つものではなく、この文書の作者が指摘するように、専門家に向けた学術的著作として意図されていたのである。

この文書の弁護的な性格は、文書が外部からの批判に対する回答として作成されたことを示唆する。前章で取り上げた修史館改革に関する意見書に対する回答なのかもしれない。なぜなら、意見書のなかで言及された点すべてを取り上げているからである。実際、漢文で書くという決定は絶え間なく批判され続け、一八九三年に事業全体が廃止される理由の一つともなった。明治初期には漢文は隆盛であったが、次第にその重要性を失っていった。それは、一八七〇年代に学校教育制度が導入され、西洋の学問を強調して漢文の学習を軽視したためである。修史館が国史の執筆を始めたときには、すでに漢文は時代遅れのものとみなされていたのである。

第四節　西洋の方法論を学習すること（一）——ゼルフィ

国史に適した形式を求めて、修史部局の職員たちは西洋の歴史編纂の方法に惹かれていった。先述した「修史事宜」は西洋の歴史書に言及する。それによると、西洋の歴史書は文中に分析や図表を含むのみならず、出来事の起きた時期における地理的状況や全般的状況を述べて、因果関係を論じるという。この所見はやや漠然としたものに聞こえるが、その時期において外国語を解さなかった修史館の学者たちが、これ以上正確な知識を得るのは困難だったのである。

一八七八年、西洋の歴史編纂についてさらに学ぶ好機が現れた。それは、末松謙澄が、彼の庇護者である伊藤博文のためにヨーロッパの政治状況を観察する目的で、ロンドンに旅立って日本公使館の一等書記生見習となったときである。末松謙澄は豊前（現在の福岡県）の出身で、そこで漢学の教育を受け、その後東京に出て英語を学んで東京日日新聞の記者となった。伊藤博文の知遇を得てからは、政府の官吏として経歴を重ね、一八七五年以降末松はさまざまな官職を歴任した(23)。修史館は末松に対して、イギリス・フランスの歴史編纂の方法（おそらく、修史館の職員が知っていた翻訳作品がイギリス・フランスの著者によるものだったからであろう）について調査するよう依頼した。修史館から外務省に宛てた書簡は[訳注8]、次のように述べる。日本の伝統的な歴史書は、国内政治・政治体制と戦争ばかりを扱って、経済発展や習俗、宗教、動植物相、農業、商業、民衆全体の状況といったものについては取り上げない。修史館員は西洋の歴史編纂について学びたいと思ってはいるものの、ふさわしい翻訳作品がない。よって末松が余暇に「英仏歴史編纂方法研究」を行うように命じてほしい、と(24)。末松が厳密には何を期待されていたかははっきりしない。このことはおそらく末松との間で話し合われただろうが、修史館員が自身の要望をより詳細に述べられるほどの知識を持っていなかった可能性も同じく考えられる。

大久保利通と中井弘から重野安繹に宛てられた二通の書簡は、ともに一八七八年二月六日付で、末松謙澄について触れている(25)。大久保は伊藤博文との会話に言及し、末松はその業務に適した人物であり、すぐに任命すべきであると結論づけている。中井弘は重野と同じく薩摩出身で、彼自身一八七四—七六年に日本公使館で勤務した経験がある。中井もまた、できるだけ早く誰かに命じてその業務に当たらせることを勧めるものの、末松が外交事務担当のかたわらでそのような困難な任務を遂行する時間があるだろうかと疑念を示した。さらに中井は日本の歴史編纂の欠点や、彼がよい歴史書に期待するものについても意見を付け加えている。中井の見解は修史館のそれと似たものであった。

末松は総額一五〇〇円を受け取った。彼に期待されたのは、本を購入して自身で読み、また修史館へ送ることであった。史料編纂所に所蔵されている文書のほとんどは、末松任命の費用面に関するものである[26]。そのなかには、三浦安（修史館監事）と上野景範（駐英日本公使）の往復通信とともに、末松自身による書簡も含まれている。

末松は一八七八年四月一日にイギリスに到着した。末松は家族に宛てて書簡をしたためており、そこから彼の到着やロンドンでの生活について多少のことを知ることができる。また、末松は伊藤博文に宛てて長文の書簡を書き、そのなかでイギリスの内政や外交について触れている[27]。しかし、残念ながら、末松の書簡は彼の歴史研究の性格については多くを語らない。末松はイギリス到着後すぐに修史館のために調査を開始したに違いない。なぜなら、その年の一二月には「史要問目」と題された歴史編纂に関する質問を作成しているからである。「史要問目」は英語の原文を日本語訳したもので、イギリスの歴史家（名前は不明）に宛てた一八七八年一二月七日付の書簡と、ヨーロッパの歴史編纂に関する本についての指示からなり、後者は八項目に分かれる。末松の修史館宛て一八七八年一月五日付の書簡によると、彼は英文版を翻訳のために修史館へ送付している[28]。修史館の職員による説明によれば、末松は西南戦争に関する自身の調査と考えも書きあげたと報告してきたという（末松は陸軍卿山県有朋の秘書官として西南戦争に関わっていた）。末松は熱心に研究を進めたが、西洋の歴史編纂を理解するのは困難であった。そのため、彼が作成した質問を基礎として入門書を執筆するよう、ゼルフィという学者に依頼したのだ。

「史要問目」に含まれる宛先不明の書簡の内容は、次のようなものである。私が思うに、最重要の西洋の歴史家やその著作についての概略を日本の歴史家に提供することは有益であろう。日本や中国の歴史書とは西洋の歴史書は異なっているが、それは日本や中国の歴史書は哲学的考察ぬきに、ただ事実を提供するだけだからである。今や日本は西洋から多くを学びつつあり、日本の学者も西洋の歴史書の最も良い例をモデルにしたいと望んでいる。しかしながら、ほとんどの西洋の歴史書は彼らには入手不可能なので、全般的な概説があればとても有用であろう。よって、私が期待するに、適切なモデルを参照しながら自国の歴史を書きたいと望む日本の学者たちに与えるために、貴君はそのような概説を書いてほしい。執筆に当たっては、西洋の歴史書の長所、すなわち事実の描写を理論的考察に結びつけて因果関係を指摘するという点を強調するよう、気をつけてほしい。完成した作品は翻訳されて、日本の学者にも利用可能となる予定である。

そして、末松はヨーロッパの歴史編纂に関する予定のアウトラインについて指示を与え、特に次の点に注意を払うよう求める。

一、歴史研究の重要性と、歴史家が有するべき資質。
二、古代ギリシャの著作家から始まる、最重要の歴史家とその著作についての批評的概観。
三、古代ローマの著作家。
四、最も偉大な近代のイギリス・フランス・ドイツの著作家と、興味を引く範囲での中世の著作家。
五、さまざまな種類の歴史。世界史や一国史、さらにはそれらの下位区分。
六、最重要の歴史書についての、年代順ないし出身国別の、歴史的文脈における批評的概観。
七、歴史家の方法論と歴史家が直面する困難、特に言論の自由が認められる以前の時代におけるもの。支配者のために歴史書を著し、歴史編纂をおこなった政治家についても言及すること。また、ヨーロッパの歴史書の構造についても取り扱うこと。
八、歴史家が考慮すべきこと。特に、歴史家は細部に没入することなく、全般的な発展過程を精査して、因果関係を指摘するよう試みるべきこと。歴史は政治のみでなく社会全体を扱うべきであること。事実の描写は理論的考察に結びつけられなければならないこと。良い歴史書は一般的法則を指摘することで、読者が過去の経験から学ぶことを可能にすべきこと。歴史編纂は人類の進歩に貢献すべきこと。

これらの指示はいくぶん体系性を欠き、繰り返しもみられるが、末松がイギリスに到着してわずか数ヵ月にしてヨーロッパの歴史学の概説書を委嘱しようと計画したことのみならず、末松がその著作から何を期待していたかを示している。末松が概説の執筆を依頼した人物こそ、ジェルジ・グスターヴ・ゼルフィであった。ゼルフィはハンガリー出身で、一八四九年の革命の後イギリスに亡命してイギリスに帰化していた。(29) 末松の要求に応えて、ゼルフィは「歴史の科学 *The Science of History*」と題する本を書いた。その序文は一八七九年一〇月一五日付で、続けてゼルフィが末松から受け取った一八七九年三月六日付の書簡と、末松のゼルフィ宛て指示が載せられている。ゼルフィが受け取った指示と、一八七八年一二月に末松が日本に送った指示を比較するのは難しい。なぜなら、後者には日本語訳しかなく、その翻訳がどの程度正確であるか確かめられないからである。二つの指示が別々のものであることは明らかだが、内容において重大な違いはない。

末松によると、良い歴史書とは社会の発展をあらゆる側面で扱うべきものである。ただ出来事を列挙するだけではなく、それらをつなげて因果関係を説明し、現在や未来への教訓となる結論を導き出すべきものである。過去の経験は人類の進歩に貢献すべきものである。末松は、持論を立証するために、トゥキュディデス、カエサル、フリードリヒ大王、ナポレオン、クラレンドン、ティエール、ギゾー、マコーレー、バックルといった複数の歴史家を列挙する。このことはまた、末松が指示を書く前に、集中的に学んだに違いないことをも示している。

「史要問目」から明らかなことは、末松が早くも一八七八年秋には、歴史編纂に関する著作の執筆をイギリスの学者に依頼する構想を持っていたということである。しかし、この時点ですでにゼルフィを念頭においていたのかどうか、またどのようにしてゼルフィに依頼するにいたったのかは不明である。ゼルフィはロンドン大学で教鞭をとっており、王立歴史学協会（Royal Historical Society）と王立文学協会（Royal Society of Literature）の会員でもあった。宗教・歴史・哲学に関するさまざまな著作以外に、ゲーテ『ファウスト』の注釈付の英訳をも出版したことがある。また、ゼルフィは歴史に関するテーマの講演でも知られていた[30]。おそらく末松はロンドンに着いて間もないうちにゼルフィの評判を耳にし、ある講演において直接会ったのであろう。末松はヨーロッパの歴史編纂についてさらに学ぶために歴史に関するテーマの講演を聴講したものと推測できるが、そうであれば王立歴史学協会は明らかに一つの選択肢であっただろう。ゼルフィは王立歴史学協会の評議員の一人であり、協会で多くの講演をおこなっていた。一八七五年には歴史の研究について講演しており、一八七六—八〇年には「理想主義と現実主義の歴史的展開 The Historical Development of Idealism and Realism」と題する連続講演をおこなっていた。末松も、ヨーロッパの哲学史を扱ったこれら講演のうちのいくつかを聴講したのかもしれない。連続講演の四回目では、ゼルフィは末松の指示に言及している[31]。また、一八七九年の王立歴史学協会の年次晩餐会では、会員の一人であるロジャーズ博士はその講演で、協会の重要性が高まりつつあることを賞賛するにあたって、例として末松によって委嘱された本の名前を挙げている。末松がどのようにゼルフィへ接近するようになったにせよ、ゼルフィは大学の講師であり、ロンドンの知識人社会のなかでは著名な人物であったので、末松の選択にはそれなりの根拠があったのである。

また、末松はゼルフィの人格に感銘を受けたのかもしれない。末松とゼルフィの略伝を一瞥すると、年齢は一世代の差があるにもかかわらず、多くの共通点を持つことが明らかになる。ともにジャーナリストの経験があり、多作である。また、ともに関心の幅が広く、なかでも歴史に特別な関心がある。さらに、両者とも偉大な文学作品を翻訳した。すなわち、ゼルフィは『ファウスト』を翻訳し、末松は「源氏物語」の一部を初めて英訳した。

ゼルフィの歴史に対する見方は、*The Science of History* という書名から明らかである。歴史を科学と称するのは、一九世紀における楽観主義の特質であった。すなわち、学問のあらゆる部門において、一切の疑問に答え、学者が、常に妥当する法則を導き出すことができるような事実の究極的な集まりを生み出すことは可能であると信じられていたのである。(32) ゼルフィがこのような楽観主義的な信条を共有していたことは、*The Science of History* から明らかである。ゼルフィはまた、歴史は普遍的な法則に従うものであり、歴史家の使命は、同一の原因が常に同一の結果をもたらすのである以上、個々の事実は一般法則の単なる結果にすぎないことを示すことにあると信じていた。歴史編纂の目的は徳を育成し奨励することにあり、歴史における行為者としての人間に関してより良い知識を広めることにあった。(33) 究極的には歴史の研究は文明にいたらなければならないが、それをゼルフィは、作用と反作用、動態と静態、知性と道徳の力の均衡と定義する（一七頁）。それらの関係を定義するすべての事実や法則は発見可能であり、この知識が進歩をもたらすとゼルフィは信じていた（七六〇、七六五頁）。彼はこのような考えをすでに、「世界史の厳密に科学的な扱いの可能性について On the Possibility of a Strictly Scientific Treatment of Universal History」と題した講演において表明したことがあり、この考えが全編七七三頁に及ぶ *The Science of History* の全体を支配している。(34)

日本人研究者は、末松が修史館職員のために *The Science of History* の執筆を委嘱したにもかかわらず、*The Science of History* は修史館職員の希望を考慮に入れなかったと指摘してきた。しかし、この疑問を検討する前に、ゼルフィの本の内容が末松の希望に合致するものであったか否かをまず問わなければならない。これは大して難しいことではない。なぜなら、ゼルフィは末松の指示を本のなかに転載しており、そのことは末松の指示とゼルフィの書いた内容を比較することを可能にしてくれるからである。

ゼルフィは著書を序章から始めるが、その序章で彼は歴史研究の重要性について概括し、歴史を書くことの難しさや歴史家が持つべき資質について論じている。彼は人間の行為についてより良い知識を提供することで、歴史編纂は文明に貢献することを強調する。ゼルフィはすぐれた歴史家の資質について論じ（二六―二八、三四―三六頁）、最大の困難は、真実を認識することのみならず、それを忠実に表現することにあるという（二七頁）。ゼルフィによると、歴史家は論理的に考え、明瞭に書き、哲学的考察にも従事すべきである。また、歴史家は、永遠に変わることのない人間道徳と知性の法則にもとづく至高の裁判官として振る舞うべきである（三五頁）。このためには、人類に対する包括的な愛、真実に対する愛とともに、勇気や思想の自由・独立が必要である。そして、ゼルフィは良い歴史書の性質について言及して、因果関係を論じるべきだと強調する（二八、三四―三五頁）。この要求は、*The Science of History* を通じて繰り返される。

続く四つの章では、ゼルフィは古代ギリシャ・ローマの歴史家とその著作について論じる。そして、第六章では中世から一六世紀までの歴史家を扱う。この本のなかで説明されているように、ゼルフィはこの時期の歴史家は簡単な扱いで十分だとみなしていたが、それはこの時期の歴史家は基本法則に関する知識において、何ら新しいことに寄与しなかったと信じていたからである（五五四頁）。ゼルフィによれば、後世の歴史家が完成の域に達するのは、古代ギリシャ・ローマの歴史著述のような高いレベルに達する限りにおいてである（六三三頁）。ゼルフィが自身の概説において意図的に古代世界に集中したことは明らかである。

ゼルフィの著書は本質的には歴史家とその著作に関して年代順に記したものだが、一般庶民・芸術・宗教・慣習・思想や、歴史家に必要な補助的・関連的な学問分野（三六―三九頁）についてもいくらか論じている。同書全体を通して、ゼルフィはさまざまな種類の歴史叙述を論じ、因果関係を提案することの重要性を強調している（一五一、三六二、四九四、七七一―七七二頁）。また彼は、哲学的な疑問が重要であることを強調し、時には歴史家と同様に哲学者を取り上げる。そして、さまざまな歴史家が直面した困難や、さまざまな時代、特に検閲が厳しかった時代において蒙った制約について言及する（七〇七頁）。そして、巻末においてゼルフィは、彼の論点を繰り返す。それは、哲学的な考察が重要であること、成功した歴史書は有用であること、歴史から学ぶべき教訓、といったことである。最終的な要約や結論といったものが供されることはない。

The Science of History は、ヨーロッパの最重要の歴史家に論評を加えている。これら歴史家は彼らの生きた時代の産物として扱われ、彼らの著作が「科学的な」歴史という基準に合致するか否か、すなわち、著作が完璧に客観的で過去の出来事を因果関係と関連づけ、それらを一般法則のあらわれとして示しているか否かによって判断される。また、ゼルフィの論評は将来の歴史家にとってのヒントをも含む。さらに、ゼルフィに特徴的なことは、歴史を「世界」史としてとらえる見方である。アジアの歴史に関する簡潔な言及は、日本人の読者への譲歩を示しているのかもしれないが、この点から理解することができる。また、ゼルフィの著書のもう一つの特徴は、宗教、特にキリスト教を強調することである。ゼルフィはキリスト教を厳しく攻撃し、キリスト教は、イギリスにおける歴史学の欠如と彼が理解するところに責任があるとするのである（四八四、五〇二、五〇五、五一一頁）。歴史家以外にも、ゼルフィは詩人や哲学者をも扱っている（シェークスピア、六五八―六五九頁。ルソー、七三五―七三六頁。カント、七五九頁）。

末松の指示と比較してみると、ゼルフィは指示に忠実に従っており、著書に転載された指示において末松が名前を挙げた歴史家や政治家はすべて扱っている（カエサル、二九九頁。フリードリッヒ大王、六四〇頁。ナポレオン、七四五頁。クラレンドン、六七三頁。ティエール、七三九頁。ギゾー、七四一頁）。

日本の歴史家は、たいてい今井登志喜の論評を引用して、次のように指摘する。*The Science of History* は古代の著作家について詳細に扱う一方で、一九世紀のイギリス・ドイツ・フランスにおける歴史資料の編纂についてはほとんど言及しておらず、そのため修史館の学者たちの要望に沿ったものではなかった、と[35]。*The Science of History* の欠点の理由として歴史家が挙げるのは完成までの期間の短かさであり、彼らはゼルフィが末松の書簡の日付（一八七九年三月六日）から *The Science of History* の序文の日付（一八七九年一〇月五日）の間に執筆したと想定する。しかしながら、たとえゼルフィが末松から指示を受け取るまでこの本の執筆を始めていなかったにしても、彼がわずか半年で執筆したという事実は、著書の弱点とされたことを十分に説明してくれるわけではない。それらの弱点はゼルフィの構想に内在的なものなのである。古代ギリシャの著作家に多くの紙面が割かれたのは、古代ギリシャの著作家の貢献がその後のあらゆる歴史の著述に対して根本的なものであるとゼルフィが見ており、その後の歴史著述はひとたび定められた原則をただ繰り返すだけのものでしかなかったためである（五五四、六二二頁）。また、ゼルフィがアジアに過剰に配慮しているという主張は正当ではない。なぜなら、ゼルフィがアジアに言及するのは時折でしかなく、それもたいていは比較としてである。ゼルフィが近代的な歴史の著述・編纂の方法についてほとんど扱っていないのは確かで、それは、哲学的に歴史を全体として扱うことの方が細部を扱うよりも重要であるというゼルフィの見方によって説明することができる。ゼルフィは、歴史家の最大の敵は、神学者を除くと衒学者であるとすら主張している（七六九頁）。一九世紀ドイツの歴史家について、その優れた点は強調しつつもごく簡単に扱うことは、彼らの優れた点がゼルフィの主要な関心領域から外れていることによって説明できるかもしれない。

末松は指示のなかで文書編纂の方法など技術的な問題には言及しておらず、*The Science of History* が末松の要望に沿ったものであったことは否定しがたい。末松は伊藤博文宛の書簡で、*The Science of History* に対する満足感を次のように述べる。「サインチフツク《サイエンティフィック》の書二、三漢学者之眼には山陽《頼山陽》之史論を読み候様に愉快には有之間布《まじく》候得共、しかりとした訳手に反《翻》訳為致候は丶、裨益も不少事と存候[36]」。そこで問題となるのは、末松の指示が修史館の要望を述べたものであったか、ということである。末松が何をするよう言われたかについては、実質的には何も知ることができない。また、末松が日本を出発する前に、歴史について大いに学んだことを示す証拠もない。しかしながら、末松はひとたびロンドンに到着するや否や、歴史について大いに学んだようで、半年のうちにゼルフィの歴史解釈と著しく調和するような指示を書き上げられるまでになっていた。最も蓋然性の高い説明は、末松が一八七八年秋に最初の指示（「史要問目」）を書き上げたときには、すでにゼルフィの歴史観に強く影響されていたというものである。

同様に、ゼルフィは著書に引用した末松の指示を受け取る前から、執筆作業を始めることができたのかもしれない。いずれにせよ、おそらくゼルフィは「世界史の厳密に科学的な扱いの可能性について」や「理想主義と現実主義の歴史的展開」[37]といった過去の著作のいくつかを利用したのであろう。それでもやはり、別の多くの業務の他に *The Science of History* のような長大な著作を数ヵ月で作成するのも大した芸当である。しかしながら、*The Science of History* は読者となるべき修史館の学者たちの要望にかなったものだったのだろうか。学者たちの意図した目的を考えると、*The Science of History* にはいくつかの欠点がある。長すぎるというのもその一つである。利用するためには、まず七七三頁にも及ぶ文章を翻訳し、さらに修史館の職員によって詳細に検討されなければならない。よって、この書物が伝える知識を実際に応用できるまでには時間がかかるであろう。また、その内容も、ただちに実用的な利用に供される種類のものではなかった。末松は史料編纂や歴史研究の最新の方法に興味がなかったのかもしれないが、修史館にとっては、そのような知識の方がより適切なものであった。さらに、*The Science of History* の基礎をなす理念の多くは、修史館の職員にとって無縁のものであっただろう。国史を書こうとする者にとって、ゼルフィが世界史に集中することは的外れに違いなく、おそらく理解すらできなかったかもしれない。同時に、ゼルフィのヨーロッパ中心主義は、彼がアジアの事例を引くことがあるにもかかわらず明瞭であるが、このことは *The Science of History* の理解をより困難なものにしたであろう。さらに、この種の「世界」史が、ゼルフィの進歩の概念と同様に、アジアの国々を遅れたネーションの位置に引き下げるものであったことに、重野やその同僚たちは気づかずにはいられなかっただろう。ゼルフィがキリスト教や教会に拘泥することも、日本人の読者には見当違いに思えたかもしれない[38]。

実際、*The Science of History* はその意図した目的を果たすことができなかった。末松は二〇〇部を印刷して、その半分を修史館に送った。修史館は中村正直に翻訳を依頼した。中村は明治初期にベストセラーとなったサミュエル・スマイルズの『西国立志篇 *Self Help*』を翻訳した人物である。しかしながら、おそらくあまりに忙しかったためであろうが、中村はたった一章を翻訳したところで断念してしまった。その後、末松が一八八六年に帰国してからようやく翻訳作業は再開され、今度は嵯峨正作がこれを担当した。翻訳が完了したのは一八八七年、ゼルフィが本を執筆してから八年後のことであった(39)。おそらく重野とその同僚たちは *The Science of History* が自分たちの望んでいた種類のものではないことをすぐに理解したであろう。しかしながら、彼らの反応についてはほとんどわかっていない。重野が少なくとも *The Science of History* の一部を注意深く検討したことは確かで、東京大学史料編纂所の「重野家史料」には、「修史局」[訳注9]の罫紙に記された第一章の中村訳の抜粋と、嵯峨訳の抜粋が含まれており、余白には重野による書き込みがみられる。

修史館から出された文書の多くは、主にゼルフィの著書の経費を処理するものである。その経費は末松に認められた予算を大幅に上回るもので、修史館や太政官の通常予算から支払える金額よりもはるかに高かった。末松は、本を発送したのちの一八八〇年一月、修史館に対し、修史館から何の連絡もないと書面を送っている。新たに駐英公使となった森有礼は、ゼルフィの著書が満足をもって受け取られたことを末松に知らせた。末松は *The Science of History* が翻訳されたかどうかを知りたがった。というのも、確かにゼルフィの著書は少し長大で費用もかさんだが、その内容は非常に重要なものだからである。末松はさらに写しの配分についても指示を与え、太政官の職員は一冊ずつ受け取れるようにすべきであると助言した。同じ月に書かれた二通目の書簡では、末松はふたたび著書の経費について言及している。末松によれば、広く尊敬を集める学者に頼むのは大変な苦労であるが、ゼルフィにはその金額だけの価値はあるという。さらに末松は経費の詳細について説明している。修史館が費用を支払うまでには時間がかかったようであるが、それは末松が伊藤博文宛の書簡でその処理について一度ならず述べていることからもわかる(40)。

ヨーロッパの歴史編纂について何かしら学ぶために多額の経費を費やした挙句、なぜ修史館の職員たちは *The Sci-*

ence of History にほとんど関心を示さなかったのであろうか。その主な理由はおそらく、*The Science of History* の持つ欠点にあり、その著作は彼らの要望にかなったものではなく、ほとんど理解不能ですらあったかもしれない。中村正直の訳した第一章は、西洋の思想に関する知識を持たない日本人の学者たちにとっては異質な歴史観を表明したものであり、西洋の思想潮流に親しんだことがまったくなければ容易には理解できないものであった(41)。内容に失望した学者たちは、中村正直が翻訳作業を放棄した後に、とりわけ自分たちでは賄えないくらいまでに経費がかさんでいたとすれば、第二の翻訳者を探すには値しないと考えたのであろう。ようやく末松が帰国してから、それもおそらく末松が強く主張したために、修史館は嵯峨正作に翻訳を完成させるよう依頼した。しかし、そのときには、修史部局は帝国大学に移管されており、その職員たちもドイツ人の同僚ルートヴィヒ・リースから西洋の歴史編纂についての知識を直接得る機会を持つようになっていたのである(42)。

ゼルフィの *The Science of History* が日本における歴史編纂に与えた影響は限られたものであった。重野の同僚たちは少なくとも訳文に目を通したにちがいない。また、岩倉具視が「大政紀要」の編修者のために、中村正直訳の草稿を借りたようである(43)。翻訳を完成させた嵯峨正作は、自らも歴史研究に関する著書（『日本史綱』）を一八八八年に執筆したが、それはゼルフィの影響を強く受けたものであった(44)。

したがって、末松謙澄こそ、ゼルフィやその歴史観との出会いから最も多くの利益を得たということになるのかもしれない。末松はイギリスで八年間を過ごし、ケンブリッジ大学で法律と文学を学んだ。日本に帰国した後は政治家となり、帝国議会の議員や伊藤博文内閣の国務大臣を務めた。一方で末松は著述や翻訳も手掛け、演劇改良運動にも積極的であった。そのような多くの関心事の中でも、歴史は最も長続きしたものであるかもしれない(45)。晩年には『防長回天史』によって、日本の歴史学に特筆すべき貢献を果たした（第三章第四節参照）。『防長回天史』は、末松が一八九七―一九一一年に毛利家のために編纂したもので、最晩年には末松個人の事業として修訂がおこなわれた(46)。同書は今日でも高く評価されている。

おそらく、末松自身の方が、末松に依頼した学者たちよりも、イギリスでの歴史研究から多くの利益を得たであろう。修史館の事業に関していうと、*The Science of History* が与えた影響はほとんどなかった。一八八二年に開始された「大日本編年史」は、伝統的な修史事業からの根本的な離脱を示しはしなかったのである。

第五節　「大日本編年史」

一八八二年初頭、修史館の再編に続いて、国史の執筆がついに開始され、修史部局の中心的な業務となった。実際の執筆は編修官である久米・藤野・星野・伊地知の四名によってなされた。編修副長官である重野は編纂の責任を負い、一節が完成するとその校閲をおこなった。南北朝時代の扱いが問題になったときには、当該時期の叙述の完成は重野に任された(47)。

この「大日本編年史」という書名は、水戸藩の「大日本史」との親近性を感じさせる。一八六九年の「修史御沙汰書」は六国史に続くものを構想していたが、「大日本編年史」は、一八〇九年に書名が勅許を得たことで「正史」の地位を認められた「大日本史」に続くものと考えられていた。重野は「修史事宜」のなかで、「大日本史」を正史と呼んでいる。

しかしながら、「大日本編年史」は「大日本史」の終わったところ、すなわち一三九二年の南北朝合一の時点から始められたわけではなく、建武の新政を試み南北朝の分裂を招いた後醍醐天皇の治世から始められた。建武の新政や南北朝時代を「大日本編年史」に含めるという決定は短期間におこなわれたものであり、それも重野によるものではなかったらしい。久米はのちに、自分の提案であったと公言している(48)。

「大日本史」と同じく、『大日本編年史』は皇室を中心として漢文で記述された。しかし、構成は「大日本史」とは異なり、厳密な編年体の形式であった。一方、「大日本史」は、中国王朝の正史と同じく紀伝体であった（第一章）。史料収集や歴史編纂のためのさまざまな指針は、含めるべきとされていた内容が何であったかを私たちに教えてくれる。それら指針はおそらく重野によって作成されたものであろう。なぜならたいていの場合、「重野家史料」に一つのバージョンが存在し、修正された別のバージョンが「史料編纂始末」に存在するからである。これら指針のすべてに日付があるわけではないが、一八七九―八二年の間に作成されたようである。その文書とは次の通りである。

・「史料凡例」[49]。
・「編輯例則」[50]。
・冒頭が「第二局」で始まる無題の史料。第二局と第三局における史料編纂の規則[51]。
・課より下の「部」のための「史志料纂輯規則」[52]。
・「編輯例則」。それまでに収集された史料にもとづく歴史の編纂に関するもの[53]。

これらの指針は、すべての役人が同じように作業を進めていくことを確実にするためのものである。不確実な場合には、何らかの意見の一致に達しなければならなかったのである。史料の収集に関する規則は以前から効力を持っており、修史館再編の後、確認された。それらは、歴史書に何を含めるべきか、何を省くべきか、ある歴史的出来事を表すのにどのような語を使うべきか、といったことを規定した。歴史書の中心的な題目は朝廷、高級貴族の経歴、儀式やその他の出来事であり、幕府や幕府と天皇との関係がそれに次ぐ。その他歴史書に含めるべき情報は、農産物の収穫や税、自然災害や反乱などに関するものであった。規則には、史料の利用に関わるものもあった。関連する一節は、出来事ごとに史料から引用することになっているが、これは「大日本史」にも見られるもう一つの特徴であった。各年の冒頭には、使用された史料を列挙することとされた。もしも、二つの史料間で食い違いがあれば、文脈を考慮に入れつつ両方の記述を注意深く検討するべきである。「編輯例則」の第一のバージョンから、いくつか規則の例を挙げてみよう。

凡ソ列聖天皇ト書シテ帝若クハ院ト書セス、太上天皇ハ略シテ上皇ト書シ、薙染《ちせん》以後ハ法皇ト書ス。其両上皇在ストキハ、当時ノ通称ニ従ヒ本院新院ト書ス。三上皇以上並ニ之ニ準ス[54]。

外国君主ノ死スル、清国主ハ殂ト書シ、朝鮮国王ハ卒ト書ス、琉球国王ハ藩属ト雖モ亦卒ト書ス[55]。

凡ソ事同シクシテ文異ナル者ハ、其書ノ先後ヲ考ヘ一ノ先出者ヲ採ル（其同文同事ナル者ハ固ヨリ言ヲ待タス）。若シ事詳略アリ互ニ相徴スルニ足ル者ハ、併収シテ攷《こう》ニ備フ。其年月同シカラス事跡互ニ異ニ若クハ其事疑フヘク得テ詳ニスヘカラサル者ハ、並ニ考異ヲ作リテ其後ニ附ス[56]。

これらの例が示すように、指針は非常に技術的なもので、個々ばらばらの事実を正確に伝えることに、主として関わるものであった。また、支配者の状況を示す適切な言葉を選ぶことに重要性が与えられていた。このことは、あからさまに評価を下すことは許されなかったにせよ、目的はやはり、一八六九年の「修史御沙汰書」通りに「華夷内外」の別を明らかにすることにあったのである。

先述の文書のうち、一八八二年一月付で書かれた「編輯例則」の第二のバージョンは「大日本編年史」に直接関わるもので、編修者が何を考えていたかを知るための最も重要な史料である。この文書によれば、六国史や「本朝通鑑」はただ天皇の事跡を編年的に記すだけで、その歴史的状況については何も教えてくれない。新しい歴史書は、以前の歴史書とは異なるものになるであろう。構成は、左丘明による「春秋」の注釈書である「春秋左氏伝」と、司馬光（一〇一九―八六年）による一〇八四年完成の「資治通鑑」を基礎にするものとなるはずである。

これらの著作をモデルとして参照していることは、「大日本編年史」が古来の儒教的な編年体の伝統にあるものとして認識されていたことを示す。孔子の母国である魯の編年史である「春秋」は、最古の中国の歴史書とみなされており、簡潔で、厳密に編年体の、出来事の記録である。紀元前四世紀の左丘明による注釈は、最も成立年代に近いもので、他の注釈書と同じく、注意深く選んだ言葉のなかに儒教の諸原則を呈示する。[57]「資治通鑑」は同じく儒教の伝統の中で著されたもので、厳密な編年体である。司馬光は紀元前四〇三年から紀元九五九年にわたる中国の歴史全体をカバーすることで、中国の歴史を連続した物語として提示しようとした。司馬光は「資治通鑑考異」のなかで、史料中の異なった材料を比較し、一つを選び出すための手順について説明する。「資治通鑑」は、収集された史料を編年順に並べた「長編」からの引用を基礎に、編年体で書かれている。この手順はしばしば手本とされ、内藤湖南（虎次郎）が指摘するように、史料編纂所が編纂する『大日本史料』（第七章第一節）も同様の方法によっている。[58]

しかしながらこの文書は続けて、新しい歴史書は単に昔の先例に従うのみならず、歴史的状況を描写する部門を含み、社会・経済の歴史に関する情報も提供するであろう、と強調する。したがって、この新しい歴史書は、編年体と紀伝体のそれぞれの長所を兼ね備えるはずである。特定の題目は一連の「志」によって記述されることになっており、この文書は、何を本史（本紀・列伝）に含め、何を志に含めるかについての指針をも含んでいる。例えば、主部では外交関係の大要のみを記し、詳細は「外交志」で論じることになっていた。そのほかの「志」は、天文志・地理志・社寺志・職官志・礼楽志・兵志・刑志・食貨志・芸文志・風俗志・工芸志・外交志・氏族志と題されていた。[59]

何を含むべきか、あるいはどの言葉を用いるべきかについての規則は、「本朝通鑑」や「徳川実紀」といった先行する歴史書の序文にも見ることができるが、より広範な主題を取り扱おうとしている点と、編年体と「志」を併用することは、過去の歴史書からの新たな離脱を示すものであり、大久保利謙はそれを「歴史叙述近代化の萌し」として描いている[60]。しかしながら、それでも先例がないわけではない。「大日本史」の計画では、神祇志・氏族志・職官志・国郡志・食貨志・礼楽志・兵志・刑法志・陰陽志・仏事志と題された志が含まれていた[61]。

もしも、ウェッブが述べるように、この志の構成と内容が大部分は一七〇九年に定められたのであれば、このことは「大日本編年史」がいかに多くを「大日本史」に負っていたかを再度、明らかに示してくれる。なぜなら、多くの志の題名が両者で同じだからである。しかしながら、明治後期に「大日本史」の志が完成したときには、影響は相互的なものであっただろう。一八九七年に書かれた「大日本史」の志の総序は、水戸学の政治思想よりも明治後期の政治思想について、多くを語ってくれることは確かである。「大日本史」と「大日本編年史」の密接なつながりがより明らかなのは、次のような事実においてである。すなわち、修史部局の職員のなかに、彰考館での「大日本史」編纂作業に以前従事していた者がおり、最も目立つところでは、「大日本史」の志の編纂作業をおこなった菅政友や[62]、「大日本史」を完成させたとされる栗田寛などがいる。

重野とその同僚たちも西洋の歴史編纂に関心は示したものの、「大日本編年史」にはその影響の形跡はほとんどない。編修官たちは、史料を精密に検討することで、事実――出来事の展開におけるひとつひとつの出来事の相対的重要性ではなく――を確証して、それらをいかなる種類の偏向もなく表現しようと試みた。彼ら編修官は、志で事項的な記述を供給することで、ただ単に個々ばらばらの事実を列挙することを超えようと、いくつかの試みをおこなった。これら志の配列や内容は、ひょっとすると部分的には西洋の歴史書の影響を受けたのかもしれない。彼ら編修官は、西洋の歴史書が社会・経済の展開を含み、因果関係を明確にすることを賞賛していたのである。しかしながら、江戸時代の「大日本史」の編者がおこなった試みをさらに一歩進めた試みはしなかった[63]。

「大日本編年史」の稿本のうち最初の部分は一八八二年に完成した。一八八二―九一年に作成された六種の稿本が東京大学史料編纂所に所蔵されており、あわせて一八九七年に作成された内容表がある。この表からは各時代をカバーする分冊数がわかる。それによると、久米の編集で南北朝時代をカバーするものが二四分冊、それ以後一六六三年までが七六冊で、編集は久米・星野・藤野・伊地知貞馨・日下寛（一八七七年からの修史館員）となっている。稿本のなかにはいく度となく徹底的に修正された形跡の見えるものもあるが、それは作業の進捗にしたがって編修官の抱く見方が変わっていったことを反映している。稿本からは、「大日本編年史」の編纂作業がかなり進行していたことがわかるが、作業は最終的には放棄され、公刊されることはなかった。

「大日本編年史」は、それまでの歴史書と比べると、どのようなものであったのだろうか。詳細な比較は本書で扱う範囲を超えるが、新たな出発点を示したわけではなかったように思われる。明治維新は、それ以前の武家政権の時代とは根本的な断絶をなしたといわれる。西洋文明の衝撃は深い変革に帰結し、日本の伝統の再評価を余儀なくさせた。啓蒙主義の代表者たちに比べてより保守的であった修史部局の学者たちでさえ、前の世代の達成を批判的に見ており、何を残すかも選択的であった。当然視されたり、不可侵であったりするものは何もなく、「修史御沙汰書」ではほとんど聖典として扱われた六国史ですらも重野によって批判された。同時に、重野やその同僚たちは伝統的な儒学教育に染まっていた。一八六八年以前は、彼らが西洋文明にさらされることはきわめて少なかった。「大日本編年史」は、本質的には江戸時代に発展を遂げた学問の所産であった。重野や同僚たちが西洋の歴史編纂をより学ぼうと努めたことはあったにしても、西洋の歴史書よりも「大日本史」など江戸時代の歴史書の影響の方が明瞭である。

理論上は「大日本編年史」は「正史」であるはずであったが、すでに見てきたように官撰正史の言語に関する覚書（「修史文体論」、第四章第三節）では、「大日本編年史」が決定版とはならないことが示唆されていた。重野は、一八八二年の「編修例則」では「正史」という言葉を使わず、六国史は歴史的展開の概観を供給するには不十分であると批判した。過去の世代が満足のいく「正史」を作るのに失敗したことは明らかだとしたら、重野と同僚たちはそれ以上のことができるということを、どのようにして確信しえたのであろうか。彼らは、かつてないほどの量の史料を集めたため、史料の選択がきわめて重要となり、何を選択するかについての合意が必要となった[64]。また、彼らは、出来事の包括的・編年的概観と、歴史的環境・展開の分析の両方を提供するようなやり方で史実を表現するという目的を果たすための方法を見つけなければならなかった。しかし、この選択に関する問題も、表現の問題も、解決しなかった。文書にそう書いているわけではないが、おそらく修史部局の職員たちは、彼らの基準に合致するような「正史」は不可能であると認識したのであろう。

こうして、「大日本編年史」が一八九三年に断念されたときには、「正史」という概念は政治的に時代遅れであっただけでなく、科学的に不可能なものにもなっていたのである。

第五章　学問としての歴史学

歴史を叙述することは日本において長い伝統を持つ。現存する日本最古の書物は歴史書である。徳川時代には、科学的な歴史研究に似たものが出現した。「朝野旧聞裒藁」や「塙史料」「大日本史」の編者たちは証拠の収集・検討と、史実の確定に努力した。しかしながら、日本における独立した学問分野としての歴史学の成立は、西洋と同様、一九世紀後半のことであった。独立した学問分野としての歴史学とは、確定した研究領域、独自の方法的基準、そして組織的な構造を備えたものである。帝国大学に移管されることで、修史部局の主導的な職員たちがこの発展の一翼を担うことになったのである。

第一節　学問的伝統

修史部局の職員たちは、文献批判の方法論を考証学派から受け継いだ。考証学はもともと儒学の一派であったが、江戸時代には漢学と同様に国学の基礎ともなった。重野安繹は歴史家であるとともに、同時代における漢学の第一人者の一人でもあった。考証学の方法に関する重野の記述は信頼しうるものとみなすことができるだろう。重野は「学問は遂に考証に帰す」と題した講演を一八九〇（明治二三）年二月九日、東京学士会院でおこなった(1)。講演のなかで重野は、日本語テクストの文献批判において考証学の方法を用いた学者たちを特に取り上げ、名前を列挙した。新井白石、本居宣長、伊勢貞丈《さだたけ》、塙保己一、狩谷棭斎《えきさい》、伴信友、黒川春村、岡本保孝がそれである。重野によれば、その方法とは、あらゆる書かれた証拠を集め、それらを比較して事実を確定することによって構成されていた。重野はこの方法を、西洋における帰納法の概念になぞらえた。しかしながら、重野はこの用語を、「induction」の訳語である漢語の「帰納」の語源から説明している。重野は、西洋の観念では「induction」に、特殊事例から一般法則を推定するという意味があるということを知らなかったようである。重野はさらに、考証学の方法は中国では二〇〇〇年間実践されてきたが、日本では一〇〇年、西洋では五〇年しか実践されてこなかったと述べている。そして、この方法によって、学者たちは、あらゆる資料を収集し比較することによって、証拠を批判的に検討することが可能になったとされる。このようにして、何が正しく、何が間違っているかということは、たちどころに明らかになるだろう。重野にとって、考証学の方法はすでにあらゆる学問の基礎を形成しており、これからもそうあり続けると思われていたようである。

考証学の方法を歴史学に応用することは、あらゆる史料を収集・比較して、史実を確定することを意味した(2)。史実が歴史の流れのなかで持っている相対的な重要性は認識されなかった。編年体の歴史書である『大日本編年史』に含めるべき事実の選択は、歴史の文脈ではなく、固定された規則にのっとっておこなわれた。そして、『大日本編年史』の編纂者たちには、何が重要で、何が重要でないかを決定する自由はなかった。

修史部局の職員、なかでものちに最も強い影響力を持つようになる人々は、考証学の方法を学習してきており、修史部局の作業もこれらの方法にもとづいていた。主要業務は文書の編纂であった。まず、これらの文書は修史部局のために府県や政府諸省によって集められるか、東京にある史料群から集められた。東京にある史料群とは、例えば和学講談所、一六〇二年に設立された徳川将軍の図書館である紅葉山文庫、そして公的図書館である浅草文庫などである。一八八〇年代には、修史部局の職員たちは文書を探索して日本全国を回った。年表が作成され、それぞれの出来事に関連する文書が引用された。信頼できる編年史を得るために、修史部局の職員たちはまず伝統的な歴史書を参照した。

編年史はそれぞれの天皇の治世を中心としたので、決定版となる皇統譜が非常に重要であった。ある支配者が正統な天皇であったか否かをめぐって、いくつか議論が交わされた形跡がある。一八七五年の設立以来数年にわたって、修史局はもとの御系図取調掛（第四課）を局内に抱えていた。この御系図取調掛は一八七〇年に設置され、一八七二年に歴史課に吸収されたものである。議論された疑問には、例えば、皇統の始まりとか、一四世紀における北朝ないし南朝の正統性とか、飯豊青皇女《いいとよあおのひめみこ》と長慶天皇の天皇としての正統性とか、天皇の正式名とか、それぞれの治世期間と年齢などといったものがあった。これらの問題にきっぱりと決着をつけるため、長松幹は一八七四年と一八七五年の二度、天皇に勅裁を仰いだ。(3) しかしながら、一八七六年になっても依然として議論は終わらなかった。皇統譜を調べる修史局第四課は、小河一敏が代弁者となって、自分たちの意見をさまざまな意見書によって表明したが、その意見書には一八七六年の初頭に岩倉具視に宛てられた二つの意見書が含まれている。(4) 小河もまた政府による公式な決定を求め、――特に外国人のためにも（小河は万国博覧会のための準備についても言及している。第三章第三節）――皇統における現天皇の正確な位置づけを語りうることが重要であることを強調した。

飯豊青皇女の治世は、第三章第三節で述べたように、皇統をめぐる議論の良い例である。(5)「日本書紀」によれば、飯豊青皇女は四八四年から、その翌年に死去するまでの間政務をとっていた。それは、二人いた飯豊青皇女の兄弟のいずれもが皇位を譲ろうとしたためである。彼女の死後は、彼女の二人いた兄弟のうち弟が皇位を継承して顕宗天皇となり、さらに四八八年には兄が継承して仁賢天皇（在位四八八―九九年）となった。「日本書紀」は四八四―八五年を顕宗天皇の治世の一部として数えており、このことは、飯豊青皇女を天皇に数えることに反対している者たちにとっては決定的であった。飯豊青皇女の治世をどう扱うかという問題はたびたび議論され、一八八一年末にはもとの御系図取調掛（修史局第四課（局）、一八七七年から宮内省内に移って、御系譜掛となっていた）は勅裁を得ようとした。宮内省にいた国学者たちは、自らの主張の基礎を、古代の良き慣習といったような道徳的根拠のうえに置いていた(6)。それに対して、修史部局の学者たちの主張は、考証学派の実証主義の典型であった。最古の史料である「古事記」と、より重要なことに、正史「日本書紀」が最も信頼できるものとみなされ、それより新しい史料は参照すらされなかった。「日本書紀」は、飯豊青皇女を明示的には天皇とはしていないので、飯豊青皇女は天皇ではない。一八八三年になっても意見の一致にはいたらず、一八九〇年前後には議論が再度おこなわれた(7)。

こういった議論は個別の論点をめぐって繰り返されるだけで、出来事のつながり全体を再構築しようとの試みはおこなわれていない。一八八二年以後、修史館の学者たちが「大日本編年史」に集中するようになって初めて、彼らは過去の出来事をより体系的に扱えるようになった。「大日本編年史」を後醍醐天皇（在位一三一八―三九年）の治世から始めるという決定は、「大日本史」がカバーしていた南北朝時代を再度扱うことを意味した。この決定がなされたのは、修史館の学者たちがすでに「大日本史」の記述に不備を見つけていたからであり、また南北朝時代という特定の時代が天皇家の歴史の中で重要だったからである。大久保利謙は、この大日本編年史の編纂者たちによる「大日本史」の記述の書き換えを、江戸時代の考証の伝統から発展した新考証学の始まりであると述べている(8)。重野は、薩摩藩主のための歴史書（「皇朝世鑑」）を、「大日本史」を基礎として編纂した際に、自身で「大日本史」の誤りを訂正したことがあるし、また明治期の修史部局でも伝統的な歴史叙述を改訂するための同様の試みがなされていた（例えば、川田が「日本外史」に訂正を加えたように）。

古い歴史書を改訂すること自体は新しいことではない。新しいのは改訂の程度である。利用可能なあらゆる史料が集められ、疑問のある個所は完全に書き換えられるべく検討が加えられた。しかも修史館の学者たちは、自分たちは

「大日本史」の編者たちとは違って、道徳的な偏見には引っ張られないということを強調した。[9] ただし、「大日本史」はその当時における南北朝時代の公式解釈を与えるものであったので、修史館の館員たちは真実とみなされることを純粋に立証したいだけであって、「大日本史」における解釈を新しい解釈に置き換えたいわけではないと主張しなければならなかった。

さらに、修史館の学者たちの関心が正史をつくるという当面の業務を超えていたことを示すものとして、歴史的な題材を議論する非公式な会合を定期的に持つようになったことが挙げられる。三三回の会合（「言志会」）が一八八二年一月―一八八五年六月の間に開かれた。会合場所は現在の上野公園内にあるレストランで、会合の議事録は東京大学史料編纂所に保存されている。[10] 三回目の会合で可決した規則によれば、当初の計画では形式ばらない会の予定であったが、修史館の重役である重野が参加するほど盛大なものとなり、会としての基礎をより強固にすることが決定されたのだという。

初回の参加者は一〇人であったが、のちの会合では参加者が増えた。毎回一〇件ほどの短い報告が、さまざまな題材に関してなされた。たいていは報告者の業務のなかから生じたと思われる特定の問題が扱われている。伝記的小論が題材となることがよくあり、菅政友は藤田幽谷（後期水戸学の代表者）について二度報告した。田中義成は安井息軒（儒学者であり、修史部局の職員のうちいく人かを教えたことがある）について、また星野恒は安井の手紙について、それぞれ報告した。[11] その他の題材には、日本語の記述方法（日下寛）やイモ（久米邦武）というものさえあった。[12] 長松とともに明治維新の編年史である「復古記」を編纂していた岡谷繁実《おかのやしげざね》は、「復古記」から得た題材を話している。

一八八二年四月二〇日に開かれた第四回会合では、星野恒が「史料纂輯ニ付請求ノ件」と題する報告をおこなったが、これは新考証学派の綱領とみなすことができる。星野は、調査と事実確定の基礎として史料を利用することの重要性を強調し、同僚たちが史料と取り組む際にいくつかの点に注意を払うよう促した。結局、星野の報告は、修史館で作成された指針のなかで表明された諸原則をまとめたものになっている。星野がこれらの原則に繰り返し言及したという事実は、これら原則に固執することが重要であったとともに困難でもあったことを示してくれる。

一八八二年の五月、木下真弘が報告をおこなった。彼は、史料を求めて日本各地を回り、存在することさえ知られていなかった多くの史料群を発見した経験のある人物である。木下は、これら史料群が失われてしまう前に、ただちに処置がとられるべきであると力説した。地方の官吏に頼ることはできない。この業務はとても大切なので、もし必要であれば、業務のための費用はどこか他のところで取っておくべきである。また、田中義成も「編年古文書」と題した一八八四年一二月の報告で、より多くの史料を調査する重要性を強調した(13)。

重野や星野、久米はさまざまな歴史の著作について論じた。歴史書のなかでも、久米が一八八五年三月一九日の報告で論じたのが、「太平記」であった(14)。久米は、「太平記」の内容のうちたった二―三割のみが他の史料によって立証されるにすぎないにもかかわらず、「太平記」が信頼できる歴史書と広くみなされているという事実を批判する。久米は、「太平記」は信頼できないという多くの証拠を提示したが、これは久米の後の論文「太平記は史学に益なし」の内容を予示するものであった(15)。

これら言志会における報告は、新考証学派の性格をよく表している。新考証学派の代表的な人物たちは漢学という知的背景に強い影響を受けていた。彼らはひとつひとつの個別の事実の解明に努力を傾注した。また、彼らは公的な修史事業は信頼できるもので、継続する価値があると信じていた。彼らは出来事についての伝統的な記述を厳密に検証し、史料収集それ自体を目的とした。これを目的とする最初の史料採訪は、一八八二年以前にすでにおこなわれていた。一八七六年三月、川田と同僚の二名は水戸へおもむき、かつての水戸藩の史局である彰考館所蔵の文書を閲覧した。その前々年には同じ史料採訪が小河によってなされていた。おそらく彰考館の文書は「大日本史」の編纂作業に関連して収集されたものであろう。同年（一八七六年）、修史局第四課は大和と山城（奈良・京都周辺）に職員を派遣する許可を求め、皇統に関するいくつかの疑問は、原文書を精査する専門家によってのみ答えられるであろうと述べている。その疑問とは、朝廷が分裂した一四世紀に関するものであった。当時の第四課の長によれば、史料採訪は費用がかかるけれども、必要である。なぜなら、それらの問題は皇統のためだけでなく、史料編纂のためにも重要だからである。史料採訪は許可され、八月には小河と塩田益穂が七〇日間の予定で調査に出発した(16)。

上述の史料採訪はある特定の点を明らかにするためのものであったが、一方一八八五年以降におこなわれた大規模な史料採訪は、ある一定の地域内のすべての文書を発見・収集するためにおこなわれた。一八八四年には地方レベルでの史料収集の業務が府県から修史館に移管され、これを機会に修史館は文書収集の必要性を強調し、今まで府県に支払われていた予算をこの目的のために使うことを提案した。一八八五年には一次史料の調査に関する意見書が修史館で作成された。そこでは修史事業は二種類の史料を用いると述べられている。一つは根拠とすべき日記・文書であり、もう一つは参考とすべき軍記・戦記・物語である。後者は後の世代によって記録されたもののため信頼性に欠けるが、手に入れやすいのでより頻繁に参照されたのである。修史館は史料採訪のために職員を地方に派遣することを意図していたが、それは今まで府県によっておこなわれてきた作業を修史館へ移管する交渉のためであり、また新たな史料を探すためでもあった。その覚書には、修史館が職員の派遣を希望する旧国名の一覧とともに、必要な日数と費用が挙げられていた。その一覧によれば、六五二日間の調査で合計三四二〇里（約一万三四三〇キロメートル）の旅行となっていた。旅費は三四二〇円、滞留中の日当をあわせると四一六四円とそれぞれ見積もられていた(17)。

一八八五年夏、数人の修史館員が実際に大規模な史料採訪をおこなった。重野は茨城・栃木・埼玉・神奈川・千葉県を八一日間で回り、八九〇〇の文書を集めた(18)。同年、修史館は三条実美総裁宛てに上申書（おそらく重野が作成）を送付したが、そのなかで修史館は史料採訪の必要性を再度強調した。この覚書が弁解じみた語調で書かれていることが示唆するのは、修史館は批判から身を守らなければならなかったということである。それにもかかわらず、重野の史料採訪は修史館の職員による大規模な史料採訪の始まりにすぎなかった。膨大な量の文書が集められ、それらが今日にいたる東京大学史料編纂所の仕事の基礎を形成したのである。

新しい文書の探索は次のように進められた。修史館から派遣された学者たちは自ら寺社や個人宅を訪ねるか、地方の官吏に命令して、ある決められた日の会合に文書を持って来るよう町村住民に依頼させた。その際、学者たちは文書を借り受けるか、筆写を命じたりすることもある。一八八七年に久米は九州に旅行し、数百もの文書を持ち帰ったが、それらの文書は久米が借りたり筆写させたりしたものだった。久米は、集めた史料の目録を添えた詳細な報告書を一八八八年二月に提出している(19)。

全国から文書を集めることと、「大日本編年史」の編纂作業は同時におこなわれた。大量の文書が詳細に検討され、編年史の基礎として利用されたとはなかなか想像しがたい。「大日本編年史」執筆のための準備の一環というより、むしろ史料収集が自己目的化していた。

しかしながら、中央集権化によって未だかつてない規模の事業が可能になったのは新しいことではあったけれども、後世の研究者のために史料を利用可能にするという考え方は新しいものではなかった。そのような考え方は、一八世紀後半から一九世紀前半の徳川時代に編纂された「朝野旧聞裒藁」や「墟史料」にまでさかのぼることができる。これらの著作の目的は歴史の決定版をつくりあげることではなく、選択され、史料批判的な注釈を加えられ、編年順に配列された史料集を提供することにあった。それは後の世代によって書かれるべき正史を編纂する際の基礎として貢献することができるであろうとされていたのである(20)。

同時に、結果として生まれる編纂物は正史と同じように権威あるものとみなされた。良質と思われる史料の引用は、それらの価値が十分に検証されることなしに、非常に意味があるものとされた。これは、考証学に多くを負う官学「アカデミズム」学派（第五章第四節）について見るときにより明らかになる問題であろう。しかしながら、このように修史部局の歴史編纂が、歴史の叙述よりも史料の収集・編纂に力を注いだことは、独立した学問分野としての歴史学の形成において重要な一歩であった。そして、組織の面での最重要の段階が、帝国大学における史学科の創設であった。

第二節　帝国大学における歴史学

一八八七年九月九日に帝国大学に史学科が設立される以前は、世界史（事実上はヨーロッパと北アメリカの歴史）も日本史も独立した教科としては教えられていなかった。ヨーロッパ史と日本史は法学部と文学部で教えられてはいたが、教師は専門家ではなかった[21]。一八八六年に東京大学が帝国大学と改称されたときには[22]、二人の講師が歴史を教えていた。坪井久馬三とジェームズ・メイン・ディクソン（James Main Dixon、一八五六―一九三三年）である。坪井は科学者としての教育を受けた人物であり、ディクソンは工部大学校で英語の講師をしていた。教科書には洋書の翻訳が使われていた[23]。日本人が自らの歴史を学ぶよう奨励するのには、外国人が多少なりとも役割を果たしたようだ。ドイツ人のアドルフ・グロート（Adolf Groot、一八五四―一九三四年）は大学予備門で教えていたが、彼は教育課程のなかに日本史を含めるべきことを校長（杉浦重剛）に提案した。また医師のエルヴィン・ベルツ（Erwin Bälz、一八四九―一九一三年）は東京大学（帝国大学）で医学を教えていたが、彼も日本人が自らの歴史に興味をもたないことを批判した[24]。一八七七年には「史学、哲学及政治学科」が設置されたが、すぐに廃止された。当時の東京大学綜理加藤弘之は、東洋と西洋の歴史や哲学を教えるのにふさわしい人物が一人もいないと述べている。そのかわり、彼の提案にもとづいて、文学部付属として古典講習科が設置された。古典講習科では、小中村清矩《きよのり》、内藤耻叟《ちそう》、栗田寛、黒川真頼《まより》、飯田武郷《たけさと》ら国学者が日本文学と日本史を教えた。このように、日本史の研究は無視されたわけではなかったが、歴史は未だ独立した学問分野として体系づけられていなかったのである。それは、ヨーロッパのたいていの大学でも、一九世紀末までは同様であった（第七章第二節）。

帝国大学で恒久的な史学科創設に向けての第一歩がとられたのは、ドイツ人の歴史家ルートヴィヒ・リース（Ludwig Rieß、一八六一―一九二八年）が歴史の教授に採用されたときである。彼は一八八七年二月三日に着任し、同年九月に史学科が設置された際には助言者の役割を果たしたと思われる。同年六月、歴史を教えていた坪井久馬三が歴史研究のため文部省によってヨーロッパへ派遣された。坪井はベルリン・プラハ・ウィーン・チューリッヒで学び、一八九一年に博士号を得ると、同年に帰国して史学科の第二教授に任命された。

これによって帝国大学は史学科と、教授として専門の歴史家を有するにいたったが、日本史は依然として他分野の一部として教えられていたのみであった。なぜなら、史学科は、実際はヨーロッパ史学科だったからである。その頃にはすでに日本史学科の設置計画があったことは明らかである。帝国大学総長渡辺洪基は、一八八八年に内閣臨時修史局を帝国大学に移管する際に、この計画について言及している。彼の意見書はこの件に関する議論の結果であることはほぼ確実である。自国の歴史を研究することの必要性とは別に、渡辺は科学的な方法の重要性を強調している。前任者であった加藤弘之と同様、渡辺は日本には科学的な方法が欠如しており、そのせいで修史部局の仕事が十分な進捗をみないとさえ示唆したのである。同時に、修史部局が収集した文書と、修史部局の職員の経験や知識は、新しい学科にとって大きな財産になるだろうと述べている。

内閣臨時修史局は、一八八八年一〇月三〇日に帝国大学へ移管された。その前日、久米邦武と星野恒が教授に任命された。重野の任命は少し遅れて一一月九日であった。内閣臨時修史局は「帝国大学文科大学臨時編年史編纂掛」という名前になった。一八九一年三月三一日には、前年に内務省地理局地誌課から帝国大学に移管されていた地誌編纂掛を合併し、「史誌編纂掛」となった。おそらく、「臨時」という語が外れた新しい名称は、編年史の編纂よりも、史料の収集こそがいまやこの機関の主要業務であるとみなされたことを示唆している。

内閣臨時修史局が帝国大学に移管された一ヵ月後の一八八八年一一月三〇日、リースは渡辺の希望に応じて、日本史学科設置を提案する意見書を提出した。リースは日本史を、一般歴史学の下位分野として位置づけた。学生たちはリースから学んだ方法を応用して、日本史の研究に当たることが期待されている。特別の注意が払われるべきは補助的な諸分野であり、リースは意見書のなかで、それら補助学について詳細に述べている。また、学生たちは研究の方法を講義と演習（ゼミナール）を通じて自主的に研究するようになるべきだとされた。史学科と国史科という二つの歴史学科は、基礎が確立するまでは一つの学科として扱われるべきである。課程を修了したあとは、学生たちは日本史とヨーロッパ史の両方において研究をおこなうことができるようになっていなければならない。編年史編纂掛の史料は学生たちにも利用可能とし、また講義の材料とするべきである。[25]

リースの提案がどれほど渡辺の示唆によるものかは明らかではないが、意見書の細目や後記はおそらくリース自身の考えであろう。その後記のなかでリースは、ハーグのオランダ政府の記録局（現オランダ国立公文書館）にある日本関係史料に関心を寄せている。

それから数ヵ月後の一八八九年六月二七日、国史科が設置された。しかし、学生が一人もいなかったので、講義も演習も一八九〇年まで始まらなかった。新任の教授である重野・久米・星野の他には、内藤耻叟《ちそう》や小中村清矩といった、古典講習科の後継組織である和文学科と漢文学科の教授と講師たちが歴史を教えていた。この事実一つ取ってみても、日本史の教授法が劇的には変化しなかったであろうことがわかる。一九〇一年の「史学考証の弊」と題した講演（第五章第四節参照）のなかで久米は、史誌編纂掛出身の自分や同僚たちは、編纂作業を優先し、教育には十分な関心を払わなかったことを、自己批判的に認めている。一八九三年に導入された講座制は日本史に対する伝統的な見方を反映していた。史学には「史学、地理学」として二講座あった一方、日本史の方は「国語学、国文学、国史」であわせて四講座であった。国史は一九〇一年まで独自の講座を獲得することができず、一九〇一年になって「国語学、国文学」が二講座、そして「国史」が二講座（一九一一年には第三講座が加わった）となった。日本史が独立した学問分野とは未だ十分に認識されていなかったことは、日本史に「国史」という用語が使われたことにも示唆されるが、これは「史学」という用語と対照的である。一九〇四年になって初めて「国史学」という用語が使われ、同時にコースは再編され、日本史・東洋史（「支那史学」、中国史も日本史と同じような発展の道をたどった）・西洋史が合わさって一つの学科領域（「史学」）とされた[26]。一九一九年には三コースが独立した学科（国史学科・東洋史学科・西洋史学科）となった。以上のように国史科の設置は、独立した学問分野としての日本史の発展における第一歩にすぎなかった。

別の一歩が、一八八九年一一月一日の史学会の創設だった。史学会は歴史学の雑誌『史学会雑誌』（一八九二年から『史学雑誌』）の刊行を始めた。第一号は一二月一五日に渡辺洪基の序文を付して刊行された。史学会の創設と雑誌の発行についてはさまざまな話が語られてきた[27]。重野の会長就任記念講演での説明によると、重野とリースがまずそれについて議論し、次いで彼らの同僚や学生たちが名案であると賛同したという[28]。リースはヨーロッパの事例を念頭においていたのであろう。ほんの数例を挙げるならば、ドイツでは *Historische Zeitschrift* が一八五九年から、*Historisches Jahrbuch* が一八八〇年から刊行されており、フランスでは *Revue Historique* が一八七六年から、イギリスでは *English Historical Review* が一八八六年から刊行されていた。日本にも先例がなかったわけではない。一八八三年に創設された史学協会が、史学会に数年先んじて存続し、独自の機関誌を発行していた。より近い時期には、哲学会が創設されている[29]。創設以来、上級の学生たちが史学会を支え、積極的に活動した[30]。リースは、外国人の同僚バジル・ホール・チェンバレン（Basil Hall Chamberlain、一八五〇―一九三五年）とともに、史学会の会員となった。会員には、史誌編纂掛や、かつての古典講習科の人物が多く含まれていた[31]。史学会は歴史に関心のある全ての人に開かれていた。

一一月一五日、重野は史学会の会長に選ばれた。重野は一九一〇年に死去するまで会長をつとめ、後任は選ばれなかった。

史学科と国史科という二つの歴史系学科の創設、内閣臨時修史局の帝国大学への移管、そして史学会の創設と『史学会雑誌』の創刊によって、独立した学問分野として歴史学研究が発展するために必要な枠組みが形成された。同時に、西洋史と日本史は制度的に分かれ、教育も別々の人物が担った。史学科ではリースが教え、一八九一年には、ドイツ留学から帰国した坪井久馬三（かつては科学者であった）が加わった。国史科は、かつての古典講習科の国学者たちと、史誌編纂掛の漢学者たちによって占められていた。日本史を教える学者たちは明治維新以前に教育を受けた者たちだったのである。彼らは、リースや坪井、箕作元八（のちリースの後任となった）よりも年長の世代であった。

内閣臨時修史局が史誌編纂掛へと移行しても、その性格が変わるわけではなく、業務も同じであった。しかし、その職員は今や教育機関の一員でもあった。教授となることで、重野・久米・星野、のちには田中義成も、学問が職業である人たち（歴史の専門家も含む）の列に加わることとなった。彼らは研究結果を、新たな雑誌で発表した。他の研究者と交流する新たな機会が生まれ、そのなかには、ドイツ人教授のルートヴィヒ・リースから西洋史学についてより多くを学ぶ機会があることも含まれていた。

第三節　西洋の方法論を学習すること（二）——リース

早くも一八七八年には、修史部局の職員がヨーロッパの歴史編纂について学び、それを彼ら自身の編纂作業に役立てようと試みたことがあった。帝国大学でルートヴィヒ・リースと出会ったことで、彼ら修史部局の元職員たちは、ヨーロッパの方法——より正確に言えば、ドイツで切り開かれた史料批判という歴史学の方法——についての知識を直接に得る好機が与えられたのである。この好機から彼らはどの程度利益を得たのであろうか。また編纂掛で遂行される作業にリースはどのような影響を与えたのであろうか。

ルートヴィヒ・リースはドイッチュ・クローネ（現在はポーランド）に生まれた[32]。ルートヴィヒの父ユリウスは工場主で商人であった。ルートヴィヒはドイッチュ・クローネとベルリンのギムナジウムに通った。その後彼はベルリン大学で歴史と地理学を学んだ。一八八三年前後にはレオポルド・フォン・ランケの助手になったといわれている。このことから、しばしば日本人研究者はリースをランケの弟子と評するのかもしれない。このときにはすでにランケは退職して久しく、リースがランケに会ったのはたった二回だけと考えられているが、リースは、ベルリン大学のゼミナールでは、ランケの教えた歴史学の方法でトレーニングを受けた。ベルリン大学ではランケが教えた学生や後継者たちが伝統を守っていたのである。そして、リースはランケのことを非常に敬愛していたという証拠がある。活字化された帝国大学での講義録のなかで、リースはランケの世界史の定義を採用し、ランケを「史上最も偉大な歴史家」と評している。リースはまた、ランケに関する論文を『史学会雑誌』に発表している[33]。

一八八四年二月には、リースはイギリスとアイルランドで調査をおこなっている。六月に帰国したのち、「中世イギリス議会における選挙権の歴史」という学位論文を執筆し、七月の博士号試験に合格した[34]。リースの指導教授はハンス・デルブリュック（Hans Delbrück、一八四八―一九二九年）で、リースは論文の献辞のなかでデルブリュックに深い敬意を表している。デルブリュックは、厳密にはランケ派ではなかった。デルブリュックはイギリス史に強い関心を持っており、自身の著作においてはランケ以上に普遍主義的なアプローチを試みている[35]。一八八五年二月にリースはギムナジウムの教職試験に合格したが、着任することなくイングランドに二度目の調査に向かった（同年六月まで）。一八八六年初頭には三度目のイングランド旅行をしている。そこでリースは日本の帝国大学への招聘に接したのであった。

金井圓は、ドイツ人の歴史家を採用するという決定の理由を、ゼルフィが「歴史の科学 *The Science of History*」のなかでドイツの歴史学を賞賛したことに帰している。ランケと彼のゼミナールが歴史家の教育に大きく貢献したことは日本でもよく知られていたであろう。ドイツの学問の評判のほかにも、日本の憲法のモデルとしてのドイツの重要性、ならびに憲法問題におけるドイツ人の御雇い外国人の重要性は、この決定にある役割を果たしたのかもしれない。歴史研究はある国の憲法を理解するために必要であるとみなされていた。しかし、まずはイギリスから呼び戻さなければならなかったリースがなぜ選ばれたのかについては明らかではない。駐独公使品川弥二郎の、ベルリン大学への照会に応えて、指導教授であったハンス・デルブリュックがリースを推薦したのかもしれない[36]。あるいはハンス・デルブリュックの兄弟のエルンストと従兄弟のフェリックスは一八八五年から東京の独逸学協会学校で教師をしていたので、彼らがこの件に関して日本人から相談を受けたのかもしれない[37]。リースはユダヤ人であり、ドイツでは教授になれる見込みが低かったために日本行きを選んだ（『ユダヤ百科事典 *Encycropedia Judaica*』にそう書かれており、金井など日本人学者によっても繰り返されている）というのももっともらしいが、これではリースを雇った日本側の動機がほとんど説明できない[38]。リースが憲政史の専門家であったことがリースをして日本人への興味を抱かせたのかもしれないが、それでも依然として、なぜ日本人がドイツ憲政史の専門家を選ばなかったのかという疑問は残る。日本人が歴史の教授に何を期待したのかに関して、いくつかの手がかりは、当時の文部大臣森有礼から外務大臣井上馨宛ての一八八六年五月一三日付書簡のなかにある。森は書簡のなかで、ヨーロッパとアメリカの近代史――特に政治史や経済史、変動する社会構造を教えることのできる人物を候補者にするべきである、その候補者は、日本に歴史科学の基礎を築くことができるような、良き教育者かつ学者たるべきである、さらに、その候補者は、外国人教師の教えるコースで通常使われる英語で教えることができなければならない、と述べている。リースが英語に精通していたことは、彼が選ばれた主要な理由のうちの一つだったのかもしれない[39]。

リースは、日本に到着すると（航海中リースは日本史を勉強したといわれる）、三年間の契約を結んだ。この契約は何度も更新され、最後の契約更新は一八九九年であった。リースは一八八七年から一九〇二年まで帝国大学で教えた。一八九三年には七ヵ月間日本を離れて、ヨーロッパで調査をおこなった。滞日一五年の間、一八九一―九二年には私立の慶応義塾でも教えている(40)。

日本滞在中、リースはドイツの新聞に日本に関する記事を送っており、そのうちのいくつかは一九〇五年に『日本雑記 *Allerlei aus Japan*』として刊行された。リースは日本アジア協会、またそのドイツ側のカウンターパートであるドイツ東洋文化研究協会（ＯＡＧ）のメンバーであり、日本史についての講演を両方でおこなっていた。講演の多くは日本語に訳され、『史学会雑誌』に掲載された。リースが日本を離れる際、ドイツ東洋文化研究協会は彼を名誉会員とした(41)。

リースは帝国大学で何を教えたのだろうか。これについては、ほとんどの日本人学者が示す以上のことがわかる。リースの講義の手書きノートが保存されている（例えば、一八九九年の世界史に関する手書きノートは歴史家辻善之助の子孫によって）のみならず、リースの講義録は印刷されている。『歴史学方法論 *Methodology of History*』（一八九六年、月日は不明）、『世界史 *Universal History*』（一八九三年）、『イギリス憲政史 *English Constitutional History*』（一八九七―九八年）、『世界史要説 *A Short Survey of Universal History*』全二巻（一八九九―一九〇一年）などがそうである。『歴史学方法論』は歴史研究の簡略な入門書である。リースは歴史研究の科学的な性格を強調し、歴史家の方法論、補助的な学問分野や史料批判の方法について述べている。リースはさまざまなタイプの歴史叙述を、ヨハン・グスタフ・ドロイゼン（Johann Gustav Droysen、一八〇八―八四年）にならって分類している。歴史哲学は序論で簡単に触れられただけで、詳細には扱われなかった。リースは日本史からの多くの事例を利用しているが、それはおそらく日本人学生の理解を助けるためであろう。「世界史」ではランケの『世界史』に言及し、国家間の関係を描写しているが、その国家はほとんどがヨーロッパの国家であり、「植民地帝国」やアメリカ合衆国については簡単に扱われただけであった。

また、「イギリス憲政史」では、リースは同時代の統治システムがどのように発展してきたかについて「総合的に」示そうと試みた。リースは広義の憲政史を、単に法制史としてのみならず、政治・社会体制史として用いた。各章の始めには、史料や文献の情報を載せた。講義録は、リース自身がまとめたものもあれば、生徒がまとめたものをリースが校訂したものもある。

リースの講義については、かつての学生による描写もある。一九五八―六〇年に、『歴史教育研究』という雑誌が回顧録のシリーズを掲載している。これは老年の歴史家たちが自らの師について語ったもので、そのなかにはルートヴィヒ・リースのことも含まれていた。リースについて語ったのは、瀬川秀雄（一八九六年卒業）、野々村戒三（一九〇一年卒業）、長寿吉（一九〇五年卒業）、阿部秀夫（リースの孫）であった。歴史家の三上参次も彼の回顧録の中でリースの想い出を語っている(42)。

リースの講義はドイツなまりの英語で、ドイツ語風の表現が多用されたにもかかわらず、彼の同僚だったラファエル・フォン・ケーベル（Raphael von Koeber、一八四八―一九二三年）の講義と違って、理解しやすかったといわれている。しかしながら、アッシリアやバビロニアの古代文化のようなテーマは、日本人学生にはあまりなじみのないものだった（「どうもピンと来ませんでしたよ」）。講義に加えて、リースはゼミナール（演習）も開いた。例えば、アメリカ独立宣言の文言や、ジョン・ロックの著作のなかの数節、そしてジェファーソンのジョージアでの演説などを学生は読み、解釈した。史料批判の方法は、日本語史料で実践された。瀬川秀雄は、一八九九年と一九〇〇年の夏、日本の西南地域（安芸、周防、長門）で史料収集をしたり、史跡を訪ねたりしたと語っている。これらの地域はすでに編纂掛の田中義成によって調査済みであったが、田中は史料を収集して目録を作成しただけで、内容について詳細に検討したわけではなかったのである(43)。

リースがどのような教育をしていたのかということは、ドイツ東洋文化研究協会（ＯＡＧ）での彼自身の講演からある程度わかる。リースが言うには、日本人の同僚や学生たちに助けられたという。学生が日本語の文書を翻訳し、それらをリースはゼミナールで研究したのである。一六三七―三八年の島原の乱（島原・天草一揆）に関する手書きの文書が、あるときの講義のテーマとなったが、それについてリースは次のように述べている。

私はそれら史料を利用することができた。これも、重野教授が監督する帝国大学の編纂掛が、日本史に関する史料を九州から収集し、一個所にまとめてくれたおかげである。重野には、貴重な写本を史学科の学生磯田良《りょう》と浦井鍠一郎《こういちろう》に貸してくれた寛大さに感謝する。磯田と浦井は、これら写本を私のために翻訳してくれた。私の史料批判は、歴史演習で学生諸君とともにおこなった研究にもとづいており、特に磯田君の働きは大きかった。(44)

リースの講義からは、彼が学生に教えていたことを自分自身でも実践していたことがわかる。(45)リースはベルリン大学の歴史演習で学んだ方法を用いて日本史研究をおこなった。そのほとんどは一六―一七世紀初頭の日欧関係を扱っており、その当時のヨーロッパ中心主義的な世界史にリースが関心を抱いていたことがわかる。

リースの学生の多くは、のちにヨーロッパ史の専門家になる者でさえ、日本史をテーマに卒業論文を書いた。瀬川秀雄は坪井九馬三教授からそうするよう勧められた。坪井は、ヨーロッパ史について論文を書いても、ヨーロッパの歴史書の要約にしかならないと注意したのである。リースの教え子は西洋史学科（一九〇四年に改称）で彼の後任になっただけでなく、東京帝国大学などの大学で中国史や日本史の教授にもなったのである。彼らの多くはそれぞれの分野の先駆者となった。(46)リースの最初の学生の一人が白鳥庫吉《くらきち》であり、白鳥はリースが着任したときにはすでに帝国大学の二年生であった。一八九〇年に卒業したのち、彼は学習院で教鞭を執り、その時期に東洋史に関心を抱き始めた。(47)一九〇一年から〇三年にかけて、白鳥はヨーロッパに留学した。一九〇四年に中国史は西洋史や日本史と同じく独自の学科となり（一九一〇年には東洋史学科になった）、白鳥と市村瓚次郎《さんじろう》がその初代教授となった。市村は一八九八年から帝国大学で中国史を教えており、また学習院では白鳥の同僚でもあった。一九二五年まで、二人ともこの新しい学科には決定的な影響力を持っていた。

史料編纂掛では、リースの教え子が次第に年長者の後を継ぐようになっていた。一八九五年卒業生の三浦周行は、一九〇七年に新設される京都帝国大学の史学科に移る前は史料編纂掛の職員であった。三浦は一九〇九年に京都帝国大学の教授となった。黒板勝美（一八九六年卒業、一九〇二年東京帝国大学講師）は一九〇五年に史料編纂掛兼務となり、同時に助教授に昇進した。彼は一九一九年に史料編纂掛の事務主任を、一九一九―三五年に東京帝国大学国史学科の教授を務めた。史料編纂掛で黒板の後を継いで事務主任となったのは辻善之助であった。辻は一九〇〇年に卒業し、一九〇二年に編纂掛の職員となった。辻は史料編纂掛の事務主任・所長を一九二〇年から一九三八年まで務めた。一九一一年には東京帝国大学の助教授となり、一九二三―三八年には教授を務めた。

ひとたびリースが自らを継ぐのに相応しい歴史家を育成したのちは、彼は他の御雇い外国人の多くと同じ運命をたどった。一九〇二年に五回目の契約が満了となったとき、契約は更新されなかった。同年、箕作元八《みつくりげんぱち》がドイツから帰国して、リースの後任として教授に任命された。文部大臣の菊池大麓《だいろく》が箕作の実兄であったためひいきされたかどうかとか、またリースが同僚のカール・フローレンツ（Karl Florenz、一八六五―一九三九年）よりも自分の給料が低いと不満を述べたかどうかといったことは、大して重要ではない(48)。リースは期待されたことを達成し、自らを用済みとしたのであった。

リースは一九〇三年にベルリンへ戻り、教育と研究の公刊に従事した。一九〇九年にはふたたび日本を訪ね、家族や同僚、学生たちから温かく迎えられた(49)。一九二六年にはヴィッテンベルグ大学からの交換教授となるためにアメリカのオハイオ州スプリングフィールドに赴いたが、健康を害したために講義をすることなく帰国しなければならなかった。彼は一九二八年にベルリンで死去した。彼の義理の息子（女婿）である阿部秀助は一九〇七年以降慶応義塾で教鞭を執り、秀助の息子秀夫も同様に歴史学の教授となった。[訳注10]

ドイツではリースの学問はすぐに忘れ去られたが、日本ではリースの果たした重要性が今日にいたるまで強調されている。リースは比較的偏見なく日本や日本人学生に接したが、それはおそらくリースが若く、海外経験もすでにあったからであろう。他の外国人の同僚と同じく、西洋の学問が優れており、ヨーロッパの歴史（アッシリアやバビロニアの古代文化さえも）は日本人学生にとっても重要であるとリースは確信していたけれども、一方で日本人学生には日本の歴史を研究するよう勧め、彼自身もそうしたのである。リースはまた、帝国大学における日本史学の組織化にも貢献した。リースが一九〇三年に日本を離れたとき、彼の教え子たちはすべての帝国大学やいくつかの私立大学（法律的には専門学校）で教鞭を執るようになっていた。(50)

それでもやはり、日本の近代歴史学に対するリースの貢献はしばしば過大評価されている。リースは彼の日本人雇用者たちに強く従属しており、リースの自発的な提案が、彼らによって課された制限を超えることはできなかった。彼の地位も低かった。リースは史学科に二人いた教授の一人であったが、外国人だったので、第二講座の担当者としては扱われなかった。(51)さらにリースの影響を評価するに当たっては、西洋史に対するそれと日本史に対するそれとは区別しなければならない。なぜなら、この二つは元来別々の起源を持っているからである。(52)長期間にわたり、日本史は徳川時代に教育を受けた学者、ないしその教え子たちによって教えられていた。重野や同僚ら、史誌編纂掛と国史科の第一世代にあたる者たちの後任になったのは、三上参次（一九八三年助教授、一八九九―一九二六年教授）や萩野由之（一八九九年講師、一九〇一―二三年教授）であった。二人とも古典講習科を卒業している。彼らの同僚の田中義成（一八九二―九三、九五年助教授、一九〇五―一九年教授）は修史部局から身を起こした人物である。彼らのあとは、リースの教え子である黒板勝美と辻善之助が継いだ。このように、リースの教え子が史料編纂掛で影響力を持ったのは第三世代になってからのことであった。

もちろん重野たち、とりわけ久米はリースから学んだが、彼らはリースよりも年長で、かつ経歴上の最上位にいたので、たとえ彼ら自身が望んだとしても、学生と机を並べてリースの講義や演習に参加することは立場上ほとんど許されなかったであろう。三上参次は、リースの授業のいくつかに参加したことがあるが、彼はリースの友人となって、リースの日本史研究を助けた(53)。日本関係海外史料の収集が企画された際、三上はリースの助言を仰いだ(54)。この日本関係海外史料の収集はリースの考えであり、おそらく史料編纂掛に対してリースがおこなった最大の貢献だったかもしれない。しかしながら、全体から見れば、史料編纂掛の仕事は、リースが来日する二〇年前と同じやり方で続けられていたのである。

第四節　歴史学の「アカデミズム」学派

「アカデミズム」や「官学アカデミズム」という用語は、一般的には、最初に帝国大学で実践された種類の学問を指す（「アカデミズム」という言葉自体が、主に国家機関で実践される半官的学問という意味を含んでいるので、「官学アカデミズム」は同語反復である(55)）。帝国大学は、国家の要請に応えるために、将来の官僚と研究者を養成する場として設立された。一八八六年の帝国大学令が表現するように、帝国大学は「国家ノ須要ニ応スル学術技芸ヲ教授シ及其蘊奥ヲ攻究スルヲ以テ目的トス」（第一条）ることになっていた(56)。帝国大学はヨーロッパや北アメリカの新しい大学と同様、プロイセンの大学をモデルにしていたが、日本の官立学校の伝統により、一層強く国家の影響を重要視する傾向にあった。また、実用的に応用可能な知識の教授が重要視され、自然科学や技術的テーマが優位を占めた。東京帝国大学から他の官立大学や私立機関へと「アカデミズム」は広がり、今日でもはっきりと見出すことができるほどの顕著な影響を及ぼした。

歴史学が独立した学問分野となったとき、歴史学においても「アカデミズム」が主流となった。最近の研究は、「アカデミズム」と、同時代の重要な学派である啓蒙主義学派との違いを重視し、「アカデミズム」の客観的で科学的な性格を強調しがちである。しかしながら、両者には重要な類似性があったのであり、「アカデミズム」の特徴を客観性にもとめることには問題が多い。歴史叙述は理性的で進歩的であるべきだとか、社会は分析の主要単位であるといった信念を「アカデミズム」と啓蒙史学は共有していたし、また両者とも漸進的な変化を強調していた。また、啓蒙史学はその主張の基礎を普遍的法則の探求に置き、「アカデミズム」は史実の実証のための厳密な方法論に置くという違いはあったにせよ、科学的であるべきだという主張は、両学派のともに特徴とするところであった。「アカデミズム」学派の歴史家は公的な教育機関に所属しており、このことが「アカデミズム」は客観的であるというイメージ形成の一因となった[57]。

歴史学が学問分野となるための制度的な必要条件は、ルートヴィヒ・リースの任用、二学科（史学科・国史科）の設置、そして修史部局の帝国大学への移管によって満たされた。二学科は三つの知的伝統——国学・漢学・西洋歴史学——を包含しており、その三つの知的伝統から近代歴史学が発展していったのである。国学と漢学は、最初は古典講習科、その後は国史科と史誌編纂掛の学者たちによって代表されていた。史誌編纂掛の職員たちは、国学と漢学の双方の伝統の一部を形成していた考証学の方法を洗練させた。西洋史とドイツの歴史学の方法は、リースと坪井によって教授された。当初、国学・漢学・西洋歴史学は並立し、それぞれを代表する者たちが互いに敵対するのもしばしばであった。しかし、国学・漢学・西洋歴史学には共通するところも多く、ともに「アカデミズム」の発展に寄与した。「アカデミズム」は原文書を収集することと、事実を実証することに力点をおいた。「アカデミズム」は方法を重要視し、「客観的」であるべきである、すなわち政治的・道徳的偏見から自由であるべきだと説いた。これらの特徴は、

『史学会雑誌（史学雑誌）』の初期の論説に明らかである。初期の『史学会雑誌（史学雑誌）』に載った論説のほとんどは史誌編纂掛の学者たちが書いたもので、最初の六号に載った六四本の論説中四七本がそうだった（分割連載されたものを一つの論説として数える場合には割合はさらに高くなる）。当初、雑誌に寄稿されたものは理論的な問題を扱っており、それはリースが第五号で彼の日本人の同僚たちに、史料の公刊という、より重要な仕事に集中するよう助言するまで続いた、としばしばいわれる。確かに、最初の四号に寄稿された一〇本の論説がかなり全般的なテーマを扱っていたのは本当である。しかしながら、彼らが哲学的な問題を深く議論していたと思うのならば、それは間違いである。

帝国大学総長渡辺洪基による序の後に載った最初の記事が、重野安繹による史学会会長就任講演「史学ニ従事スル者ハ其心至公至平ナラザルベカラズ」であった[58]。重野が言うには、偏った歴史家は不公平で、学問の進歩を妨げる。重野が特に批判した考え方は、歴史叙述は支配者と被支配者の正しい関係（名分）のような道徳原則を教えるべきであるというものであった。歴史家は事実を描写することに集中するべきであり、その道徳的含意はそれによっておのずから明らかになるであろう、というのである。歴史家の仕事は明確に事実を確定して、それを正しく記録することであるべきだ。重野は、修史部局での自らの経験を語り、その仕事がいかに困難なものであるかを述べた。そして、重野は、修史部局の集めた史料と、リースが教えた西洋の方法とが、日本史の研究と著述に役立って欲しいと希望を述べたのである。

どうみてもこれは理論的に深い議論ではない。編纂掛の職員たちが書いた多くの記事と同様に、重野が挙げた問題も編纂掛での彼の仕事と密接に関連したものであったように思われる。もう一つの例は星野恒の論説「史学攷究歴史編纂ハ材料ヲ精択スヘキ説」である。星野はより信頼性の高い史料を使う重要性を強調して、原文書をその最上位に置いたが、それは星野や彼の同僚が編纂掛ですでにおこなっていることなのであった[59]。「歴史の応用」という論説のなかで、星野は考証学の方法で原文書を研究することを擁護している。この論説は、リースが、星野やその同僚たちをして、理論的な問題を論じるのをやめさせたと言われる論説よりずっとあとになって掲載されたものである。この論説のなかで星野は、自分や同僚たちが伝説的英雄たちの正体をあばいたやり方への批判に応えて、歴史学は道徳的な主張から自由であるべきだと強調している(60)。歴史に関する輿論についての講演のなかで、星野はふたたび歴史学の独立性を擁護し、歴史叙述は史料に依拠するべきであり、そのために史料が利用可能にされねばならないと強調している。そして、彼はまた、これこそ編年史編纂掛が不十分な予算にもかかわらずやろうと試みていることだと述べている(61)。

編纂掛の職員が書いた論説のなかで、実際に歴史哲学を扱ったものはたった一つである。山縣昌蔵は「歴史哲学ノ大要」という論説のなかで、歴史哲学を歴史学の精神と呼び、歴史研究から得られた知識をより広い枠組のなかに置くためには歴史哲学が重要だと力説している(62)。

歴史叙述に関するより理論的な議論のほとんどは、編纂掛の職員たちによるものではなく、また自身で実際に歴史書を執筆している学者によるものですらなかった。上田萬年《かずとし》はバジル・ホール・チェンバレンの教え子で、のちドイツに留学して言語学の教授となった人物である。上田は、歴史が事例を提供し、哲学がそれを秩序づけ、意味を与えるのだと言う。上田は、歴史は道徳・政治・勤皇によって左右されるべきではないと力説した。上田は、よく知られた人物（例えば、児島高徳。第六章第三節を参照）の実在を否定したり、英雄の欠点を描写したりするために歴史研究を用いることを擁護している。上田は歴史研究の二つの極端さを、次のように批判した。文明史はあまりに理論的すぎて事実を無視しているし、和漢学の伝統にもとづいて歴史書を執筆する学者はあまりに事実そのものに重きを置きすぎている、と(63)。

また、加藤弘之は「博物学ト歴史学」という論説のなかで、歴史は、自然が人間社会に与えた影響を考慮に入れることを求めた。モデルとして、モンテスキュー、バックル、スペンサーそしてヘルヴァルトの名前を挙げている(64)。

上田や加藤の論説は重野やその同僚たちの論説よりも理論的なものであったが、上田や加藤自身は歴史研究に従事していなかった。二人とも西洋思想に強い影響を受けていた。加藤はドイツ留学経験があり、上田も一八九〇年にドイツに留学した。目前の業務に集中すべきだというリースの提案は、編纂掛の職員がやろうとしていたことの方に、実際のところよく一致していたといえよう(65)。

他方で、全般的な問題を扱った論説は、リースの提案以後も『史学会雑誌』に載った。その論説のいくつかは久米が書いたものであるが、おそらく久米は編纂掛の三人の指導者（重野・久米・星野）のなかで最も独創的な学者であろう。久米は自分の考えを示すために実際の業務から実例を用いていたが、より幅広い問題も扱おうとしていた。久米の論説はたいてい史学会例会における講演の成果であるが、久米の文体は生き生きとしたもので、歴史のなかからのみならず、日常生活からも例を引いてくることがあった(66)。久米の同僚である星野の見方は久米と似ており、彼も全般的な問題について論じていたが、彼の講演は久米ほど面白くはなく、独創的な考えを提示することもほとんどなかった(67)。これまで引用した論説は、これらの歴史家たちが、史料の収集と史料批判の方法に没頭していたことの証拠である。史誌編纂掛が一八九三年に廃止される前の最後の講演で、星野は文書収集の重要性を強調している。文書収集こそ編纂掛の最重要活動となっており、それは一八九五年に編纂掛が再開されて文書収集が唯一の目的とされる前ですら、そうであったのである。

確かに編纂掛の職員たちはこの文書収集業務に膨大な精力を注いでおり、それはかつて政府の修史部局であったときと同様であった。編纂者たちが「大日本編年史」に従事し、他の職員たちは日本全国の史料採訪を続けていた(68)。例えば、星野ら三人は渡辺洪基（帝国大学総長）の東北出張に同行し、茨城・宮城・福島・岩手といった、これまで調査されてこなかった地域の文書を収集している。

重野や同僚たちは過去の証拠を集める新規の構想にも参加した。その構想は史学会の企画の一つとなった。これが一八九〇年に結成された「旧事諮問会」である。その目的は江戸時代を知る故老に、文献史料には書かれていない事柄について尋ねることであった。若い世代の学者たちにとって、江戸時代は遠い過去になっていたため、彼ら自身の経験からは知ることができなかったのである。彼らの教師たちにとっても、江戸時代は追憶の対象となっていた。一八八九年には、江戸時代の文化を、それが消滅してしまう前に保存するため、東京で江戸会が設立されている。史学会が旧事諮問会を設立したことは、「江戸」への関心という流行のあらわれの一つであった。[69]

『史学会雑誌』の第二二号で、旧事諮問会の趣意が史学会の書記小川銀次郎（学部二年生）によって説明されている。史学会は、文書史料にはない江戸時代の細部のことを、当時を記憶する遺老から集めるつもりである。重野・外山正一・小中村清矩の三博士、久米・星野の両教授、宮崎道三郎・三上参次・高津鍬三郎・磯田良・白鳥庫吉の五学士らが相談会を開いて、質問を作成して適切な候補者を選び、質問会を開いてその筆記は公刊することに決定した。この企画は寄付金によってまかなわれるであろう（『史学会雑誌』二二号、五四―五七頁）。

旧事諮問会の会員は定期的に集まり、一人ないし二人の人物に質問をおこなったが、その多くは旧幕府の役人であった。一度（一八九二年四月）だけ、二人の女性が聞き取り対象となったが、彼女らは一四代将軍徳川家茂が皇女和宮と結婚したときに大奥に勤めていた人物であった。各回の筆記は公刊して史学会員に配付されるとともに、各会員は質問に関する要望を表明し、また各自の回想を寄稿するよう奨励された。[70] 一八九一年一一月から一八九二年四月までの一一回の筆記が公刊され、さらにその他三回分の記事が『史学会雑誌』に掲載されている。

明らかにこの企画は、書かれた記録にはめったに出てこない人々についての情報を収集すること（今日のオーラルヒストリーのように）を目的とはしていなかった。この企画の着想は、現存する書かれた文書を精査した後も残る情報ギャップを埋めようというものであった。それゆえ、旧事諮問会という企画は、考証学の伝統にのっとった、事実を確定するという、編纂掛で実践されていた試みの一部であるとみなすことができる。同時に、この企画は好古趣味的性格の強いものであった。記録された事実の多くは、それのみではほとんど重要とは思われないようなものであった。筆記記録は史学会員全員に配付された。この『旧事諮問録』は何回か復刻されて、学者だけでなく愛好家にも読まれ、歴史小説家や脚本家には貴重な情報源として役立ってきた(71)。

編纂掛の歴史のなかでより重要なのは、日本関係海外史料の収集である。というのも、これは今日もなお史料編纂所の活動のうち重要な一部を形成しているからである。日本関係海外史料の収集という着想は、リースの提案によるものであった。リースは、その直前に利用可能になったばかりのヴァチカン文書館のドイツ史関連史料を、ドイツが率先して収集しようとしていたことに影響されたのかもしれない。ドイツ歴史研究所は、一八八八年、ローマに設立された。一八八一年には同様の組織がオーストリアによって設立されていた（第七章第二節）。帝国大学史学科設立に関する意見書の後記で、リースはハーグのオランダ国立公文書館所蔵の日本関係史料に言及している。リース自身も、一八九三年と一九〇〇年の二度ヨーロッパへ赴き、文書の写しを持ち帰っている。早くも一八八八年には、帝国大学総長の渡辺洪基がリースの意見に反応して、いくつかの文書の複写を命じた。文書の複写は一八九二年まで続いたが、そこで事業は廃止されてしまった(72)。作業量が過小評価されていたのかもしれない。いずれにせよ史誌編纂掛は一八九三年に廃止されてしまったのである。リースはハーグの文書館所蔵の日本関係史料についての論説を『史学雑誌』に載せ、自らの努力について述べるとともに、江戸時代の歴史のためにはそれら史料が重要であることを力説している(73)。

村上直次郎も一八九九―一九〇二年にヨーロッパへ留学し、尽力した結果、彼が収集した文書のいくつかは『大日本史料』に収められた。この『大日本史料』は、史料編纂掛が一九〇一年に刊行を始めたものである。海外史料に大きな関心を示したのは三上参次であった。一九二一年、三上は科学アカデミーの国際会議（国際学士院連合総会）において、日欧関係史料を相互利用可能にすることを提案した。翌年には一つの計画が、帝国大学教授の井上哲次郎・美濃部達吉によって会議に提出された。委員会は設置されたが、作業は体系的には進まなかった。外国の文書館での調査は、村上らによる散発的努力にとどまった。オランダのほかにも、フランス・イタリア・ヴァチカンでは予備調査がおこなわれた。しかしその後、在外文書が体系的に収集されることはなく、マイクロフィルム撮影と目録作成が始まったのは一九五四年のことであった。

さらに多くの史料を集めようとするこれらの新しい計画は、考証学の伝統を色濃く引き継いだものだった。新しい文書が利用可能になり、史料批判にさらされるにつれ、その結果としてしばしば生じたのは、先行する歴史書の再評価（ないし価値の引き下げ）であった。『史学会雑誌』は毎号「考証」と「解題」の欄を設け、そのなかでは歴史書が紹介された。例えば、第四号では、六国史の伝統を受け継ぐ編年史であり一二世紀に成立した「本朝世紀」（星野恒が紹介）と、「太平記」に匹敵する歴史物語で、足利幕府の視点から書かれ一四世紀に成立した「梅松論」（菅政友が紹介）が紹介された。[74] 史料批判を扱った記事のうち、菅政友と久米邦武によるものは、「太平記」の信憑性について疑問を投げかけるものだったので、最大の注目を浴びた。久米は「太平記」を歴史家には役に立たないとまで評した。重野安繹の悪名高き「抹殺論」（第六章第三節）は、日本史上よく知られ、よく敬愛された英雄たちの正体をあばくもので、通常重野に帰されているが、これは史誌編纂掛の職員たちによる史料の批判的検討――批判的すぎることもしばしばであった――の産物であった。彼らは歴史学の評判を大きく傷つけたのであるが、それは世間が歴史学といえば「抹殺論」を思い出すようになってしまったからである。

「抹殺論」は、「アカデミズム」の方法論が内包する問題点を浮き彫りにした。考証学の方法を使うと、既存の想定の誤りを立証する方が、実在するものの証拠を提出するよりはるかに容易なのである。「太平記」が歴史家には価値がないとする久米の批難は、原文書に書かれていないことは何も受け入れないという、あまりに史料批判にすぎる態度のあらわれである。今日の歴史家は久米よりも、史料としての「太平記」に価値を与えている。[75]「太平記」に描かれているような不穏な時代には多くの原文書が失われただろうという、同時代に久米に対してなされた批判には、あてはまる点もあるのである。

それでも、「抹殺論」は、客観的たらんとする「アカデミズム」の主張のあらわれである。しかし、原文書・実証可能な事実・科学的方法論を重視することは、史料集の形にせよ歴史叙述の形にせよ、研究成果を提出しなければならないときに起こる重要な問題をかえってあいまいにしてしまう。史料と事実は選別され配列されなければならない、つまり選択がなされなければならないのだが、この選択は編者ないし執筆者の評価によって決定されるのである。ステファン・タナカが指摘するように、「それぞれの社会単位のためにどの部分に光をあてるべきかは、誰かが決めなければならない」のである。[76]「アカデミズム」はその擁護者が自ら主張するほど客観的でもなければ、近代の学者たちが断言するほどイデオロギーからまぬがれてもいなかった。しかしこの事実は、学問は国民ないし国家に奉仕すべきものであるという当時の一般的なコンセンサスにより、さらにあいまいにされてしまうのである（第六章）。もしも重野や同僚たちが、彼らのとる立場とは反対の立場から論争が起こることが、本来的にありうる事柄であることを自覚していないとすれば、[77]それは上記のコンセンサス、ないし彼らが歴史研究と歴史叙述とを十分に区別していなかったことによるものである。ランケの伝統を受け継いだドイツ歴史主義も、重野らと同じように、歴史記述における表現の問題を熟考せず、史料から得られた知識は雄弁に物語る（先に引用した講演のなかで重野が主張したように——第七章第二節参照）ものであるとの幻想に屈したのである。日本の「アカデミズム」もドイツの歴史主義も、歴史の表現のされ方が、政治文化のなかにおいて歴史がどのような機能を持つかを決めるうえで決定的な役割を果たすという事実を見逃してしまった。[78]こうして、歴史編纂事業は、一見客観的に見えながら、結局は政治に奉仕するかたちで濫用され、政治的価値を、それを検討し議論することなく、宣伝することにつながってしまったのである。

おそらく、これまで主張されてきたような「アカデミズム」の客観性や思想の欠如そのものよりも、むしろ、歴史研究と歴史叙述を区別して歴史の表現の問題について省察することをしなかったために、「アカデミズム」は政治的プロパガンダを目的とした歴史の濫用と戦うことなく終わったのであろう。

「アカデミズム」の問題のいくつかは、同時代人にも認識されていた。一八九二年と一八九三年の二度、文芸評論誌の『早稲田文学』は歴史学の主潮流を紹介して、その長所と短所の両方を概説した。「史学の風潮」では、三つの集団に言及している。三つの集団とは、「旧派」と、「文明派」と、「国家派」「考証派」「理想派」である。評者が言うには、最後の集団（「国家派」「考証派」「理想派」）はリースから学ぶか、みずから歴史学の方法を発展させるかすることで、学問の全潮流のうち最良のものを結び合わせることに努めたが、史料批判と事実確定に夢中になりすぎる傾向があったという[79]。

一年後、『早稲田文学』に掲載された「史論四派」で、筆者は「史材批判派（考証派）」、シーリィなど西洋の学者の影響を受けた「応用史派」、伝統的な学者によって代表される「応用史派」の東洋版（「東洋風の応用派」）、そして「文学的史家」の四派に区分した[80]。そして再度、学問的な歴史家（ここでは「考証派」として描かれている）を、史料批判と実証に強く固執しすぎていると批判した。

民友社系歴史家を代表する山路愛山は、歴史叙述と実証主義研究の違いを次のように指摘している[81]。『稿本国史眼』のような編纂掛の仕事は高い水準のものだが、試験準備の役にはたっても、あまりおもしろいものではない。一方で、頼山陽の『日本外史』などの面白い読み物はとても人気があると。また、かつて修史部局に勤め、『日本外史』の間違いを指摘する論文を書いたこともある川田剛は、川田が史料批判の濫用と認識したところのものや、公文書を文学的史料よりも信頼性の高いものとみなしがちであること、学者たちが既存の解釈を軽率に棄ててしまうことを攻撃した。一八九〇年の講演では、川田は『日本外史』に関するかつての主張とはだいぶ異なり、『日本外史』の間違いは著者の道徳的立場と比べたらさして重要ではないと述べたのである[82]。

「アカデミズム」を擁護する人のなかにも、史料批判や、個々ばらばらの事実に執着することが、いかに問題となりうるかを認識した者はいた。久米邦武は一九〇一年の講演「史学考証の弊」で、史料批判は歴史研究の手段であって目的ではなく、史料批判はさらなる調査と個々の歴史家による解釈のための出発点として役立つものであるべきだと力説している(83)。久米は、すべての事実が確定するまで待ち、その後に独自の研究を始めるという考え方を拒否した。久米は、改めて「抹殺論」を擁護したが、歴史学はそこにとどまってはいけないともつけ加えている。さらに久米は続けて、歴史解釈はもはや時代遅れの道徳的価値観に依拠するべきではないし、そうでなければ新しい知識も価値のないものになるだろうと述べている。久米の理想は、歴史編纂が、前の世代の誤りを避けるのを手助けすることで、人類社会の進歩に貢献することにあった。久米は、歴史研究は過去の英雄を見習うことに役立つという考えを拒否したが、それでは進歩が不可能になってしまうだろうからである。

久米は、史料批判的研究が支配的である理由を、歴史研究に対する政治的抑圧に求め、日本史研究だけが学問的自由を享受していない、と主張した。その結果、議論の余地のない成果を得るために、歴史家は史料批判に集中した。しかし、まさにそうすることで、歴史家は困難に直面したのだ、と久米は述べる。

編纂掛の別の職員である田中義成もまた、考証学の伝統にもとづく史料批判に過度に依存することを批判した。「史学の活用」という講演で、彼は近代の学問がますます専門化していることを非難している。田中は、歴史家は国家と社会に奉仕すべきであると力説した(84)。建国の精神の記憶は歴史を通じて保存され、また国家の強さはその起源を記憶しているかどうかにかかっている。「日本書紀」（七二〇年）は中国のモデルにならって編纂されたが、編纂の目的は日本の中国からの独立を証明することにあった。日本は外国文明の成果を採用してきたが、同時に独自の遺産を保持してきた。田中は奈良時代の律令国家と六国史の関係を指摘し、歴史書とその政治的重要性のさらなる例を挙げ、明治維新の指導者たちにも影響を与えたこともそれに含まれるとした。もちろん、田中や同僚は歴史的真実の発見に集中しなければならなかった。しかしながら、彼らの識見が何にも使われなければ無意味であり、無知な政治家は地図を持たない旅行者のようなものである、とされたのである。

田中は、同時代の議論に意見を表明するよう同僚たちに促して、講演を結んだ。菅原文時（八九九―九八一年）にそれができたのであれば、「言論の自由なる現代」においてはずっと簡単ではないか、と。

田中が、一九一一年の教科書論争（第六章第六節）直後の講演で、言論の自由は問題ではないと力説するのは興味深い。一方、久米は、史料批判の行きすぎは言論の自由がないせいであると非難している。もちろん、久米は田中よりも直接的に、政府の歴史研究に対する介入の影響を蒙った経験がある。さらに、表現の自由が脅かされるのを経験したのは久米だけではなかった。一八九三年には、民友社の雑誌『国民之友』所収の無署名記事が、歴史学における新しいアプローチが、時代遅れの歴史観を持つ貴族・軍人・学者によって抑圧され、この学問の自由の欠如によって学問の発展が邪魔されていると述べている。皇室に関連する話題であっても議論できるような自由は、実りある議論のための必要条件であると述べられると同時に、「新史学家」は史料批判に夢中で、社会の進歩に貢献していないと批判された[85]。

『早稲田文学』の評者は、研究や表現の自由を妨げる一般の風潮について語っている[86]。一方、『国学院雑誌』の評者はそれに応えて、自由がないと断言することについて、それを否定はできないとしつつも、疑念を表明した[87]。その代わりに、『国学院雑誌』の評者は「国学的研究」と「科学的研究」について語り、両者が必ずしも対立する必要はないことを力説した。『国学院雑誌』の続く号でも評者はこの点を繰り返し、科学的研究は必ずしも国家に不忠である必要はないが、皇室と国家に対する批判は証拠を注意深く検討すること抜きに表明されてはならないと強調した[88]。

明らかに、学問の自由、ないしその欠落は一つの論点であった。しかし、その問題を現在の歴史家は誇張しすぎているように思われる。明治時代における政治的抑圧の程度を、一九三〇年のそれに匹敵するものと想定するのは間違っている。皇室に関する話題はほとんどタブーだったけれども[89]、歴史学に対する抑圧は、久米事件（第六章第四節）

について後述するように、政府に端を発するのではなかった。歴史学が単なる事実の羅列へと後退していくことは、政治的抑圧が感じられるようになるよりも前に始まっていた。帝国大学の歴史家たちは、たしかにいくつかの政治的抑圧を経験したけれども、「アカデミズム」学派の性格を外部からの圧力のみでは説明することはできない。

しかし、依然として疑問は残る。すなわち、客観的で科学的な基準にもとづく歴史学の発展、ないし国家の後援を受けた機関における実証主義研究が見られた時代に、一方で史料批判的研究でなくて神話にもとづくような歴史観を国家がプロパガンダするという光景が見られたのは、一体なぜだろうか。一般的に歴史家によって与えられる理由は、日本の「アカデミズム」は、思想と理論的概念を欠くため、政治的目的のための歴史の歪曲に対して、防波堤となることができなかった、というものである。問題は、私がすでに示唆してきたように、「アカデミズム」における思想と「客観性」の欠如という想定にあるのではなく、むしろ国家における歴史学の役割についての歴史家と政治家のコンセンサスにあり、また研究と叙述の関係性や歴史と政治文化の関係性に対する省察の欠如にあるのである。このことと密接につながっていたのは、いかなる偏見からも自由な、決定版の完璧な歴史が究極的には書かれうるのだという信念である。すなわち、この「正史」という概念は、重要性を失ってはいたけれども、決して明確に捨て去られてはいなかったのである。

結局のところ、日本の「アカデミズム」も他のいかなる種類の歴史学も、歴史に対する外部からの要求に応えることはできないのである。その外部からの要求には、政治的正統性やナショナル・アイデンティティーの強化を求めることも含まれる。歴史学とこれら外部からの要求のあいだにあった緊張関係こそ、対立を引き起こした原因であり、対立の結果、「客観的」歴史と神話的歴史のあいだにはさらなる断裂が生まれたのであった。

第六章　対立する歴史学とイデオロギー

歴史学を独立した学問として確立し、偏見から自由な歴史叙述をおこなうための方策が現れた一八八〇年代後半は、まさに、人々の間にネーションの感覚を生み出すためのイデオロギー的活動が盛んになった時期であった(1)。歴史はナショナル・アイデンティティーを育成するうえで重要な役割を演じた。しかしながら、歴史を書くことにたいしてしばしば相互に対立する要求が提出され、それが問題を引き起こしたのである。

第一節　歴史と公衆

一八八九年、明治憲法（大日本帝国憲法）が発布され、一八九〇年に最初の帝国議会が開かれた。国の政治的な枠組みはこのようにして決まった。続く一〇年間に、最も差し迫った外交問題であった条約改正を成し遂げ、また日清戦争（一八九四—九五年）に勝利したことによって、日本は領土拡張路線に乗り出し、日本は非西欧で唯一の植民地宗主国となったのである。一八九〇年前後の数年間は「近代日本の歴史における大きな分水嶺」であると認識されている(2)。明治初年以来の変化のスピードは落ちていた。それに続く時期は「安定化の時代」となった。維新の指導者たちは今や安定と秩序を求めるようになったのである(3)。

政治・行政・教育における中央集権化や、大衆紙を含むコミュニケーションの拡大は、「国民」という集団的感情の成長を可能にした。(4) 明治初期においては、政治的主張や国家主義思想の読者は、封建的な貴族か一部例外的な平民に限られていたのに対して、明治後期におけるレトリックでは、「四〇〇〇万の同朋」が国民にならなければならないと主張されたのである。議会開設の直前の時期には、国民的統一の必要性を強調するに際して、「国家」や「国民」がしばしば引き合いに出された。(5)

帝国議会が開設された同じ年に、教育勅語が発布された。教育勅語は複雑な起草過程を経てできあがったものであり、主張の異なるイデオローグたちのいずれからも利用されるほどに漠然とした内容の国民的な文書《ナショナル・テクスト》を提供することとなった。(6) 教育勅語では儒教的徳目（ただし、そうとははっきりと述べられておらず、重野安繹が儒教的徳目であると述べたときには攻撃されたのであるが）や、公民的道徳が強調されていた。(7) しかしながら、それらの儒教的徳目や公民的道徳を、建国者とされる「我カ皇祖皇宗」の「遺訓」として描くことで、教育勅語はまた、遠い過去からの連続性や、人々に共有されている独自の伝統をも強調したのである。日本文化の独自性という論点こそは、国民を明確に定めようとする取り組みにとって焦点であり、日本国民は他国民とは違うのだという観念の形成は、日本人が独自の歴史を共有しているとの信念を中心にしていた。(8) このことは、一八八〇年代に、日本の歴史を学び叙述しようとするさまざまな試みとなって現れた（第三章第五節）。歴史に対する広範な関心は一八九〇―九三年にピークに達し、雑誌『早稲田文学』は『国民新聞』の記事を引きながら、これを「歴史熱」と診断している。(9) 数多くの歴史雑誌（そのほとんどが短命に終わったが）が発刊され、大新聞が歴史欄を載せていた。『早稲田文学』も、主に文学に紙面を費やしていたとはいえ、歴史学における最新の成果や論争について定期的に伝え、「歴史熱」の進行や、さらにはそれが衰えて「寂莫の姿」となってゆく状況を報じている。(10)

この時期に最も人気が高かった歴史雑誌が『史海』である。これは、田口卯吉が一八九一―九六年に刊行していたものである。田口は一八七〇年代の日本の啓蒙主義を代表する一人であり、日本文明の歴史を著していた（『日本開化小史』、一八七七―八二年）。彼は教養ある日本人の関心を刺激して、他国の歴史と同様に自分たちの歴史にも関心を向けさせることを意図していた。[11]『史海』の特徴は最後の数ページにあった。その数ページには、新聞に掲載されたり読者から寄稿されたりした前号やその記事に対する批評欄が掲載されていたのである。これらのページは『史海』読者間における活発な意見交換の場となった。ほとんどの記事に対する論評がその後の号に載った。『史海』には当時の歴史に関する議論のほとんどが反映されていたが、歴史や歴史学の本質に関する一般的な議論は比較的まれで、その種の議論は、よりアカデミックな雑誌である『史学雑誌』に多く見られる傾向にあった。[12]『史海』は、とても人気のあった雑誌で、より広範囲の教養ある公衆へ歴史に関する情報を実際に供給するうえで大きく貢献した。のちに史料編纂掛事務主任となる黒板勝美は、高等学校の生徒であったころ、『史海』を読むことを楽しみにしていたと言われている。[13]

「歴史熱」（その一つの表れが『史海』である）は、一八九〇年代初頭における全般的な移り変わりを反映するとともに、歴史学の、文学の一部門から近代的な学問分野への移り変わりをも反映していた。歴史の研究とはどのようなものかをめぐるさまざまな見方と、歴史を書くことへのアプローチをめぐるさまざまな見方とが、同時に存在し、相互に関係していた。すなわち、歴史そのものだけでなく、歴史の書かれ方にも強い関心が寄せられたことが、「歴史熱」を特徴づけていたのである。

同時に、政府による官撰正史の編纂は、他の政府の業務と同様、最初から新聞報道の対象となっていた。[14]さらに、修史部局の職員は公人であり、ニュースになることもしばしばであった。位階や爵位の受領者としてであろうと、[15]新しい団体（興亜会・亜細亜協会・斯文会）の創立委員としてであろうと、[16]重要な公式行事における来賓（例えば、重野は東京のロシア正教会ニコライ堂の開堂式に来会した）[17]としてであろうと、彼らはニュースになったのである。

政府の修史部局ないし帝国大学の編纂掛の職員、特に重野・久米・星野はしばしば、主に歴史に関する（それだけではないが）論説を発表したが、それはしばしば歴史の非専門家に向けたものであった。重野は東京学士会院などの団体で講演をしていた。[18] 久米は『史海』への寄稿者の常連であった。

関心の焦点であることは、非難の的ともなりうることを意味している。新聞や雑誌は、国史の編纂が政府の一部局で実行可能だという考えを非難するような記事を掲載した。さらに多いのは、その編纂方法を非難する記事である。前者の非難の一例が、一八七六年の『東京曙新聞』の社説である。社説の匿名の筆者は、政府部局で執筆されている歴史の種類に関してのみならず、そもそもそのような部局が存在することに疑問を投げかけた。社説の筆者は、一八六九年の「修史御沙汰書」の執筆者と同じく、歴史を人々を教化する手段とみなしていたが、官撰正史ではこの目的を達成できないと主張した。この社説の非難の対象は歴史編纂にとどまらなかった。漢文に近い文体や多くの文学的引喩・直喩を用いながら、社説の筆者は、西南戦争前夜のこの時期、言論の自由が抑圧されていることを嘆いたのである。

政府部局における歴史の書き方への非難は、政府が歴史を編纂することそれ自体への疑問よりもしばしば見られるものであった。一八八一年四月四日、福地源一郎は『東京日日新聞』に、歴史を論じた記事を発表している。[19] 福地は、『東京日日新聞』の編集者となる前は、明治新政府に出仕し、岩倉遣欧米使節団に参加した経験を持つ人物である。福地は、政府による歴史編纂全般を間接的に非難している。彼はまた、中国の伝統にのっとった歴史編纂を批判した。「国風」（ある個所で福地はこの漢語に「ナショナリチイ」というルビを振っている）は政治体制の基礎を形づくるものであるのだから、日本史は日本人に自らの特殊な伝統を教えるものでなければならないと、福地は力説している。福地によれば、日本人に自らの特殊な伝統を教えるという日本史の任務は、憲法の制定が予定されていることで、ますます重要になってきているというのである。

修史館の仕事に直接的に関係しているものとして、工部省の書記官児玉少介の建白書が挙げられる。[20]このなかで、児玉は修史館のある職員との会話に言及している。彼は自分の意見に説得力を持たせるため、翻訳されたゼルフィの「歴史の科学」の一節を引用しており、また、この建白書には、彼自身と成島柳北《りゅうほく》（朝野新聞社社長）が連署している。建白書のなかで児玉は、「復古記」や「明治史要」といった修史部局による明治維新の記述を批判したが、それは個々の事実をばらばらに記録したにすぎないものだからである。加えて、一国の自国史はその国の言語で書かれるべきであり、中国の史体の模倣ではなく、各国の史体を研究して、その最良の例が模範として採用されるべきであると主張する。いずれにせよ、まず史料を集めて、その後に整理配列を始めるべきであるとされている。

日本史は日本語で書かれるべきだとの意見は、これまで見てきたようにしばしば表明されてはいたが、史料を集め終えるまでは歴史を書くべきではないという児玉の提案は例外的なものであった。なぜなら、修史部局の外部からの非難は速やかな結果を求める傾向にあったからである。

外国の歴史編纂を研究することは、岡松甕谷《おうこく》が一八八二年四月に作成した意見書でも力説されていた。[21]この意見書は、自由民権運動に直面するなかでの危機感を反映している。もしも自由民権運動の運動家がヨーロッパの歴史を学べば、フランス革命がいかに悲惨なものであったかを認識し、もはや革命の力を称賛したりすることはないであろう、とそこでは述べられている。岡松は修史館の仕事を直接的には批判しておらず、彼の見方は重野のそれに近いものであった。[22]

日付不明であるがおそらく同時期に書かれた意見書が、矢野玄道《はるみち》と井上頼圀《よりくに》によるものである。[23]この意見書は国学を代表する者たちによるものとして重要である。意見書の執筆者は国史がどの言語を使うかには言及していないが、日本語の史料を活用することの重要性を強調している。「大日本史」や修史館の著作はともに批判され、誤りのいくつかが列挙されている。修史館が六国史の続きではなく、「大日本史」の続きとして歴史書を編纂することを決定したことは、この意見書では否定されていた。

その他の批判は学問の方法に焦点を置いていた。一八八九年夏、藤山豊という人物が雑誌『文』に文章を書いているが、明らかに西洋の歴史思想に影響されつつ、日本史しか研究しない国学者などを批判した。彼は、各国の歴史書には類似点があるのだから、研究は自国史に限定されるべきではないと主張した[24]。別の作者「統一真人」は、考証史家の重箱の隅をつつくようなやり方を攻撃した[25]。また、「能言生」と称する匿名の筆者も、重野や彼の同僚が使った方法（児島高徳に関する重野の発言も含む）を否定した[26]。修史部局の主要メンバーへの批判は、他の同僚からも生じえた。一八八二年から八九年にかけて、政府の修史部局や帝国大学の編纂掛の職員であった鈴木成章は、『史海』に寄稿した文章のなかで、「太平記」は創作作品ではなく、信頼できる実録だと主張した。重野や星野・久米によって公表された見方が彼らの同僚全員とは共有されてはいなかったようである[27]。

一八九〇年代初頭、以前の修史部局ないしその職員たちは、常に公衆の目にさらされ、しばしば非難の対象となり、新たな圧力を経験することとなったのである。それ以前には、彼らに対する非難よりも、政府の無関心や、それに伴う財政難の方が、彼らにとっては大きな脅威だった。しかしながら、イデオロギーへの没入が広範囲に広がり、国民的自尊心や国民的団結がますます引き合いに出されるようになると、この状況は一変する。新たな法典編纂や条約改正交渉に直面すると、それだけいっそう、文化的アイデンティティーという強い感覚を伴った国民統合の必要性が痛感された。二つの問題は絡み合っており、条約改正の反対者たちは、ヨーロッパの習慣やキリスト教信仰にもとづく西洋の法を採用することで、日本伝統の独自の価値が破壊されると警告していた[28]。条約改正後には外国人が内地に雑居するという見通しは、日本人のアイデンティティーに対する脅威としてもみなされており、何人かの歴史家は著作のなかでこのことに言及している[29]。田口卯吉はこのテーマに関する論説を、一八九三年一〇月に発表している[30]。

このように外国人の脅威が認識され、ナショナリズムが徐々に強まりつつある雰囲気は、国民的自尊心の守護者を自称する者たちによる一連の論争を引き起こした。これは政府が体系的に言論の自由を抑圧しようとした結果ではなかったが、政府機関は犠牲者に対し制裁によって対応する傾向があった[31]。一八九一年、キリスト教徒の内村鑑三（一八六一―一九三〇年）は教育勅語の写しの前でおじぎをすることを拒否して不敬だと攻撃されたため、第一高等中学校の教員を辞めなければならなかった。翌年、帝国大学における日本人最初の哲学の教授であった井上哲次郎は、日本人のキリスト教徒を攻撃し、教育勅語の解説書（『勅語衍義《えんぎ》』）のなかで、彼らは天皇に対する忠誠心に欠けていると非難した。続いて激しい議論が起こり、このテーマに関する多くの論説が書かれた。また、一八九二年には長老派教会の聖職者田村直臣《なおおみ》（一八五八―一九三五年）は、アメリカで出版した『日本の花嫁 *The Japanese Bride*』のなかで日本の家族制度を批判したため、新聞・雑誌や他のキリスト教徒からも非難された。「リベラルな一八七〇年代」では日本の文物に対する批判はありふれており、非難を受けたとしてもそれが批判者にとって負の結果をもたらすことはなかった[32]。

重野と久米（さらに、程度はより小さいながら、彼らの同僚も）は、国民的英雄や、伝説としてよく知られていた過去に関する物語を抹殺したために、キリスト教徒と同様に攻撃の的となった。攻撃は、一八九二年の久米事件と、一年後の編纂掛の一時的閉鎖で頂点に達した。史誌編纂掛の職員たちは政治家やイデオローグたちの期待に添うことに失敗したのだ。最も厳しく批判した者たちの一つが、国学者たちであった。

第二節　国学対漢学

一八八〇年代に思潮が変わるなかで、神道家や国学者は一八七〇年代において失った影響力のいく分かを取り戻すことができた。明治維新直後には神道を国教として確立しようとする試みがあり、また、明治維新において自分たちが主導的役割を果たしたと主張していた国学者たちは、東京における最初の高等教育機関を牛耳った。(33) 官撰修史の再開を最初に求めたのも、国学者たちであった（第二章第一節）。一八七〇年の「大学」の閉鎖後、国学者たちは高等教育における影響力を一時的に失った。修史局で彼らが優位を占めていたのは第四課（もとの御系図取調掛）のみであり、それも一八七七年宮内省に移管された。その後、修史部局では漢学者が優勢を占めたが、彼ら漢学者たちの歴史叙述に対するアプローチが挑戦を受けなかったわけではない。

国学者たちは、日本国民の伝統を主張することによって、外国風のやり方を非難したりもした。この非難の大部分は、行きすぎた西欧化の方へ向けられたが、漢学もその攻撃対象であった。国学者は漢学の代表者たちが外国の思想に過度に影響され、愛国心を欠いていると責めた。日中関係の悪化は漢学の権威が失われる一因ともなった。例えば、重野は「歴史と教育」という講演のなかで、一つの例を挙げている。ある新聞報道によると、法学生たちが清国領事館の前でデモをおこない、儒教を公然と非難したというのである。(34)

漢学派と国学派の争いは、修史部局外部からの攻撃という形だけではなく、おそらく修史部局の内部の争いとしても続いていたと思われる。なぜなら、国学者が修史部局から完全にいなくなったわけではなかったからである。いく人かは常に「御用掛」として勤めていたが、彼らの名前がたいてい職員録の末尾にあることは彼らが低い地位にあったことを示唆している。その一人が、塙保己一の孫で、後継者の塙忠韶《ただつぐ》である。彼の祖父保己一が集めた史料が修史部局の文書の基礎を形成し、「塙史料」が修史部局の仕事のモデルとなった。忠韶の名は一八六九年と一八七五—八五年の職員録にある。

小中村清矩《きよのり》は塙忠韶と同様、国史編纂を最初に命じられた国学者の一人である。彼は国学者のなかでも最も影響力を持った一人で、重野やその同僚の手ごわい敵対者であった。彼は修史部局には一八六九年と一八七八—七九年の間在籍していた。井上頼圀は一八七七年、栗田寛は一八七七—七八年の職員録に記載されている。井上頼圀は平田鉄胤《かねたね》の弟子である。彼もまた一八六九年に国史編纂のため任命された国学者であり、のち宮内省や皇典講究所に移った。栗田寛は水戸出身で、水戸で学んだあと「大日本史」の編纂作業に参加し、ついにそれを完成させた。彼は一八八二年から東京大学で、一八九四年からは皇典講究所で教鞭をとった。史料編纂掛が一八九五年に再開されたとき、短期間ながらその職員の一人となっている。(35) 水戸出身のもう一人の学者が青山延寿《のぶひさ》で、一八五〇年代には「大日本史」の編纂作業に従事した。彼は一八七六―七九年に修史部局の一員であって、その後、水戸に帰った。(36)

飯田武郷《たけさと》も平田鉄胤の弟子で、修史部局に、御用掛ないし掌記として一八七七―八五年の間在籍した。彼は一八八一―八六年と一八九六年に東京大学（帝国大学）で、一八八八年からは皇典講究所で教鞭をとった。彼は史学協会の創立委員の一人であり、また六国史の最初の部分である「日本書紀」に関する注釈書（『日本書紀通釈』）を著した。

政府の修史部局が帝国大学に移管され、重野・久米が教授に任命されたとき、数人の国学者はすでに帝国大学で教えており、彼らの多くは古典講習科とその後継組織に所属していた。(37) 小中村清矩と内藤耻叟《ちそう》は歴史を教授していたと言われている。内藤もまた後期水戸学を代表する人物で、一八八六年に教授となった。彼は徳川将軍家の歴史（『徳川十五代史』）を刊行している。

小中村清矩はおそらく東京大学（帝国大学）における国学派のなかで最も影響力のある人物だったであろう。江戸の出身で、明治維新後は新政府の官吏となり、一八六九年に修史部局（「史料編輯国史校正局」）の所属となった。一八七八年からは東京大学で教えており、一八八二年の古典講習科の創設に積極的に携わった。同時に彼は『古事類苑』の編纂掛の一人（主任）であった。彼は史学協会の創立委員の一人で、一八八三年には宮内省における「大政紀要」の編修委員の一人となっている。一八八六年、小中村は帝国大学法科兼文科大学の教授となった。彼はまた文部省の教科書編纂の委員会にも加わっていた。知的・文化的生活に対する小中村の影響はかなりのものであった。彼は日本における法学研究の基礎を築くのに貢献したのと同様に、政府の法制度に関わる実務的問題にも貢献した。小中村は国家神道の公式化にも重要な役割を果たした。古典講習科は彼に負うところが多く、帝国大学や皇典講究所で長年にわたり教鞭をとり、何人かの著名な学者を育てた。

歴史の叙述に関する小中村の見方は、彼の著作『国史学のしをり』（もともとは皇典講究所の定期雑誌『国学院雑誌』に連載されたもの）に明らかである。小中村は、過去や「世態風俗」を学ぶためには、古典文学が歴史書と同じくらい重要であると力説している(38)。歴史書ではないが、皇室の起源に光を投げかけ、古代の風俗や、「大和魂」を説明してくれるいくつかの著作を、彼は推薦している。それは、外国人との内地雑居の時代には、決定的に重要なものであるとされた(39)。小中村は、主要な物語的史料について論じている。彼は「日本書紀」を、中国の影響が強すぎるとして批判している。彼は「太平記」が長年にわたり高い人気を博してきたことを強調し、「太平記」が小島法師によって書かれたという重野や星野の推定に言及はしているが、その信頼性については論じていない。小中村は、新しい分野の研究はまず二次文献を読み、それに導かれることから始めなければならないと主張するが、これは原史料（一次史料）を研究する重要性を力説した重野やその同僚たちへの当てこすりだったのかもしれない。

『国史学のしをり』は完結しなかったが、この著作は小中村と、史誌編纂掛の漢学派との間における見方の大きな違いを明らかにしてくれる。小中村は、原史料とは対照的に文学や物語といった史料に対して高い評価を与え、古代の生活様式を重要視する。彼が大和魂に言及していることは、詳しくは述べられてはいないが、歴史学に道徳的目的を見出していたことを示唆している。文学を軽視し、総体としての社会を無視するような種類の歴史学を小中村が（間接的に）批判したことは、正当性がないわけでもない。

小中村の歴史に対する見方は、評論雑誌『日本文学』（一八八九年発刊、一八九〇年四月に『国文学』と改称）にも表れている。この雑誌には、小中村清矩・黒川真頼・栗田寛・小宮山綏介《やすすけ》（水戸学者）などといった国学者や、彼らの弟子にあたる高津鍬《くわ》三郎・落合直文・萩野由之・三上参次などが記事を寄せている。小中村は、「国文学」には歴史や法、書道なども含まれると信じていた。彼は国史科を余計なものとみなして、その廃止を訴えた。三上参次がのちに主張するところでは、一八九三年の史誌編纂掛の閉鎖とそれに伴う「大日本編年史」の編纂中止の責任は大部分、小中村にあるという(40)。確かに、史誌編纂掛に対して、小中村や彼と同意見の学者たちは反対し続けた。古典講習科で小中村のもとで学んだ三上その人が、史料編纂掛再開の際に最も影響力のある職員の一人となったという事実は、小中村がこの事件に少なくとも何らかの役割を果たしたことを示唆している。おそらく小中村は木村正辞（一八六九年に史料編輯国史校正局の同僚で、一八九一年に帝国大学教授となった）のような学者によって支持されていたのであろう。

修史部局が帝国大学に移管されるときにはすでに、「大日本編年史」の編纂が政治的に重要な業務ではなくなっていたことは明らかであった。小中村と重野との間の論争は、歴史叙述の方法論をめぐるものであったが、それと同じくらい、政治的イデオロギーに対する影響力をめぐるものでもあった。しかし、一八九〇年代初頭には、政治思潮は小中村の方に味方していたのである。

第三節　「抹殺博士」

日本史のなかで最も議論のある時代の一つが南北朝時代である。そして、この南北朝時代の解釈こそが、重野やその同僚たちによる最も物議をかもすような意見表明を引き起こした。

一四世紀初め、皇位継承をめぐる争いや、朝廷と幕府の間の摩擦によって、朝廷の地位は弱まっていた。後醍醐天皇（在位一三一八―三一年）は、政治権力を鎌倉幕府から朝廷に奪い戻そうと試みたが、失敗した。そして、足利尊氏は幕府の創設をめざして戦い、後醍醐天皇のライバルである光明天皇（在位一三三六―四八年）を即位させた。一三三七年、後醍醐天皇は奈良近くの吉野へ逃れ、そこで彼ないし彼の後継者が第二の朝廷、すなわち南朝を維持し、京都の北朝に対抗した。一三九二年、両朝廷間で合意がなり、北朝の後小松天皇（在位一三八二―一四一二年）が唯一の支配者となった(41)。

南北朝のいずれが正統かをめぐる議論は、南北朝の分立自体にまでさかのぼるものである。当初はたいてい、最終的に自己の言い分を押し通した北朝が正統であるとみなされた。しかしながら、水戸藩の歴史書「大日本史」が、南朝の天皇を正統な天皇として描くと、いく人かの学者はどちらが正統とは決定できないと主張してはいたものの、南朝が正統であるという見方が支配的となった。

「大日本史」は明治維新にいたるイデオロギーを形づくるうえで重要な役割を果たし、明治期にも南朝が正統であるとみなされつづけた。「大日本史」は一三九二年の南北朝合一で終わっており、それに続く形で「大日本編年史」を編纂することを決定したことで、修史部局は「大日本史」の正史としての地位を認めた。しかし、修史部局の職員たちは天皇の歴史の中でもこの決定的に重要な時期に関する「大日本史」の記述を疑い始め、「大日本史」ですでにカバーされている南北朝時代を「大日本編年史」の対象として含めることを決定した。「大日本史」を編纂した水戸藩の学者たちは「太平記」に依拠したが、修史部局の学者たちは、「太平記」や類似の物語にもとづく記述は、彼らが集めた原文書から得た情報によって裏づけることができないことがしばしばあることを発見した。重野やその同僚たちは「太平記」を信頼のおけないものとみなしはじめ、久米は史料としての価値を一切否定しさえした(42)。

南北朝時代は、ただ単に歴史家にとって重要なだけではなかった。明治維新は、後醍醐天皇が建武の新政において天皇の統治権を回復しようとして失敗した試みが、最終的に成功したものとして解釈されていた(43)。南朝のために戦った忠臣は死後の名誉を与えられた(44)。そして、一八八〇年代に、未来の上院議員を供給するために新たに華族制度が創出されると、南朝の忠臣の子孫たちも華族に列せられた。もしも彼らの主張が疑わしい場合は、修史部局に対して照会がおこなわれた。

有名で人気の高い英雄にかかわることで修史部局が疑問を呈すると、それは公衆の注目を相当程度集めるものとなった。一四世紀の人物で、修史部局がその存在を「抹殺」したために広範囲の憤激を巻き起こした二人が、児島高徳と楠木正成であった。両人とも天皇の大義に対する献身の模範とみなされていて、すべての学童が彼らのことを歴史・国語・修身の授業で知っていた[45]。

児島高徳については、「太平記」から読み取れる以外のことはなにもわからない。「太平記」において児島高徳は、後醍醐天皇が笠置山で、楠木正成が赤坂城でそれぞれ敗北したのち、初めて登場する。児島は、配流途上の後醍醐天皇を幽囚状態から解放したいと願ったという。しかしながら、彼は後醍醐天皇に近づくのに失敗したので、天皇の宿泊場所の前にある桜の木の皮に漢詩を刻み込んで、天皇を励まそうとした。そのメッセージを天皇だけが理解した。後醍醐天皇が配流から帰還した際、児島は天皇の側に立って戦い、建武新政が失敗に終わったあとは南朝の側に立って戦った。「太平記」での児島に関する最後の言及は、彼が後村上天皇のもとで、軍を北東へ率いていったというものである。

「太平記」の信頼性に初めて疑問が投げかけられた時期はさだかではないが、おそらく一八八二―八八年のあいだであろう。一八八二年に、修史館は岡山県からある照会（児島高徳に位階を追贈する案も含まれていた）を受けている。これには重野自身が回答し、児島への位階の追贈は「当然」であると述べていた[46]。おそらく一八八二年時点では、重野も児島の存在を疑っていなかったと見られる。「大日本編年史」の第一次稿本では児島は本文で言及されていた。しかし、第二次稿本では注に格下げされた。久米は、「太平記」の矛盾を最初に発見したのは菅政友であると述べているので、あるいは菅が児島の存在に最初に疑問を投げかけたのかもしれない。菅の全集には、児島に関する日付不明の文章の一節がある[47]。また、久米自身にも責任がある。久米が一八八八年頃に眼病を患った際、以前の同僚であった川田剛が冷やかして、それは児島高徳の祟りではないかと言ったという[48]。一九〇九年、『読売新聞』は、真の「抹殺博士」は重野ではなく久米であったと報じている。明らかに、「抹殺論」は、最初にそれが発表されてから二〇年経っても、依然として新聞の見出しとなるほどの価値があったのである。[49]

菅政友は直接原史料にあたって作業をすすめ、久米や重野が執筆したり修正したりする基礎を提供していた。しかし、たとえ伝統的な英雄を取り巻く矛盾を暴露した責任が菅や彼の働きにあるとしても、それらの発見を周知せしめた第一の人物は重野であった。彼は、伝統的歴史書の間違いをめぐる一八八四年の講演のなかで、頼山陽の「日本外史」と「太平記」を批判している。「太平記」に対しては、一八八六年の「大日本史」に関する講演のなかで、さらに強く攻撃した。[50] 一八九〇年の史学会における重野の講演の題目の一つは児島高徳であった。[51] 講演からは、重野がそのテーマを以前から語っていて、新聞で攻撃されてきたことが明らかである。彼は「太平記」自体の矛盾を指摘することで、自分の見方を擁護している。例えば、児島が木に刻み込んだ漢詩が後醍醐天皇のみに理解されたとは考えられない、なぜなら警護の五〇〇人のなかには高い教養で知られていた者も数人いたから、というようにである。重野はさらに、児島に付された名前がさまざまに異なっていること、また児島が常に孤立して行動していることに注意を促した。重野はまた、児島高徳の実在を証明する原文書が一切ないともつけ加えた。重野は、児島高徳は「太平記」の作者である小島法師と同一人物の可能性があるという星野の見方に同意を表明する。[52] そして最後に、児島に関する伝説はその価値を失わないと主張したが、それは児島に関する伝説が事実には何の根拠も持たないからだという。

重野の発言がかなりの憤激を引き起こしたのは明らかであった。何度も何度も新聞は「抹殺博士」（重野のあだ名）による最新の主張を報じた。[53] 時にはユーモラスな批判もあった。例えば、『東京日日新聞』には「冥土のたより」と題して、歴史上の人物から当時の有名人への創作の手紙が掲載されたが、それには児島高徳から重野安繹への手紙も含まれていた。それは次のようなものである。〔訳注11〕

前文は略し了《おはん》ぬ。貴殿は今代之碩学《せきがく》と聞き及び候処、忠義一途之高徳を以て、昔之作者が仮設《かりにまうけ》たる人間也と主張せられ候段、近頃吃怍《きつくわい》千万、聞き捨てに致し難し、抑《もし〔ママ〕》高徳忍んで行在所に到り、桜樹を削り、天勾践を空しうすること莫《なか》れ之句を書《しる》せし事、歴々たる事実と為す、一部の太平記を以て証拠に当か而已に非ず、昔より故老之口碑に伝ふる所、嘘偽言《いつはり》の有るべき筈無し、貴殿如何成る反証に依りて、高徳之名誉に関わる奇説述べられ候哉、高徳をして娑婆に存《かへら》しめば、必ず貴殿に対し名誉回復之訴を起すべき所なり、不幸にして身を幽霊之籍に連ね、代言人を頼み権利を法廷に争ふ能はず、口惜《をし》涙鎧之袖を濡《うるを》し候、貴殿速《すみやか》に後悔に及び、右之僻説を取り消さるに於ては、此儘勘弁致すべく、左無きに於ては、貴宅之雪隠之後《うしろ》より化けて出で娘御達《むすめごたち》を嚇《おどか》し申すべく候、此段御掛合に及び候、以上

二月廿九日寅の一天　　児島三郎高徳　判

文学博士重野成斎先生(54)

この記事は重野が自分の見解を公表してから数年後に現われたものであるが、記事の執筆者は依然として読者の関心を期待することができたようだ。記事に出てくる児島高徳からの手紙は、読者自身の憤慨を反映したものであったのかもしれない。

さらに数年経っても、児島高徳が実在したかどうかという問いは、依然として新聞記事となる価値を有していた。一九〇三年、児島は従三位を追贈された。児島の後裔は確定できなかったので、津島神社（愛知県）の社司の三宅という人物に位記が交付された。これを機にあるジャーナリストが数人の歴史家に児島高徳に関する見解を尋ねたが、その歴史家のなかには重野や星野も含まれていた。星野ないしある匿名の「某史学大家」は、三宅が児島高徳の正当な継承者であることに疑問を表明した(55)。

同じ記事は、楠木正成の後裔は依然として不明であり、それは自分の主張を立証できた候補者がいなかったからである、と述べている。楠木正成は最も名高い英雄の一人で、楠木の天皇に対する忠誠は日本全国の学校で模範として扱われていた。早くも一八七一年には、彼が死去した場所に湊川神社（神戸）が建立されていた。木戸孝允は日記のなかで、楠木正成に礼拝するため湊川神社を何度か訪れたと記している(56)。落合直文は、正成の「桜井の訣別」、すなわち湊川のほとりにおける最後の戦闘へ向かう途中、桜井の駅で正成が息子の正行《まさつら》に対しておこなった別れに関する詩を作り、それに奥山朝恭《ともやす》が曲をつけたものが、日本全国の学校で歌われた(57)。正成は第二次世界大戦の終わりまで、天皇に対する忠誠の模範であり続けた。第二次世界大戦期の総理大臣・陸軍大臣である東条英機は自分を楠木と同一視し、神風特攻隊の多くのパイロットを鼓舞した(58)。

楠木の存在を、重野やその同僚たちは否定しなかった。それは児島高徳と違って、楠木の名前は他の物語や原文書にも出てくるからである。その代わりに重野らは、楠木に関する有名な話のいくつかは単なる創作にすぎないと主張した。「太平記」に正成（?—一三三六年）が初めて出てくるのは一三三一年であるが、その記述では後醍醐天皇が夢を見て楠木という名の武士を探すこととなったと言われている。それ以来、楠木は天皇の側に立って鎌倉幕府と戦った。一三三三年、鎌倉幕府の軍勢に対して彼が千早城（大阪府）の防御に成功したことは、後醍醐天皇側の勝利にとって決定的であった。「太平記」に述べられている楠木の生涯のなかでも最も有名なエピソードは、一三三六年に戦死する直前の「桜井の訣別」である。正成は息子に、自らの教えを忘れずに、天皇に忠節を尽くすよう訓告したのち、息子を家に帰らせた。息子の正行、その弟の正時・正儀《まさのり》はいずれも南朝の天皇のために死んだようである（これらの武士たちの生死に関する記録はほとんど残されておらず、また相互に矛盾している）。

これら三人の英雄（正行・正時・正儀）の死は、依田学海（百川、以前に修史部局の職員だったことがあり、歴史芝居である「活歴物」の作者でもある）によって書かれた芝居の題材ともなった。依田の芝居「吉野拾遺名歌誉《よしのしゅういめいかのほまれ》」は、「太平記」

で語られている正行・正時・正儀の三兄弟の行動にもとづいている。この芝居は演劇改良会の場で読み上げられ批評されたが、その会合には伊藤博文、山県有朋夫人（友子）、重野安繹、そして末松謙澄（彼は依田と同様演劇改良に従事していた）が出席した。[59] 新聞報道が指摘するところによると、この芝居は「正史」にもとづいており、討論では、「正史講釈」と演劇脚本の違いが強調されたが、その討論は結局この演劇を改善するための二、三の示唆が提示されるに終わったという。この例は、民衆の歴史的想像力における楠木のような英雄の重要性をよく示している。重野がこの脚本批評会に参加したことは、民衆の娯楽や教育において歴史上の人物に帰せられる役割に重野も同意していたことを示唆している。重野はたとえある英雄や出来事が創作であると述べるにしても、それらの模範としての重要性は否定しなかった。[60] 児島に関する講演のなかで彼は、人々を教育するうえでの伝説の価値は、学問によって減じるものではないと力説している。彼はある学校を訪ねて楠木について話をしたときも、同様のことを語っている。[61]

楠木正成の人気を考えると、重野が後醍醐天皇の夢や桜井の駅の別れを単なる創作にすぎないとして捨て去ったとき、それが何を意味したかを想像するのは容易である。楠木についても、重野が自分の見解を最初に表明したのがいつであったのかははっきりしない。前述の一八八八年の講演では楠木正成について話しており、さらに遅くとも一九〇二年には桜井の駅の別れについての小論を発表している。[62] その小論では、彼は原文書を引用して、年代の矛盾を指摘し、そのような出来事が起こりえないことを証明している。重野や久米、星野らが、主張を何度も何度も繰り返したのをみると、彼らは彼らの主張によって同時代人に衝撃を与えることを楽しんでいたかのようである。しかし、このように主張を繰り返したのも、おそらくは激しい非難から身を守らざるをえなかったからであろう。

児島高徳や楠木正成は重野の「抹殺論」による犠牲者のなかでも最も目立ったものであるが、この「抹殺論」は政府の修史部局ないし帝国大学の編纂掛の仕事に対する不信を著しく強めた。史学会の最初の会合における重野の会長就任講演をうけて、ある匿名の執筆者が重野は国家への忠誠心を欠いていると非難したが、重野はそれへの返答において自分の愛国心を強調することによって自己を弁護している[63]。徐々にナショナリズムが高まりつつあるときに国民的英雄の偶像を破壊することは大きな関心を引き、編纂掛の仕事に対する疑念や反対を大いに煽ることになった。最終的には、これらの疑念や反対はついに爆発寸前にまで到り、最後の火花は一八九二年に久米によってもたらされたのである。

第四節　「久米事件[64]」

一八九二年一月二五日、久米は「神道は祭天の古俗」という論文を田口卯吉の『史海』に発表した。この論文はすでに『史学会雑誌』に発表されており、多少の批判はあったものの、さしたる関心を引いたわけではなかった[65]。しかしながら、久米の神道に関する意見が多くの読者に知られるようになると、嵐が巻き起こり、それは久米の帝国大学教授・史誌編纂委員の辞職、そして最終的には史誌編纂掛の閉鎖をもたらしたのである。久米事件は、歴史学が政府の介入によって抑圧された最初の事例として引き合いに出されることが普通である。

久米はおそらく編纂掛のなかで最も独創性の高い学者であった。岩倉使節団の一員であった彼は、編纂掛のなかで唯一、外遊の経験を有していた。このことも、ある程度久米の独創性の理由を説明するものであるかもしれない。『史学会雑誌』における彼の論文は、彼の見解を鮮やかなやり方で表現するものであった。彼は自らを純粋な史料批判には限定せず、自分の研究をより広い枠組みのなかに置こうとしていた。彼は歴史学の科学的性格を強調し、歴史学が政治的・道徳的偏見から自由にならなければならないと繰り返し主張した。彼は歴史研究の効用を、歴史によって描かれる社会の、集団的経験に関する情報を提供することに見出した。彼は厳格な方法論を求め、日本の古文書学（久米が東京専門学校の講師になったときに教授した科目である）の創設者の一人とみなされている[66]。

しかしながら、「神道は祭天の古俗」は考証学のもっとも重要な例というわけではない。久米は、近代の宗教的慣行や、東洋における祭天の起源を考察しようとした。彼は、単に過去の特定の時期の、特定の人々のあいだに表れた宗教的礼拝現象ではなく、宗教的礼拝現象一般について論じているのである。

久米の論文の内容は挑発的なものであった。なぜなら、久米は、神道は宗教ではなく、人類の揺籃期に発達した天を礼拝する原始的祭儀にすぎないと主張したからだ。他の国では祭天は教義と道徳的行動律を持つ宗教によって取って代わられたが、日本では依然として原始的祭儀を保持してきたというのである(67)。当時の日本政府は、神道は宗教の上にたち、ほかの宗教を包含しうるものであるから、神道は宗教でないと主張していた。しかし、久米の主張によれば、神道は、宗教の発展段階における、宗教以前の原始的段階を象徴しているのであって、そのような意味において宗教未満のものなのである(68)。

この論文は従来の伝統的学問からの大きな逸脱を示している。久米の神道解釈は理性的で、彼は神道を世界の宗教という文脈のなかに位置づけ、批判的に考察した。しかし、実証主義学派の厳しい基準に照らすと、久米の論文には重大な欠陥がある(69)。例えば、久米は同時代の日本の宗教的慣行に関する彼の見解について、証拠を何も提示していない。過去に関する主張を証明するために、彼は中国や日本の古典からの引用を提示するが、それらの証拠としての価値を論じていない。彼の主張の筋道や史料の使い方はいささか恣意的で、神道に対しても十分な理解を欠いているようにみえる。久米の叙述は、宗教的慣行を、啓蒙主義の伝統に即して、理性的に説明しようとするぎこちない試みとみなすことができる。同時に久米は、万世一系の天皇や、支配者と臣下を結びつける宗教的慣行の存在を根拠として、日本の独自性という神話を擁護する。彼は祭天の習俗やそれにもとづいた国体を賞賛している。これは単なる譲歩以上のものであり、久米は、福沢諭吉や田口卯吉とおなじやり方で、啓蒙思想と国体イデオロギーを調和させようと心から望んでいたのである(70)。久米の主張は格別新しいものではないのであって、一八七〇年代にはもっと厳しい神道批判が発表されていた(71)。

『史海』での論文発表直後には反応はなく、その後、多くは好意的な反応が寄せられた(72)。『史海』の次の号では、読者が同意を表明した手紙が掲載されるとともに、複数の新聞からは温かな論評があった(73)。何人かの論者は久米の着想をまったく新しいものであると述べたが、一方で、皇室への崇敬がこの種の調査研究を許容するのかどうかといった疑問も出された(74)。

久米への批判は科学的主張よりもむしろ道徳的主張によるものであった。この論文の発表後、いく人かの神道家が久米の家の前で示威行動をおこなった(75)。しかし、真の対決は一八九二年二月二八日に起こった。この日、私塾道生館の四名の塾生が久米を自宅に訪ねたのである(76)。倉持治休・本郷貞雄・藤野達二・羽生田守雄の四名である。彼らは、論文について五時間以上も執筆者である久米と議論し、議論の顚末を『東京日日新聞』に発表（三月四―六日）した。これが会見に関する唯一の情報源である(77)。彼らの久米との議論は白熱したようで、同じ議論が何度も何度も繰り返されている。

訪問者たちは久米を次のように非難した。すなわち、久米は学者ないし帝国大学教授としての信用を悪用しており、皇室に対する崇敬を欠き、国体を毀損し、人々の間に混乱を引き起こしていると。久米は譲歩して自分の主張のなかにはいくつかの弱点や不適切な表現があることを認めたが、天皇や国家に対して不敬であるとの非難は強く否定した。おそらく久米はキリスト教と結びつけられて考えられたのであろう。なぜなら、『史海』の発行人である田口卯吉が洗礼を受けていたからである(78)。神道を憎むべき外国の宗教と同等のものとしたために、神道家の機嫌を取ることはできなかった。当時、キリスト教徒は天皇や国に対して不忠であると攻撃されており、久米をキリスト教と結びつけて考えることは久米の主張をしてますます疑惑を受けやすいものとした。彼ら神道家は、帝国大学教授として久米は何よりもまず自国民に奉仕すべきであり、久米が公衆を過って導くものであると批判した。彼らのうちの一人は、若い時に「造言乱民の刑」に処すべき罪について漢学者たちが論じるのを聞いたが、今になってその意味を理解した、と述べている。

要するに、この対立は、久米の論文のなかのいくつかの論点が議論されたとはいっても、歴史学に関するものというよりはイデオロギーに関するものなのである。久米の敵対者たちは、久米が国史を取り扱うやり方全体に彼らがもっていた関心に比して、この特定の論文により関心をもっていたわけではない。神道家と国学者たちは、久米とその同僚たちが、帝国大学の教授として、また公定の、決定版の国史の著者として有していた地位と権威に憤慨していたのである。

久米と神道家たちの会見は、久米の、自分の主張を取り消すという約束で終わったが、久米がそのような約束をしたのは、彼の主張がまちがっていたという理由によるものではなく、誤解を引き起こしたという理由によるものであった。彼はこの部分的譲歩を神道家たちへの手紙のなかで繰り返し[79]、彼の取り消し文がしかるべく三月三日、複数の新聞紙に掲載された[80]。しかしながら、神道家たちは単なる議論には満足しておらず、内務省・宮内省・文部省へ抗議していた[81]。三月四日、文部省は久米に非職を通知し、月末には免官となった。『史学会雑誌』『史海』の関係号のさらなる頒布は禁止された。久米はこのことや免官になったことを冷静に乗り越えたようで、彼に関する限りは、問題はここに終わった。慰労会は彼の陽気な態度によって成功のうちに終わった[82]。彼は免官後、講演をしながら全国を回り、その後一八九五年に友人の大隈重信から彼の学校東京専門学校（のちの早稲田大学）で教えないかと誘われた。久米は東京専門学校の講師となり、一九二二年には教授となった。

神道家たちによれば、久米は誤解の責を田口の挑発的な序文に帰し、その序文には彼自身も驚いたと述べていたという。田口の言葉は確かに遠慮のないものであった。久米の意見に敬服したことを表しつつ、田口は誇らしげに、神道熱信家たちが久米の論文を読んで沈黙するならば、彼らはまったく閉口したものとみなさざるをえないと主張したのである。久米の論文取り消しの後も、田口は独力で論争を続けた。三月一二・一三日、田口は「神道者諸氏に告ぐ」という論文を複数の新聞と『史海』に載せて、日本古代史に対するより科学的な研究を求めた。このことは不敬にはあたらないと、彼は特に記している。それどころか、日本古代史のより科学的な研究は日本史の知識を増やすものなのだから、それは愛国心の証明なのである。田口は神道家の行動を非難し、古代史における研究の自由を求めて文章を終わらせている。[83] 倉持治休は田口の論文に応えて、田口が議論を求めたのを単なる口実として退けた。さらに、倉持は、田口のキリスト教への共感や、西洋の歴史概念の盲目的受容を非難した。[84]

神道家たちは田口と久米を罵倒し続けた。神道家の主義主張に共感する執筆者でさえ認めるように、神道家たちは自分たちの信念を守るのに熱中するあまり、久米の論文の中で提起された論点を真に取り上げることはなかった。[85] 神道のイデオローグたちは久米の論文のテーマに関して複数の雑誌で多くの文章を発表し、雑誌『国光』や『随在天神《かんながら》』では特集号が出された。執筆者のほとんどは、久米がおこなった個々の主張には関心がなかった。客観的な議論で久米の主張を論破しようと試みた数少ない神道学者の一人が佐伯有義で、彼は『国光』に論文を発表し、[86] 皇室や国家への不敬に対する一般的非難に満足せず、久米の主張における方法論的な弱点を指摘している。佐伯は、道徳的な非難一般に訴えることをしなくても、久米の議論を論破することが可能であることを示したのである。

久米を道徳レベルで非難した者は、重野や星野をも攻撃した。[87] 彼らは重野による教科書『稿本国史眼』は間違った記述に満ちていると主張した。また、星野に関しては、天皇の祖先は朝鮮からやって来たという『史学会雑誌』における主張が、忠誠心欠如の証しとみなされた。一般の新聞・雑誌・書籍の内容や、それらの日本国外に対するマイナスの影響も非難の対象であった。久米が免官となっても、久米の同僚たちが引き続き影響力を行使し、教科書さえ編纂する限りは、久米が代表する不快な種類の歴史編纂は終わりにならないとも主張された。彼らは、歴史編纂は国家に奉仕すべきものであり、また日本の歴史は西洋の歴史と比べることはできないのだから、過度の史料批判や西洋の理論は有害だと主張した(88)。

田口の意図は学問的論争にあったかもしれないが、論争はすぐに侮蔑の応酬へと矮小化した。久米は田口の喧嘩好きな性格の犠牲者であるとみなす者もいたが、久米自身はこの見解を否定し、のちには助けてくれた田口に感謝していると言っている(89)。

それでは、帝国大学における久米の同僚や学生たちは、久米事件にどのような反応を示したのだろうか。教授ないし同僚が学術論文を発表した後に免官となったことは、危険な前例をつくったことになるのにもかかわらず、同僚や学生たちが反応した形跡はまったくない。

疑問を表明したのは、たった数名の学生であった。その一人が後の歴史家の大森金五郎で、久米の非職処分を聞いたあと、大森たち数名の学生が加藤弘之（帝国大学総長）に会いに行ったと彼は回想している。加藤が言うには、非職は処分といってもあくまで非公式のものであるという。また久米の論文が『史学会雑誌』で発表後に怒りを巻き起こしたことを聞いて、加藤もその論文を一応読んでみたという。そして世間の憤慨が高まったとき、加藤は当分のあいだ、久米を非職にすることを決めたのだと。

それから学生たちは、世論に影響されて教授を処分することは「大学の尊厳」に関わるのではないかと加藤に質問した。加藤が答えるには、これは処分の問題ではなく、大学には当分のあいだ用務がない者に非職を命じる権限があるという。騒ぎが鎮まったら、久米を復職させることもできるだろうと。しかしながら、大学が久米の後任者を物色しているので、大学には久米を復職させる意図はないと、学生たちもすぐに気づいたのである(90)。

学生たちがどのような意味で「大学の尊厳」と言ったのか、を問うことには意義があろう(91)。久米事件と同年に、あるいさかいが起った。それは、加藤に会いに行った学生の一人と、田中義成とのあいだでのことであった。田中は久米の非職の前日に助教授に任じられたが、結局、田中は新しいポストを辞してしまった（のち再任された）。いさかいの理由は、歴史課の写字生から始まる田中の履歴にあった。学問エリートに属していると自負する学生たちは、元写字生から教えを受けるということが彼らの尊厳に関わると考えたようだ[92]。大学の尊厳とは、学問の自由というよりはむしろ、無学の民衆には左右されずに自己の方針を形成することができるという、特権的組織の力を意味していたのである。

加藤による弁明は説得的であるとはとてもいえないが、さらに抗議があった形跡はない。学問の自由への干渉に対する反応、いや反応の欠如はたしかに驚くべきことで、同時代人にも注目されている。九日の『東京朝日新聞』は久米が軽々しく持説を取り消したことを批判しただけでなく、重野や星野は、久米と協力して歴史研究に新生面をもたらしたにもかかわらず、久米を助けようともしなかったとも述べている[93]。久米への攻撃には他の同僚たちへの攻撃を含むことがしばしばであったことを考えれば、このことは一層驚くべきことであった。さらに久米の免官は、ちょうど同年に計画されていた古文書学という科目について、適任の教員が不在となるという結果をもたらした[94]。

教授たちは、政府の干渉に対して自分たちの利益を守る能力はあった。教授たちが成功裏にそれをおこなったのは、一〇年後の「戸水事件」においてであった[95]。一九〇五年、東京帝国大学法科大学教授戸水寛人ら、一人を除いて全員が東京帝国大学である「七博士」は、日露戦争開戦前後に政府の外交政策を公然と攻撃し、戸水が休職処分となった。他の教授たちの強い抗議の結果、戸水は復職となった。批判することで戸水は政府の政策に干渉し、日本外交の信用を傷つけることで日本外交を危険にさらしさえしたのであるが[96]、戸水は同僚たちによって守られた。このとき同僚たちは一致団結して行動し、大学の自治や学問の自由といった価値に訴えることに成功したのである。

久米の主張は、日本のアイデンティティーそのものや皇室に関わるものであり、多くの点で外交政策よりもデリケートな問題であったことは確かである。しかし、久米の発表論文は政府の政策に影響を及ぼすようなものではなかった。したがって、紛争の性質だけでは、なぜ戸水が同僚たちから支援を受け、久米が受けなかったかを十分説明できない。戸水が人々の支持を得るような見解を代弁していたのは確かだが、それ以上に、戸水事件では彼らが一致団結して行動し、「明瞭な価値の組み合わせに訴え、国民に奉仕する知的エリートとしての彼らの社会的機能を正当化する」ことができたことが、おそらく彼らの成功を決定づけたのであろう(97)。

この帝国大学の教授たちの一致団結は、久米事件のときには欠如していたものだろう。帝国大学の学問エリートは久米事件のときはまだそれほど同質的ではなく、異なる学問的伝統を代表する者たちが相互に対立していた。久米の同僚のいく人かは久米がいなくなって喜んだだろう。国学者たちは長い間、久米や、編纂掛の他の職員と敵対していた。小中村のような人物が、久米が去るのを見て残念に思ったとは考えられない。

小中村ら国学の唱道者たちは、日本の学者の伝統的なタイプを代表していた。その点では、明治維新前に漢学の教育を受けた久米やその同僚たちも同様である。しかしながら、一八九〇年代になると、新しいタイプの大学教官が出現しつつあった。それは、若き専門家たちである。彼らはたいてい西洋で教育を受けたか、ないし西洋人の教官によって教育を受けた経験をもつ(98)。井上哲次郎（一八五六―一九四四年。彼が日本のキリスト教徒を攻撃したことは前述した。第六章第一節参照）は良い例である。彼はドイツで学び、帝国大学において日本人で最初の哲学の教授となった。井上は『史学会雑誌』の論説で歴史に関する彼の見解を表明している。それはちょうど久米が同誌に神道に関する意見（「神道は祭天の古俗」）を発表したのと同時期のことである。井上によると、歴史には果たすべき重要な役割がある。なぜなら、過去に対する知識は愛国心を促進するからである。井上は国学者たちを賞賛して、『史海』の発行者である田口卯吉を非難した。久米は井上の見方を攻撃する文章を発表している(99)。

加藤弘之（一八三六―一九一六年。そのはっきりとしない役回りは前述した）は久米と同世代だが、明治維新前から西洋の学問を学んでいた。加藤を訪ねた学生たちとの会話を別にすれば、久米事件における加藤の姿勢に関する形跡はほとんどない。ただしルードヴィヒ・リースの発言は、私たちに加藤の態度についていささかのことを教えてくれる。

加藤が満腔の軽蔑をこめて日本の歴史家を非難するには、彼ら歴史家たちは自信満々にあら探しをすることでわが身を嘲笑にさらしておきながら、いざ神官によって煽られた世間の憤慨を経験するや、自分たちの信念を守る勇気もない。彼らはまた、彼らの方法論が外国から輸入したものではないという事実を思い出した。(100)

ルードヴィヒ・リースが久米事件を十分に理解していたかどうかはさておき、たぶん加藤は久米やその同僚たちによって代表される種類の学問が時代遅れのものであると認識していただろうし、他の西洋の教育を受けた学者たちも加藤と見方を共有していたであろう。久米への批判のいくつかは久米を西洋の学問と結びつけて考えていたが、実は久米やその同僚たちは漢学の学問伝統に固執しているとして同じくらいしばしば批判されていたのである。

久米事件は、学問と政治的イデオロギーのあいだにおける対立と同じくらいに、異なる学問の伝統や学問の方法のあいだの対立でもあった。(101)少なくともある同時代人は次のように解釈している。『早稲田文学』のある論者は、久米事件を「保守史学家」と「改進史学家」の衝突としている。(102)確かに久米事件を、国家による学問の自由の抑圧とのみみなすことはできない。同時に久米事件は、過渡期における、異なる背景を持った学者のあいだの競合と紛争の表れでもあったのである。しかし、これら衝突の過程で神道家や国学者たちは政治的思潮を利用して、政府の支援を受けつつイデオロギー的敵対者を排除した。帝国大学の教授たちは沈黙をもって同意したが、おそらくそれは、その見解が彼らにとって目障りであるような同僚がいなくなることに、彼らがほっとしたからであろう。こうして、本来であれば学問的論争であるべきことが政治レベルで処理され、学問の自由が脅かされることを、彼ら教授たちは受け入れたのである。(103)

「久米事件」と「戸水事件」の対照性は同時代人にも注目されていた。キリスト教雑誌の『新紀元』で、ある執筆者は、戸水を熱烈に守ったのと同じ教授たちが、もしも「第二の久米」が出現したら同じことをするであろうかとの問いを立て、きっぱりと「其事無きを信ぜざるべからず」と答えている。(104) 五年後の教科書における南北朝正閏論争は、この執筆者の主張が正しいことを証明したのである。

第五節　官撰修史の終わり

「久米事件」の一年後の一八九三年四月一〇日、史誌編纂掛が閉鎖された。重野を含む職員のほとんどは免職された。そして、星野恒と田中義成が史誌編纂掛残務取扱に任命された。

史誌編纂掛の閉鎖は文部大臣井上毅の命令であった。井上は森有礼（文部大臣）の教育改革を助け、また教育勅語の作成に参加した経験もある。井上が文部大臣を務めたのは一八九三年から、死去する一八九五年までの短期間であったが、教育制度に対する彼の影響は顕著であった。彼は日本語や日本文学と同様、日本史にも特別な関心を有していた。(105)

井上は伊藤博文に請議をおこなったが、そのなかで彼は史誌編纂掛を閉鎖する理由として下記のものを挙げている。(1) 修史部局が最初に設立されてから二〇年間経つが、期待される成績をあげていない。(2) 修史部局の歴史書は漢文で書かれているが、漢文はすでに行政や教育の場では使われていない。(106) 井上は、史誌編纂掛における歴史編纂を中止して、新しい方針が決定され次第再開するという方針を立てた。宮地正人は、井上によって挙げられた理由は単なる口実に過ぎず、井上の主なる目的は、久米事件に続いて重野や同僚たちが批判的な文章を発表するのを防ぐことにあったと主張している。(107) 宮地は、史誌編纂掛の閉鎖を、権威主義的な天皇制国家のイデオロギー強化の一環として位置づけている。確かに伊藤博文への書簡では、井上は別の理由を挙げている。[訳注12] 文部大臣として日本語ないし日本史の教育を改革するための計画について書きつつ、彼は歴史教科書について次のように述べている。

教科書ノ一二枚アケテ見ルト、帝室ノ御先祖ハ印度人ダトカ、或ハ朝鮮ト同種ダトカ、トンデモナイコトヲ書イテアル。ソレ故、余ハ修史局ヲ打チ破ツタノデアル。病根ガアソコニアルト思ウタカラデアル(108)。

それにもかかわらず、井上が正式な意見書で挙げた理由は、単なる口実以上のものであった。同じ書簡のなかで、井上は漢文を「死物」と述べている。歴史書で使われている言語や、編纂作業の進捗の遅さは、長らく批判され続けてきた。井上自身も「大政紀要」の計画に従事した経験があるが、この「大政紀要」は、短期間に正史を生み出そうとの意図をもって、岩倉具視によって主導された歴史書であった(109)。

井上は国学者に影響されたのかもしれないが、そうだとしたらその国学者として何よりもまず小中村清矩が挙げられる。彼は久米事件のあと、史誌編纂掛の閉鎖を求める意見を文部省に提出し続けた。三上参次は小中村清矩の弟子で、井上とも親密な関係にあったが、三上はのち教え子の大久保利謙に対して、久米事件における小中村の役割を語ったという。三上自身も編纂掛の将来についての議論に関わり、のち史料編纂掛の主任となった。彼は小中村と結託していたと非難されたが、彼は否定している(110)。

よって、史誌編纂掛の閉鎖は公式と非公式の双方の理由に帰することができる。ちなみに、これら閉鎖の理由は一つも公にされておらず、新聞報道は憶測に満ちていた。『読売新聞』は井上の決定を批判する記事を三回に分けて（四月一四—一六日）掲載した。記事は史誌編纂掛の業績を賞賛し、史料収集に専念するとの方針を擁護し、編纂掛は再開後も同じ方向で続けるべきであると述べた。記事はまた井上の秘密主義が誤解を招き、最終的には史誌編纂掛の閉鎖につながったとも批判した。新聞『日本』には別の見方が表明されている（一八九三年四月一四日）。小中村義象《よしかた》（小

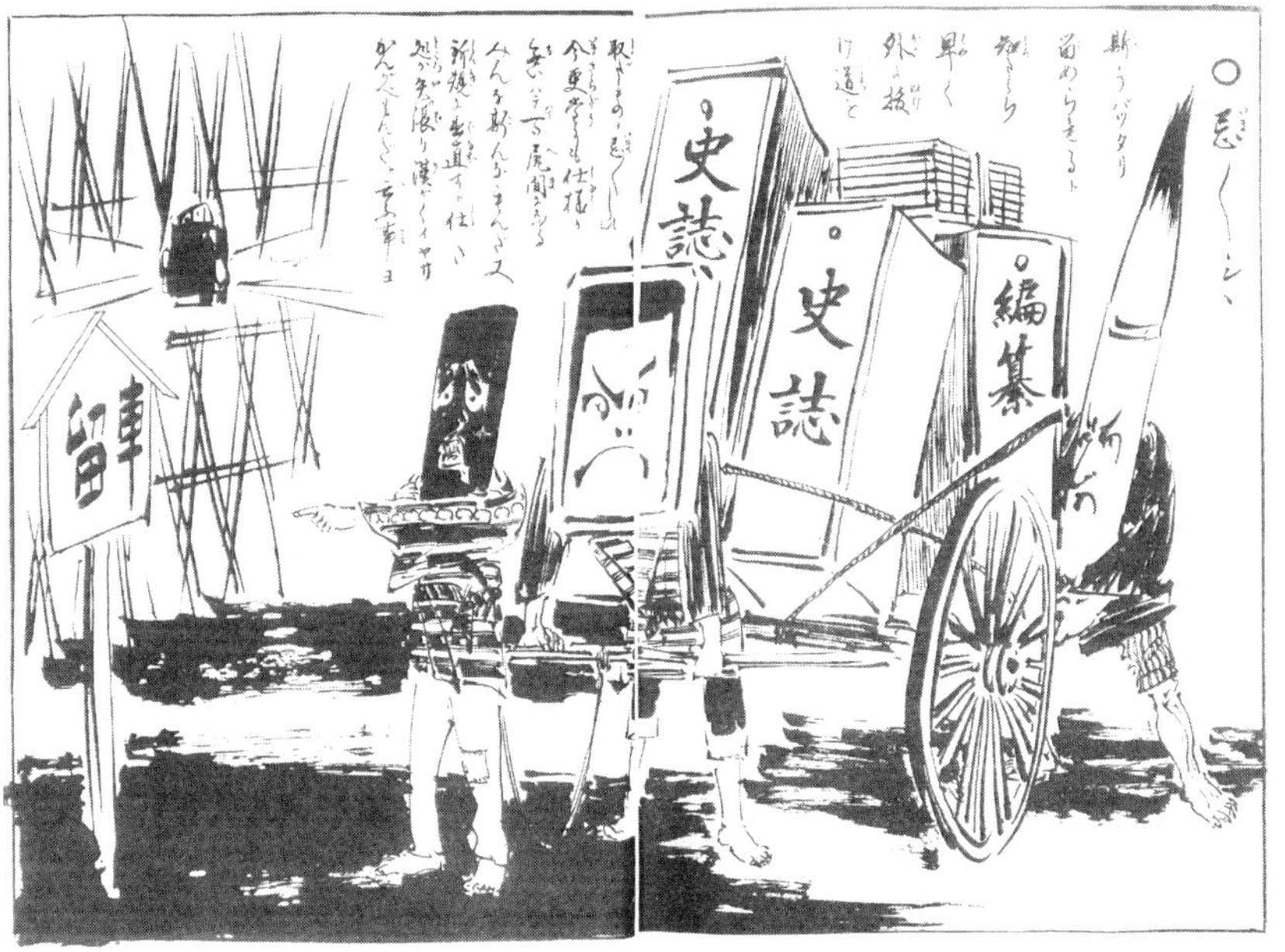

図 1　『団団珍聞』の風刺画（明治 26 年 4 月 22 日）

中村清矩の弟子で養子）は史誌編纂掛が追求した方針を非難した。義象は、史誌編纂掛は多額の費用を要しながら、何ら成果を生み出していないと断定した。編纂掛で書かれた歴史書は単なるデータの集積にすぎず、道徳問題は無視され、文学や社会発展の重要性は認められていない。史誌編纂掛の職員は時勢に遅れており、漢文で書いては一冊の歴史書でさえ編纂しえないだろう。彼らはまた、一八六九年の「修史御沙汰書」の精神を無視している、と。

いくつかの新聞記事は官撰正史の将来の方向を示唆したが、そのなかには新しい部局を宮内省に設置するという提案もあった[11]。史誌編纂掛の閉鎖は嘲笑をも引き起こした。風刺雑誌『団団《まるまる》珍聞』のある漫画を見ると、文書が詰められた本箱を積んだ荷車を、三人の男が動かしている。荷車を引っぱる二人の顔は墨と硯であり、荷車を押す一人の顔は筆である。三人は立ち止まっているが、それは道がふさがれ、車留の掲示が出ているからである。キャプションは次のように読める。

忌々シ。斯《こ》うパツタリ留《と》められるト知《しつ》たら、早く外《ほか》に抜け道を取たものヲ忌々しひ。今更堂《どう》にも仕様か無い。ハテ一ツ尻《へ》間《ま》になる、みんな斯んなもんだ。又新規に出直すト仕《し》た処が、矢張り漢がく、イヤサかんがへもんだト云ふ事ヨ[112]。

井上は史誌編纂掛を閉鎖したが、再開させる方針をもっており、さらには正史編纂を続けさせる計画でもあった。彼は加藤弘之や浜尾新《あらた》（加藤を継いで帝国大学総長に就任した）、外山《とやま》正一（文科大学長）と相談し、意見書を提出するよう要請した[113]。最初の意見書は、史誌編纂掛の閉鎖前である三月二七日に、栗田寛から提出されたものである。全体として栗田の意見書は、今までとほとんど同じやり方で歴史編纂を継続するというもので、唯一これまでと違っているのは、歴史書は日本語で書かれるべきだということだけであった。また、栗田は責任者を置くべきだと言い、責任者として川田剛を提案している。栗田はまた編纂掛のメンバーとして、川田以外のありうる候補者を挙げている。そこに名前を挙げられた人物は、星野を除くと主として国学者であり、小中村義象・落合直文・内藤耻叟・萩野由之が挙げられている。栗田は文章に優れた学者が任命されることを望んでいる。

一八九三年七月七日の別の意見書では、栗田は業務を完成させるのに必要な時間と、各時代に適した専門家を見つけることの難しさを論じている。栗田はまた、進行中の業務に関して外部者に与えられる情報に関しては厳しいルールを敷くべきだと提案したが、その際、水戸の彰考館ではそのようにおこなわれていたと述べている。

他の意見書は一八九三年四月に提出された。それは、外山文科大学長、星野恒、菅政友、池田晃淵（もと修史部局）、高津鍬三郎（和文学科卒業生、帝国大学文科大学講師）、河田羆《たけし》（もと修史館第三局乙科）、そしてある匿名の人物から出されたものである。地誌資料のことのみに言及した河田は別として、他の執筆者はすべてある一点に同意していた。

それは歴史的文書の編纂は史誌編纂掛の最大の業績であって、それを主要業務にすべきだということである。星野や菅の意見ではそれと同時に歴史書が書かれるべきだとされる一方で、他の者たちは実際の歴史書執筆は民間に任せるのが最善と考えていた。菅政友はそもそも修史部局を帝国大学に移管すべきではなかったと考えており、宮内省内に再設置することを提案した。他の者たちは、収集された文書は帝国大学に留め、研究者が利用できるようにするべきだと提案した。このためには、研究所か史学研究室を設立すべきである。外山ないし匿名の執筆者はモデルとして実験施設を引きあいに出している。

外山の意見書は、問題とその解決方法の定式化を凝縮した内容のものであった。未だ十分に文明化されていない社会では、国家のみが国史を編纂することができる。しかしながら、文化がより広まれば広まるほど、歴史を書くことのできる私人が出てくる。国家によって任命された歴史編纂員を含めて、完全に公平な歴史家はありえず、各人の判断も異なる。よって、国家による国史編纂は危険である。なぜなら、国家による国史編纂は、それが持ちえない一定の客観性を、まさにその権威性によって示してしまうことになるからである。しかし、文書の収集は巨大な任務なので、国家によって追求され続けるべきである[114]。外山はそして、同封した星野の書簡に言及しつつ、歴史文書を収集することの詳細について論じている。文書の収集はすでに相当期間にわたって、修史部局が主として力を傾けてきた点であり、文書収集の重要性は他の意見書の執筆者も認識していた。

井上毅が、意見書のなかで提示された主張に説得されたことは明らかで、井上は再編後の帝国大学史料編纂掛の主要業務を史料の収集と刊行とすることを最終的に決定した。編纂掛を再開する提案のための二つの覚書と四つの草稿は、井上がどのようにしてこの決定にいたったかを示している[115]。最初の草稿は、正史として「織田豊臣以降今日ニ至ルマテノ事蹟ヲ編纂」する計画を含んでいた。次の草稿類は史料の編纂のみに言及している。この決定に達する前、井上は可能な限り情報を集めようとした[116]。彼は帝国大学の教授と相談した。三上参次・坪井久馬三・田中義成は一八九三年秋にこの問題を議論して、外山と浜尾に報告したが、おそらく外山と浜尾が内容を井上に知らせたのであろう。井上と三上は親密な関係にあったので、二人は非公式にも話し合ったと推測できる。

閣議請議案である井上の四番目の草稿には、次の計画が含まれていた。編纂掛は五ヵ年継続とする。[117]予算は年一万二九〇〇円、総計六万四五〇〇円が支出される。編纂掛は現存の史料収集をさらに進め、特に一〇三七―一三一七年の期間（「大日本史」はカバーしているが、「大日本編年史」はカバーしていない期間）の文書を追加することが期待された。文書の公刊も計画されている。帝国大学文科大学の教授を編纂掛の委員に選び、この追加業務に対しては手当金が支払われなければならないので、文部省は適切な勅令案を具申する。[118]井上の閣議請議案には、それまで収集された史料やすでに完了した仕事の一覧が添付されている。これは、星野が外山に提出した情報にもとづくものである。

一八九五年初頭に提案は承認された。[119]井上毅は一八九五年三月一五日に死去したので、後任の西園寺公望が決定を帝国大学に通知した。一八九五年四月の会計年度開始にあわせ、編纂掛は業務を再開することが予定された。三月、浜尾と外山は、史料編纂委員に任命された栗田寛・星野恒（教授）、三上参次・田中義成（助教授）に相談した。[120]栗田は老齢のため辞退したので、小中村義象（第一高等学校教授）が代わりに史料編纂委員となったが、彼は一八九八年にフランスへ行ってしまった。名目的には星野が一八九九年まで史料編纂掛の「物品管理者」であったが、病気（脳溢血）のため仕事に来ることができなかったため、三上が主任の地位についた（一九一九年まで在任）。三上によると、小中村が後醍醐天皇以前の時代を、田中が後醍醐天皇の時代を、そして三上自身は江戸時代（「一番新しい時代」）を受け持つこととなった。[121]一六名の史料編纂助員、二名の書記、五六名の写字生がいた。職員の多くは、前述の意見書提出者の一人池田晃淵のように、閉鎖前の史誌編纂掛の職員であった。[122]

四人の史料編纂委員のうち、星野と田中は以前から修史部局におり、今や最古参の職員であった。田中の履歴は注目すべきもので、彼が一八七四年、歴史課に入ったのは写字生としてであった。[123]一八八五年には重野に随行して、長期の史料採訪に出かけている。修史館在籍中に彼は掌記に昇格した。帝国大学史誌編纂掛では編纂委員となり、帝国大学でも教鞭をとった。彼の著作としては、『足利時代史』『織田時代史』『豊臣時代史』『南北朝時代史』などが挙げられる。

一八九五年以後の史料編纂掛において最も影響力をもった人物は三上参次（一八六五―一九三九年）である。[124]三上は帝国大学文科大学和文学科で日本文学を学んだ。大学院に進み、編年史編纂掛の編纂助手となった。一八九一年に史学の講義を始め、一八九二年に助教授、一八九九年に教授となった。同年、かなりの若さで彼は博士号を得た。三上は女子高等師範学校や東京専門学校（現、早稲田大学）、皇典講究所でも教えていたが、これらとの関わりも彼が史料編纂委員に任命されたとき絶った。一九二六年の文科大学教授退官まで精力のほとんどを史料編纂にささげた（ただし、一九一九年に史料編纂官の職は辞している）。退官後は一九三三年まで、臨時帝室編修官長として「明治天皇紀」の編修に加わった。三上は二度ほど洋行している。三上とルートヴィヒ・リース（彼の講義に三上も出たことがある）は友人であり、三上はベルリンにリースを訪ねたことがある。三上の著作としては二巻からなる『江戸時代史』（一九四三―四四年）などがある。三上自身は、政府に雇われているあいだ、自分はほとんど研究をしてこなかったと述べているが、それは前任者のように、自分自身の研究に没頭するあまり、公務を怠るようなことは望まなかったからである。[125]

実際、再開された史料編纂掛の職員たちは、自分たちの自由をかなり制限した。一八九五年四月、次のような趣旨の掛員規約が出された。(1)世上の物議を避けるために各自歴史上の論説考証を公にしないこと、(2)各自論説考証の起稿をおこなうのは、余暇のときに、それも公務を妨げない範囲でおこなうこと、(3)掛中の材料は、どのような名義・方法をもってしても外部に遅漏させないこと、(4)帝国大学部内で出版する学術雑誌ないし皇典講究所の講演以外では、歴史上の論説考証を掲載したり、著述を公にしたりしないこと、(5)詩歌文章や教育上の論説などで、前述の個条に触れないものは制限外とする、というものである。[126]

七月三日、史料編纂掛の新しい職員たちが集められ、浜尾新（帝国大学総長）が演説をおこなったが、その演説は三上が作成したものであった。浜尾は職員たちに対して、政治上の出来事のみならず社会の各方面にわたる材料も集めるよう勧めた。また、仕事を完成するにも時間が限られているので、健康に注意するようアドバイスした。[127]上記の掛員規約の前文も時間が限られていることを強調し、職員が一致協力して働くよう求めている。明らかにこれらすべての試みは、対立と障害を避けて速やかな進捗を確実にするためになされていた。

一九〇〇年には最初の五年間が終わり、さらに五年間の延長が認められた。一九〇五年には史料編纂掛は恒久的なものとなった。文書の公刊は一九〇一年に始まっている。

史料編纂掛の再開は完全な方針転換をともなっていた。史料編纂掛はもはや「修史部局」ではなくなり（英語名称は今日まで Historiographical Institute のままであるが）、日本史に関する文書史料の収集・編纂・刊行が唯一の業務となった。

新たな始まりは後退を象徴していた。史料編纂掛の職員は、公的な役割を果たそうという野望を絶ったのである。そうした野望こそ、重野や久米を突き動かしていたものであった。外部者との対決を避けるため、たとえ自分自身の研究をしていたとしても、研究上の発見を公にしなかった。それにもかかわらず、重野に劣らず「史官」であった三上ですら、対決から逃れることはできなかった。史料編纂掛が再開されてから一五年後、南北朝時代の皇室の正統性をめぐる論争のために、久米事件以上の大騒動が起きたのである。[128]

第六節　学問対教育——一九一一年の教科書論争

一九一一年の論争、すなわち一四世紀の南北朝とその教科書における記述をめぐる論争（南北朝正閏論争）は、歴史学が半公式イデオロギーによって抑圧された、二番目の大々的な事例である[129]。一番目の久米事件のときのように、政府は国家主義団体の圧力に反応して、歴史の議論を抑圧した。学問的な議論でありえたかもしれないものが一つの政治的危機となり、政治決定によって解決されたのである。

一四世紀に二つの朝廷が存在したことは、どちらが正統かという問題を提起し、かつ最初の天皇（神武天皇）から明治天皇にいたるまでの万世一系という前提に異論を生じさせるものであった。正統性の問題では、一八六八年以降の公式見解は「大日本史」の解釈に従って南朝を正統とし、当初、修史部局の学者たちもこの見解を共有していた。これは、文部省からの照会に対する長松幹の回答（第二章第三節）や、修史部局が南朝のために戦った英雄たちへの位階の追贈を支持した事実からもうかがわれる。彼らは率先して、北畠親房への位階の追贈を提案した。この北畠親房は、南朝を正統として扱った最初の著作の一つである「神皇正統記」（一三三九年）の著者である。しかし、正統性の問題は、宮内省が公式声明を出さないかぎりはっきりとは決まらない。岩倉の命令による「大政紀要」の編纂は明治天皇によって裁可されたものであるため、のちには天皇の公式声明とみなされたが、「大政紀要」は完結もしなかったし、公刊もされなかった[130]。「大政紀要」では南朝が正統なものとして描かれたが、北朝の天皇ないし年号も記載された。同様の方法は、修史部局が作成した教科書『稿本国史眼』でも使われている。しかし、正統性の問題に明確な見解が示されたとはとてもいえない状態にあった。一八七六年における小河一敏の大和・山城への史料採訪が正当化されたのも、南北朝時代についてはもっと多くの史料を調査しなければいけないという主張によるものであった。

修史館の職員が「大日本史」の南北朝時代に関する記述を見直し始めたとき、彼らの見方は変化した。重野は、「大日本史の特筆に就き私見を述ぶ」と題した一九〇〇年の講演で、「大日本史」に記載された解釈を批判した[131]。重野いわく、君主の正統性をめぐる議論は日本では適当でない。なぜなら、正統性をめぐる議論の起源は中国にあり、歴史状況が根本的に異なる（中国で「南北朝」時代とは、二回目に帝国が分裂した四二〇—五八九年をいう）からだという。重野が講演をしたとき、彼はもはや史料編纂掛の一員ではなく、史料編纂掛の方では収集した史料を『大日本史料』として公刊する準備を進めていた。田中が南北朝時代の責任者であるが、三上は自分が困難に直面したことを、田中を追悼する講演および三上自身の回想録のなかで述べている[132]。学者たちは最終的には正統性の問題を棚上げにし、北朝の前に南朝の名前をあげることのみを決定した。北朝の前に南朝を置くのは、通常日本では四方向が「東西南北」と呼ばれる順番によるものだからである。この決定は、『大日本史料』の性格を強調することで正当化された。すなわち、『大日本史料』は何らの種類の判断をも含まない史料集なのである。三上によると、宮内省・文部省と帝国大学総長にはこのことを知らせており、いずれからも疑問は表明されなかったという。五年後、文部省は、世界の帝王の系統表を編纂しようと計画していたアメリカの出版社から、皇室に関する照会を受けた。文部省はこの照会を宮内省にまわしたが、宮内省では編年体の皇統譜を調査するための委員会（「帝国年表草案調査委員会」）が設立されたばかりであり、三上もその委員会の委員であった。委員会は、南北朝の正統性に関して最終決定を下すことはなかった。

したがって、文部省が編纂した最初の国定教科書「尋常小学日本歴史」が一三三七―九二年において南北両朝の存在を認め、正統性の問題を棚上げにしたのも筋が通ったことであった。この原稿は一九〇三年に、国史科卒業生の喜《き》田貞吉《さだきち》によって書かれたものである[133]。喜田は、同じく文部省によって任命された史料編纂掛の職員、すなわち三上（喜田の原稿を校閲した）、田中義成・萩野由之の手助けを受けた。一九一一年に喜田は、彼も同僚たちも学問と教育の違いは十分知っていたと述べている。しかしながら、彼らは両朝の存在を認め、いかなる判断も下さないことが賢明だと判断したのである[134]。教科書は一九〇三―一〇年の間、全国の小学校で使用され、誰からも反対は寄せられなかった[135]。

それではなぜ同じ教科書が、一九一一年になって白熱した議論を巻き起こしたのだろうか。明治の終わりが近づくにつれ、明治天皇は徐々に神聖な支配者の地位へと上昇していった。彼はもはや全国を巡幸して人々を訪ねることなく、ますます遠い存在となっていた。同時に工業化や都市化に伴う社会的緊張が増し、日露戦争に続く経済的危機によってさらに悪化した。一八九〇年代以降形成された社会主義グループはますます過激化していた。一九一〇年、社会主義ないし無政府主義運動のクライマックス、そして一時的中断は、「大逆事件」とともにやってきた。一九一〇年、警察は数百人の社会主義者・無政府主義者を尋問し、天皇の暗殺を謀議したとして二六人を起訴した。このうち二四人に死刑判決が下り、うち社会主義者で平和主義者の幸徳秋水を含む一二人が一九一一年一月二四日に処刑された。政治状況はすでに不安定で、内閣はしばしば代わり、[訳注13]山県有朋の子分桂太郎と伊藤博文の子分西園寺公望が交互に内閣を組織（「桂園時代」）し、「情意投合」という妥協交渉に相当の努力を費やすことでのみ権力を維持することができた。

このような社会的・政治的緊張を背景にして、一人の小学校教師と二人の教授が論争を引き起こしたのである。[136] 一九一〇年、尋常小学校の教科書（第二期『尋常小学日本歴史』巻一・児童用）に付随する教師用教科書の草稿を完成させたばかりの喜田貞吉は、それを文部省主催の講習会で紹介した。南北朝時代に関して教科用図書調査委員会が採用した見地を正当化しつつ、喜田は両朝の存在は史実であると主張した。南北いずれの朝廷が正統であるかは決められない。なぜなら、南朝は一般的に正統であるとみなされているが、未だ政府による最終的な声明はないからである。[137] 喜田自身はとても慎重に説明した。彼は高度にデリケートな問題を扱っていることに明らかに気づいていた。

一九一一年一月一九日、この日は諸新聞が前日に大逆事件の判決が下ったことを報じた日であるが、『読売新聞』は小学校教師峯間《みねま》信吉（本郷富士前小学校長）の友人の読売新聞記者（豊岡半嶺）による記事をトップで掲載した。[138] 峯間は喜田が講習会で話したときの聴衆の一人である。記事の筆者は、教科書執筆者の採用した立脚点が不確かであると嘆いた。もしも学校で道徳原則を明確に提示して教えるのでなければ、個人主義的で虚無主義的なイデオロギーが制約されることなく蔓延してしまうだろう。このように、記事の執筆者は、教科書によって提示された歴史解釈と、幸徳秋水など大逆事件の裁判で刑を宣告されたような者たちによって宣伝される種類の思想とを結びつけた。この記事が早稲田大学の二人の教授の関心を引き、彼らが続けて取った行動が教科書問題を政府的危機へと変えてしまったのである。早稲田大学の二人の教授とは、牧野謙次郎と松平康国のことである。彼らは牧野の従弟で代議士の藤沢元造に、この問題を衆議院に持ち出すよう説得し、藤沢は二月四日にそれを実行した。藤沢が衆議院に提出した質問主意書は、文部省によって権威づけられた教科書が国民をして順逆正邪を誤らせ、皇室の尊厳を傷つけ、教育の根底を破壊する憂いはないのかと問うものであった。藤沢はこの問題を、二月一六日に予定される質問演説で詳細に扱うこととなった。

桂内閣は藤沢の質問演説に脅威を感じた。この脅威は大逆事件によってかき立てられた。天皇に対する不敬は、人を責めることのできる最大の罪であり、政府はすでに不安定な状態に置かれていた。桂自身が、藤沢元造の父南岳の教え子である下岡忠治（農商務省農務局長）とともに藤沢に対して質問書を撤回するよう説得し、その代わりに教科書を改訂することを約束した。藤沢は危機的状況に耐えられず、また取るに足りない人物にもかかわらず突然彼に関心が降り注いだこともあって降参し、彼の同志に多大な失望を与えた。衆議院でまるでメロドラマのような演説（いくつかの新聞で漫画の題材となった）をして、彼は代議士を辞職することを発表した。[139]

しかし、桂内閣の困惑はここで終わらなかった。[140] 複数の個人や団体が南北朝正閏問題への明確な解答を要求した。最も執拗な団体が「大日本国体擁護団」であったが、この団体は藤沢が敗北したという理解のもとで結成されたもので、メンバーのなかには牧野謙次郎や松平康国も入っていた。[141] この団体はすべての主要新聞に設立主意書を送りつけた。メンバーの一人である犬養毅（立憲国民党の指導者）は衆議院で政府を攻撃した。通過の直前までいった決議案のなかで、犬養は教科書問題と大逆事件を結びつけていた。今は亡き伊藤博文とともに、元老かつ最も影響力のある政治家の一人であった山県有朋が個人的に介入し、天皇に対して、断固として南朝側に立つよう要請した。[142] 明治天皇（彼自身は北朝の後裔である）は、自分は常に南朝が正統であると考えてきており、明治維新は後醍醐天皇の建武新政の実現であるとみなしていると返答した。一九一一年三月一一日の勅裁は、南朝が唯一正統であることを宣言した。教科書は改訂され、南朝は「吉野朝」と改称されるとともに、北朝の存在は隠蔽された。こうして、政治レベルでは論争は解決された。しかしながら、桂内閣はすぐに西園寺公望内閣に取ってかわられた。

南北朝のいずれが正統であるかの議論はその後も続き、これを主題とする多くの印刷物が発行されたが、これら印刷物は主に南朝の支持者によるものであった。[143]もっとも率直な議論の参加者は必ずしも歴史家にかぎらなかった。それどころか、田中義成のように、歴史家はしばしば沈黙を守った。田中は、南北朝時代の講義をおこない、おそらくこの分野で最も有能な学者の一人であったにもかかわらずである。[144]他方で、久米邦武は彼一流の歯に衣着せぬやり方で、論争全体が「幼稚な喧嘩」であり、三種の神器をめぐる議論（「神器論」）も「お芝居」だと非難した。[145]彼は、自称皇室の擁護者たちは、そのような議論に参加するにはまったく不適切な者たちであると主張し、「遺憾ながら、当時の日本には、天に二日、地に二王あつたのだ」と皮肉った。

南北朝正閏論争は、修史部局ないし帝国大学史料編纂掛の学者に対する激烈な攻撃の原因となった。批判者の一人三塩熊太は、論争の主な原因は水戸藩の「大日本史」に対する重野ないし菅政友の反感と、修史部局における重野の事実上の権力独占にあると主張している。[146]

論争に直接巻き込まれた歴史家にとって、論争の結果は、反対者の言葉による攻撃にとどまらなかった。喜田は二月二七日文部編修の休職（ならびに教科用図書調査委員の免職）を命じられ、三上も教科用図書調査委員を辞職した。田中も、学問的な講義は小学校の教科書とは異なると抗議したにもかかわらず、上田萬年（帝国大学文科大学長）に強制されて、講義題目を「南北朝史」から「吉野朝史」に変えさせられた。[147]

史料編纂掛の歴史家たちもまた圧力にさらされた。南北朝時代に関する歴史的文書は『大日本史料』の第六編として刊行されていた。史料編纂委員たちは両朝を同様に扱うことを最終的に決めていたのだ。文科大学長の上田と帝国大学総長の浜尾新は、刊行当時には異論を唱えていなかったにもかかわらず、今になって改訂の可能性を検討するように要求してきたのである。日付不明の「大日本史料南北朝時代体裁改正ニ関スル答申書」は、現在東京大学史料編纂所に所蔵されている。[148]この答申書の執筆者は、『大日本史料』は、評価を含まない純粋な史料集だという。そして、史料は明らかに二つの競合する朝廷が存在したことを示している。ついで執筆者は、南朝が正統であることを示すための両朝の名称の改称について、いくつかの可能性を論じているが、結局はそれらを放棄する。この執筆者は改訂を拒否し、史料集と歴史叙述の違いを繰り返し述べている。内容からこの文章は一九一二年三月に作成されたと結論づけられる。しかし、この文章は実際には提出されなかったようだ。おそらく七月三〇日における明治天皇の死が議論を終わらせたのであろう。[149]

一九一一年の南北朝正閏論争は、通常、歴史研究と歴史教育の分離を確定したものとして見られている。坪井久馬三が一八九四年に使った用語によると、歴史研究が「純正史学」なのに対して、歴史教育は「応用史学」の領域に入る。教育目的のための歴史は学問的歴史とは異なるとの考え方は、重野や三上といった著名な歴史家にも共有されていた。重野は「教育歴史」という用語を講演のなかで用いている。三上の態度は次の二つの逸話に描かれている。

歴史家の井上清は次のように回想している。新入学生歓迎会の席で、三上は彼らに対して、次のように言ったという。すなわち、大学で習ったことをそのまま学校で生徒に教えてはならない。例えば、神武天皇による日本の建国は紀元前六六〇年のことだと学校では教えるが、実際には六〇〇年ほど後のことで、このことはすでに江戸時代の学者にも知られていた事実であったとしても、それを学校で教えてはいけないというのである。さらに大久保利謙が記憶するところによれば、三上は学校で教えることと大学で教えることの違いを強調したという。三上の大学での講義では、南北朝時代の話を始める前に、学生にすべての窓を閉めさせたという。この象徴的なそぶりは、世論と学者の抱く見解が乖離していたことを示すものであろう。学者の抱く見解は、ふつうの人には理解できなかったのである。三上自身もこのエピソードを語っているが、彼は純粋に脅迫がひどかったのだと主張する[150]。おそらく一九一一年の南北朝正閏論争は、三上が私的研究をほとんどおこなわず、研究成果をわずかしか公刊しなかったことの（久米事件以外の）もう一つの理由であろう。

さて、教科書を改訂するという政府の決定が異議なく受け入れられたのは、歴史教育には、歴史研究とは異なる奉仕すべき目的があるということが容認されたがゆえであるようにみえる。三上に関する逸話が示唆するように、大衆が歴史について教わる内容と、選ばれたエリートにのみ三上が明かす内容とが異なることに、三上はある種の誇りさえ抱いていたのかもしれない。

南北朝正閏論争が学問の自由に対する脅威とみなされた形跡はほとんどない。戸水事件で政府の姿勢を攻撃した者は、今や政府の側に立っていた。戸水自身も、教科書論争に関係した教授たちを辞職させるよう要求した[151]。久米事件における学生の行動と同じく、戸水の態度が示すのは、帝国大学の所属者にとって、「学問の自由」とは第一にエリートとしての特権を守ることだということであった。もちろん、神聖不可侵な皇室の地位とか、大逆事件によりおそらく無実の人々の生命が犠牲にされたという事実は、ある程度のことを説明するかもしれないが、それだけでは十分でないであろう。南北朝正閏論争の過程では、公式の方針とは反対の意見も表明され、さらには敵対者によって公刊されさえした。文部省によって免官にされた喜田はのち、二番目の帝国大学、すなわち京都帝国大学の教授になったのである（一九二〇年）。三上と田中も帝国大学史料編纂掛にとどまり続け、三上は明治天皇の官撰編年史である「明治天皇紀」編纂のための臨時帝室編修官の一人になりさえした。南北朝正閏論争後の数十年間における、より自由な思潮のなかでは、さまざまな意見が制約なしに公刊された。津田左右吉が自説を発表したのは、まさにこのときであった。この自説によって、津田は一九三〇年代には早稲田大学の教授の椅子を失うことになるが、これが第二次世界大戦前において歴史研究が国家の介入によって抑圧された第三の有名な事例である。

田中義成は、南北朝正閏論争の翌年におこなった「史学の活用」という講演のなかで、同時代を言論の自由が広く普及した時代とみなして、同僚たちが、今日的な論争において自論を発するように促した[152]（第五章第四節）。したがって、南北朝正閏論争を単に史実が政府の介入により抑圧された事例としてのみみなすこと、そして政府による抑圧に対する反応という観点からのみ歴史学の発展を説明することは、過度の単純化である。むしろ、歴史学者も、歴史学は政府や「国民」的心性を持つ人々によって課された学問外的要求に応えるべきだということを容認していたように思われる。問題は、歴史叙述に関する、さまざまな、時には相反する諸要求に対して、どのように応えるかであった。

森鷗外は「かのやうに」（南北朝正閏論争に触発されて、一九一二年一月に発表された[153]）のなかで、畢生の事業は国史研究という若き学者五条秀麿の物語を語る。秀麿は神話と歴史のあいだの矛盾にすっかり心を奪われている。彼にとって、神話と歴史の区別はきわめて重要である。しかしながら、華族かつ天皇の忠臣として神話を護持する父の五条子爵（おそらく鷗外が親しかった山県有朋がモデルであろう）に逆らいたくはなかった。秀麿はハンス・ファイヒンガー（Hans Vaihinger、一八五二―一九三三年）の著作『かのようにの哲学 *Die Philosophie des Als ob*』（一九一一年）を読んで、このジレンマの解決方法を見つけたと確信する。しかしながら、秀麿の友人綾小路は反論して、父親との対決は不可避だというのである。

史料編纂掛の歴史家たちは、小説「かのやうに」の秀麿のように自己を哲学的思索に傾注することはなかった。問題に対する彼らの答えは回避であった。彼らは、社会において責任ある役割を引き受けようという田中の呼びかけを無視して、原史料の収集と史料批判への逃避を続けた。そして、長年にわたり、文書の収集と、個別の史実の実証を強調してきた史料編纂掛の伝統は、この種の態度を助長したのである。

第七章　結　論

第一節　遺　産――一八九五年以降の史料編纂掛

一八九五年、史誌編纂掛は、二年間の閉鎖を経て、帝国大学文科大学史料編纂掛という新たな名称のもと再開された。史料編纂掛の目的は今日の史料編纂所とほぼ同じく、研究と編纂と史料の出版である。政府の一部局から大学の研究機関への発展がここに完了した。史料編纂掛は、一九二九年、現在の名称である史料編纂所に改称された。一九五〇年以後は、文学部附置ではなく、東京大学に直接附置されたものとなっている。

史料編纂掛が再開された際、帝国議会は五年間にわたる財政支出を承認し、その期間は一九〇一年にさらに五年間延長された。その一九〇一年、『大日本史料』と『大日本古文書』の刊行が開始された(1)。その時点では依然として、史料編纂掛は数年のうちに業務を完成して不要になるとの想定のままだったようである。しかしながら、五年後には、史料編纂掛は、その業務は継続事業として予算措置されるべきであると建議した(2)。建議書では西洋諸国の例が引用されており（こうした言い回しは明治期には普通のもので、今日でも時折見られる）、また編纂掛で働く学者（編纂員）たちの不安定な状態についても言及されている。添付の文書は職員の体系を提案しており、それは一九〇五年三月二八日の勅令によって認可された。[3] そして、田中義成が編纂主任に、三上参次が事務主任となった。田中は、一八九五年以前の編纂掛で高位の職に就いたことがある唯一の職員だった。

二〇世紀に入っても、以前の機関の職員であったもののうちいく人かは残っていた。その一人が一九一七年に死去した星野恒である。星野はおそらく、彼の年下の同僚で一九一九年に死去した田中義成ほどは影響力を持っていなかったと思われる。新しい掛員はたいてい帝国大学の卒業生であった。三上は、星野の後任として一八九九年から一九一九年まで史料編纂掛の主任を務めた（第六章第五節）が、彼は和文学科の卒業生であった。三上の後の事務主任となった黒板勝美（一九一九―二〇年事務主任）や辻善之助（一九二〇―三八年事務主任・所長）は国史科の卒業生であり、リースのもとで学んでいた。

一九二四年の時点で、職員数は倍以上に膨れ上がり、一九二五年末には一三七人に達していた。こうした職員数の増加によって職務の専門化が可能となり、行政職と技術職が分離した。[4]

現在（一九九五年）、史料編纂所は八三人の職員を抱えているが、そのうち一九人が女性である。一九五四年以降、職員たちの身分はもはや文部省所属の役人ではなく、東京大学の他の成員と同様、教授・助教授・助手となっている。八三人の職員中、二六人（うち女性職員一一人）が行政職と技術職についている。研究組織として、古代史料部、中世史料部、近世史料部、古文書古記録部、特殊史料部がある。[5][訳注14]

一九一一年、史料編纂掛は初めて独自の庁舎を与えられたが、それはもと加賀藩上屋敷の御守殿門であった赤門のそばに位置していた。一九一六年には耐火倉庫が加わり、それは現在でも赤門の内側に立っている。[訳注15] 一九二〇年には庁舎の増築がおこなわれた。一九二三年の関東大震災[訳注16]では、東京帝国大学附属図書館が焼け落ちたにもかかわらず、史料編纂掛の庁舎は焼け残った。ある史料展覧会で、史料編纂掛は震災で原本が消失した文書の写しを展示したが、これは複本を作成することで貴重な文書を保存することの重要さを証明することとなった。文書の写真集一四巻も合わせて刊行された(6)。一九二八年、史料編纂掛のすべての収蔵物は、新築された図書館に隣接する新庁舎にまとめて収納されることになった。この新庁舎は第二次世界大戦の戦火のなかを生き延びた(文書のほとんどは戦時中に疎開された)。一九七三年にはさらなる増築がおこなわれ、現在、史料編纂所の庁舎は、地上七階・地下一階建て、総面積八〇〇〇平方メートルとなっている(7)。

すでに一八九五年以前においても、文書の収集は編纂掛の最重要業務となっていた。一八九五年の再開後も、おおむね同じ方法でそれは続けられた。一八九五年七月、史料採訪が再開され、以後数年間に多くの史料採訪がおこなわれた(8)。今日でも史料編纂所の職員たちは、年に数回、各地を回って、史料編纂所のために特定の文書を調査したり、撮影したりしている。しかし、国内の史料採訪の期間は徐々に短くなる傾向にある一方、職員たちはますます頻繁に海外に出張するようになっている。

一八九五年、文書の刊行をできるだけ早く開始することが決定され、一九〇一年から『大日本史料』と『大日本古文書』の最初の巻の刊行が始まった。高い製作費を一部でも補顚するために、史料編纂掛は国内外から購読者の獲得に努めた。三上参次は、史談会での講演のなかで、華族諸家、高等諸学校、公共団体、そして富裕な個人を潜在的な購買者として挙げている(9)。

三上によると(『日本歴史』四〇八号、七三頁)、刊行に際し重野安繹を引き入れるという話もあったが、その構想は取り止めになったという。重野の「抹殺論」は依然として世間の人々の脳裏に焼きついており、島津家などは、重野がその事業に関与する限り所蔵史料は貸さないと言っていた。重野は、島津家が源頼朝の末裔であるという、島津家の主張する説を否定したために、かつての主君である島津家の怒りをかっていたのである。

『大日本史料』の編纂では、出来事が年月日順に記載され、続いて関連する原史料が引用された。さらに、のちには挿絵や写真も掲載されるようになった。ある史料の正確な日付がわからない場合は、それぞれの月ないし年の最後に引用された。こうした構成は、一八世紀末の塙保己一による「史料」の編纂にまでさかのぼる。方法上の細かい点のいくつかも、前時代の編纂物を想起させる。例えば、注釈で天皇に言及する際、文の主語は省略されている。[10]このように、文書を収録する手続きは明治期以降も根本的に変わったわけではなかったが、とはいえ、より若い世代の学者たちは歴史学における新しい傾向を考慮に入れようと努め、例えば民衆史に対する関心を高めていった。[11]

『大日本古文書』は、大きく三種類から成る。まず「編年文書」は、「詔勅・綸旨・院宣・官符ヨリ、教書・下文・感状・軍忠状・個人ノ消息・貸借ノ証文等ニ至ルマデ、アラユル種類ノ古文書ヲ、年次ニ従ヒテ編纂」するものとされた。[訳注17]二番目の「家わけ文書」は、社寺・旧家の所蔵者別に配列された文書からなる。例えば、全八巻の『高野山文書』や全一〇巻の『伊達家文書』がそれに含まれる。三番目の「幕末外国関係文書」には、一八五三年以後の江戸幕府の対外政策に関する文書が収録されている。これらの文書は一九〇七年に外務省から移管されたものである。『大日本史料』と『大日本古文書』は、現在でも刊行され続けている。

『大日本史料』の刊行作業が数年やそこらでは完了しそうにないという事実がまもなく明らかになると、一九二三年に要約版の刊行が開始された。その要約版は、史実の大綱を掲記した綱文を抽出し、典拠史料名を注記する方式を取っている。二四冊からなる『大日本史料』第一編（八八七―一〇二四年）は、この方式によって要約版では一冊（巻一平安時代之一）にまとめられた。この要約版のシリーズは『史料綜覧』と命名された。この『史料綜覧』と『大日本史料』の関係は、「明治史要」と「復古記」の関係と同じである（第四章第一節）。

一九四五年以降には、『大日本維新史料』や『大日本維新史料綱要』のような、新たなシリーズがつけ加えられた。この両シリーズとも、彰明会とそれを継承した維新史料編纂会（その事務局は文部省内に置かれていた）から移管された文書にもとづいている（第三章第五節）。維新史料編纂会は一九三八年に『大日本維新史料』の刊行を開始し、一九四九年に史料編纂所がこれを引き継いだ。その体裁は『大日本史料』と同様であり、一八四六―七一年の時期をカバーしている。[訳注18] さらに『井伊家史料』のように、所蔵別に分類された文書からなる「類纂之部」もある。『大日本維新史料綱要』は、『史料綜覧』と同様の構成を取っている。

一方、『大日本史料』では史料の抜粋のみが引用されているため、重要な日記の全文を出版するために、新しいシリーズの刊行が始められた。それが『大日本古記録』である。『大日本古記録』の最初の巻（『御堂関白記』第一冊）は一九五二年に刊行された。このシリーズは一〇世紀から一六世紀までの古記録を収録している。江戸時代の文書は、同様の体裁で『大日本近世史料』として扱われ、一九五三年に刊行が始まった。江戸時代の史料の量はあまりにも厖大なため、編纂者たちはどの史料を収録するかの選択をおこなわなくてはならない。

以上の主なシリーズの他にも、より小規模のさまざまなシリーズが「特殊史料」として出版された。これには、『史料編纂所図書目録』と、歴史上の著名人の花押を集めた『花押かがみ』が含まれる。明治百年を記念して、政治家の佐々木高行（一八三〇―一九一〇年）が書いた日記（『保古飛呂比《ほごひろい》　佐々木高行日記』全一二巻、一九七〇―七七年）が刊行されている。そのほかにも、全二巻の『明治維新史料選集』が刊行された。

日本関連海外史料の収集は、リースによって初めて提案されたものだが、それが体系的に実行されるようになったのは一九五四年からである。海外の文書館（アーカイブズ）所蔵のすべての未刊行史料がマイクロフィルムに撮影され、その目録も刊行された（一九八七年、全一五巻）。これら日本関連海外史料のなかには、『オランダ商館長日記』『イギリス商館長日記』など、日本語の訳文とともに出版されたものもある。

より近年には、一九八四年以来、史料編纂所は所蔵史料へのアクセスを広げるため、データベースを開発してきた。一九九〇年には『維新史料綱要』データベースの一般利用が可能となり、一九九一年からは日本全国に公開されている。(12)

しかしながら、こうした革新にもかかわらず、いくつかの特徴は史料編纂所の起源を思い起こさせるものである。

研究機関が政府部局の性格を振るい落とすには、長い時間がかかった。かつての史料編纂掛は一九二〇年代になっても「史局」だと考えられ続けていたが、それはおそらく史料編纂掛の官僚的性格によるためでもあり、この官僚的性格は今日でも依然として顕著である。

『大日本史料』と『大日本古文書』の最初に刊行された巻は天皇に献上されたが、それは以前の編纂物と同じであった。史料編纂所の活動には、かつて同所の有していた皇室や政府との密接なつながりを思い起こさせるものもあった。明治天皇は一八九九年以来、卒業式へ参加するため帝国大学に行幸していたが、その度に史料編纂掛では貴重文書の特別展示が用意され、三上や同僚が天皇を案内して回りながら、その貴重文書の重要性に関して説明した(13)。大正天皇になって帝国大学への行幸は中止されることになったが、それは大正天皇がまもなく病気になったからである。加えて、行幸は警備手段を必要とし、これが大学側には大学の自治への脅威として映ったこともある。現在、史料編纂所の玄関ホールでは常設展示がおこなわれている。

海外への発信は、小規模ながらも史料編纂所が実行し続けたもう一つの任務である。同所の刊行物のいくつかは、日本の文化的遺産を印象づけるために、海外の機関に寄贈された。日露戦争直後の一九〇五年の日付をもつ刊行物の一覧についての説明によると、史料編纂掛は、日本の軍事的達成のみならず、その文化的達成も海外に誇りうるものであることを立証しようと願った。また、一九一〇年にイギリスでおこなわれた「日英博覧会」では、史料編纂掛の出版物と歴史上の人物の肖像画が展示された(14)。

史料編纂掛は、少なくとも三上の時代までは、過去にかかわる問題に関して公的な権威であり続けた。三上はまた、華族の地位に昇格した者の家系調査を依頼されることもあった。一度に二人の候補者が自分こそ楠木正成の後裔であると主張したこともあったし、児島高徳の後裔を自称する者たちもしばしばあらわれた(15)。

しばらくの間、史料編纂掛の職員たちは学校の教科書編纂に携わり続けたが、一九〇七年、史料編纂掛はまた、歴史科教授用参考掛図として所蔵史料のなかから肖像画・絵画を刊行する計画を立てた[16]。一九一一年以後、この役割は重要性を失ったが、第二次世界大戦直後には、編纂所の職員たちは文部省のために小学校の教科書編纂に従事するとともに、中等学校用に、図画集を含む史料集の編纂に従事したのであった[17]。

一八九五年当時、史料編纂掛の職員が自分の研究を発表する自由は厳しく制限されており、三上はこれらの指示をかたくなに守った。しかしながら、全員がそうしたわけではないようで、実際、星野恒と田中義成が新しい学術雑誌『歴史地理』で論文を発表した際、三上は調整をしなければならなかった。『歴史地理』は、史料編纂掛の職員が論文を発表するのを許されている雑誌の一覧にはなかったのである（「三上参次先生談旧会速記録」『日本歴史』第四〇七号、八五頁）。三上自身が、井伊直弼に関する彼の見解で批判されたこともあった。三上の見解は、一九〇三年に出版された最初の国定制の小学校用歴史教科書で表明されたものである。その見解の批判者のなかには山県有朋もいたのだが、三上が、島田三郎『開国始末』にある山県名義の序文（実際の作成者は井上毅）が三上と類似の見解を表明している事実を山県に思い出させるまで、山県の批判は続いた[18]。しかしながら、『やまと新聞』主催で、靖国神社でおこなわれていた桜田の一七烈士（一八六〇年の桜田門外の変で死んだ武士）慰霊会・弔慰会の幹事長（長谷場純孝文部大臣）は、三上を免職にしようとした。東京帝国大学総長の浜尾新は三上を擁護し、そのような手段は大学の自治に反すると指摘した[19]。

一九二〇年から三八年まで史料編纂掛の事務主任を務めた辻善之助は、同僚たちに自らの研究をするよう奨励した[20]。しかしながら、一九三〇年代には表現の自由は次第に脅威にさらされるようになり、史料編纂所の職員たちは世間の注目を避けることでそれに対応した。一九三〇年代には、東京帝国大学国史学科の平泉澄《きよし》（一八九五―一九八四年）が皇国史観（第七章第二節）の顕著な主唱者になるまでのしあがった一方で、史料編纂所の作業はほとんど以前と変わりなく続けられた[21]。一九三四年、建武中興六百年祭がおこなわれると、南北朝正閏問題がふたたび議論の対象となった。

対立を避けるため、史料編纂所の職員は『大日本史料』の関連する巻（第六編）についての、さらなる作業を延期したのである。[22]

一九四五年以後になってさえ、史料編纂所の職員は自らの研究をおこなうこと、特にそれを大学の外へ公表することを躊躇した。こうした態度は学生反乱（大学紛争）に際して、批判を引き起こし、それへの対応として、史料編纂所を再編する試みがおこなわれた。その再編には、史料編纂所をより開かれたものとし、また研究と教育の統合を促進する目的があった。同所の空席のポストは初めて公募されるようになり、同所の職員も今や必ずしも東京大学の卒業生である必要はなくなった。一九六七年以降、史料編纂所の仕事は年報（『東京大学史料編纂所報』）を通じて世間に知らされている。職員たちは自分の研究を発表したり、学外で講義や演習をおこなったり、地域史や地方史の刊行というかたちで日本全国の研究機関を支援したりしている。また史料編纂所は国内外から訪問研究員を受け入れ、研究交流の促進にも努めている。

かつての制約と、現在史料編纂所の職員が享有している自由とは、著しい対照をなしている。この対照は、昭和天皇の最後の病気の際にあらわになった。史料編纂所の職員は、第二次世界大戦中における昭和天皇の役割や、「天皇制」を復活させようとする保守派の試みに対して、最も声高な批判者となった。一九八八年から八九年にかけての冬に、一部の職員によって史料編纂所の外に貼り出されたポスターには、半公式的な皇室への態度を批判した海外新聞の記事のコピーが見られた。職員のなかには時事的な記事を発表した者もいた。例えば、当時所長であった高木昭作は、広く読まれていたある雑誌に寄せた記事のなかで、日本が神国であり天皇が皇孫であるというイデオロギーを歴史的な観点から論じ、日本は未だにこうした考え方を完全に克服していないと主張した。高木は、これが国際関係の重荷となっているという。[23]もう一つの事例は、新天皇の即位儀礼に関する批判的な議論を含む刊行物である。この刊行物には、史料編纂所の元所員や現役所員による、中世や近世の日本の即位儀礼に関する寄稿が含まれている。[24]

要するに、史料編纂所は、重野や星野の時代とおおむね同じやり方で、文書の収集と刊行を続けている。かつて政府部局として有していた官僚的な性格も、依然として残っている。例えば、学外の訪問者が所蔵史料を利用することに関する数多くの規則がそうで、未だにかなり厳しく制限されている。同時に、史料編纂所はより開かれたものとなってきている。職員は、より同質性の希薄なグループとなり、より独立的になっている。その起源が一八六九年の「修史御沙汰書」にまでさかのぼる機関である史料編纂所の所長が、制裁を恐れる必要もなく、一般向け雑誌で天皇の役割を批判することができる。このような事実は、史料編纂所が、以前の政府部局以来の連続性にもかかわらず、久米邦武が神道に関する論文のために免官されたときから、大きく変化したことを示しているのである。

第二節　ドイツと日本における歴史学と国民

「祖国に対する聖なる愛が魂を吹き込む Sanctus amor patriae dat animum」とは、「ドイツ古史学会」のモットーであった。この学会は一八一九年に創設され、その目的は、のちにドイツ中世史における卓越した国民的史料集となる『ドイツの歴史的遺産 *Monumenta Germaniae historica*（*MGH*）』を刊行することであった。*MGH* は、解放戦争（一八一三―一五年）の結果として高まったドイツ・ナショナリズムが、史料の収集と刊行を鼓舞したことによって生じた達成の例として、比類のないものである[25]。*MGH* が『大日本史料』に影響を与えたと日本人研究者が主張するのも当然である。実はこの二つの史料集に共通するところはほとんどなく、『大日本史料』は明らかにその体裁を塙保己一の「史料」に負っているのだけれども。

ドイツは、一九世紀ヨーロッパにおけるナショナリズムの興隆と歴史学の興隆との関係を示す好例である。ドイツにおいて、ヨーロッパ・ロマン主義の影響下で現れたロマン主義的ナショナリズムは特に強力なものであった。それはフランスの覇権に対する反発であり、何よりも、一つの国家を成していない人々の一種のナショナリズムであった。文化、言語、そして文学がネーションの範囲を決定しなければならなかった。政治上のナショナリズムはそのあとを追い、国民国家の創出にかかわるものとして出現した。特に歴史は、ネーションが過程の産物であることを示すことで、ネーションのアイデンティティーを規定し、その唯一無二さを強調するのに役立った[26]。個別性と有機的発展は歴史主義を性格づけるものであり、歴史主義は歴史学の組織化に大きく寄与した。ドイツの歴史学は、一九世紀末にいたるまで他国のモデルであった[27]。ベルリン大学のゼミナール（演習）で、学生たちへの歴史研究の技術のトレーニングを始めたことをもって、専門的な学問分野の基礎を確立した功績は、レオポルト・フォン・ランケに帰せられた[28]。例えばブレスラウ大学は一八三二年からというように、他大学もランケの例に倣った。

ランケの最古参でかつ最も有名な弟子の一人が、ハインリッヒ・フォン・ジーベル（Heinrich von Sybel、一八一七—九五年）である。ジーベルはマールブルク大学や、より重要なところではミュンヘン大学に歴史学のゼミナールを導入した[29]。ミュンヘンは、マクシミリアン二世の治世下、歴史研究の中心となっていた。マクシミリアン二世はランケに付いて勉学した経験のある人物で、一八五四年にはランケに講義をおこなわせている。マクシミリアン二世の後援によって、ジーベルは一八五七年、ミュンヘン大学内に歴史学科を創設した。またジーベルは一八五九年、最初の専門的歴史雑誌である『史学雑誌 *Historische Zeitschrift*』を創刊した。文書の収集と刊行も、その多くをジーベルに負っている。ジーベルはバイエルン王立科学アカデミー歴史学委員会の最初の事務局長を務めた。歴史学委員会はマクシミリアン二世により創設され、その創設を提案したランケによって主宰された。ランケが一八八六年に死亡すると、ジーベルが後を継いだ[30]。委員会の目的は、確実なテキストと正確な年代推定によってドイツ史の史料を収集・刊行することであり、もしも可能であれば、その因果関係を打ち立てることであった。ランケとジーベル以外の歴史学委員会の委員としては、*MGH* の編集局長であるゲオルク・ハインリッヒ・ペルツ（Georg Heinrich Pertz）と、ヨハン・グスタフ・ドロイゼン（Johann Gustav Droysen、一八〇八―八四年）などがいた。*MGH*が、いくつかのドイツ諸邦やドイツ連邦から補助金が与えられていたものの、あくまで民間の事業であったのに対して、歴史学委員会は君主の主導によるものであった。歴史学委員会の新しい特徴としては、ドイツ全土から学者を雇用したことも挙げられる。委員会は帝国議会の法律や、一四―一六世紀のドイツ諸都市の年代記を出版することになっていた。委員会のもう一つの業務は、『ドイツ史年鑑 *Jahrbücher zur deutschen Geschichte*』の編纂である。これはランケによって提案されたもので、ランケはすでに教え子たちと作業に取り組んでいたのである。「もしも我々が、史料批判を加えたドイツ史の年代記を統合して、一つの偉大な著作に統一することができるならば、それはすばらしいことではなかろうか」。ランケの意図は、権威ある歴史を作るというよりはむしろ、未来の研究と著述のための信頼できる基礎を作ることにあった[31]。このことは、「大日本編年史」を想起させる。官撰正史に使用する言語に関しての意見書の執筆者も同様のことを考えていたからである（第四章第三節）。

歴史学委員会の目的は、単に学問的なものにとどまらなかった。史料の刊行に加えて、委員会は歴史叙述を奨励することになっていた。この歴史叙述は、「その刺激的形態と倫理的内容を通じて、愛国心や国民意識を掻き立て、人々の心に豊富な過去を思い起こさせることで、国民精神に強力で有益な滋養物を与えるであろう[32]」。

歴史学の組織化におけるジーベルの貢献は、ランケより大きいものでさえあった。ドイツの大学における歴史学ゼミナールの進展はその多くをジーベルに負っている。いくつかの文書を刊行する事業は彼によって開始されたものである。例えば、『プロイセン邦立文書館叢書』『アクタ・ボルシカ』『フリードリヒ大王政治書簡集』『ドイツ帝国議会法令集』などがその例である[33]。さらにジーベルはプロイセン邦立文書館館長に就任した。一八八三年に、ローマに歴史研究所の設立を提案したのも彼であった。ジーベルは上記の提案を、ゲオルク・ヴァイツ（Georg Waitz）、ヴィルヘルム・ヴァッテンバッハ（Wilhelm Wattenbach）、そしてユリウス・フォン・ヴァイツゼッカー（Julius von Weizsäcker）

とともにおこなっている。[34]一八八〇―八一年に教皇レオ一三世はヴァチカンの機密文書館を公開し、一八八一年にはオーストリア歴史研究所が創設された。プロイセン科学アカデミーはオーストリア同様の研究所の目的を定めるために委員会を発足させ、ジーベルもその一員となった。一八八八年には、ドイツ史の研究をおこない、文書を刊行するために、ドイツ歴史研究所が創設された。

ドイツの歴史学研究の発展は国民国家の発展と並行しており、そのナショナル・アイデンティティーの探求によって鼓舞された。それは学問的関心というより政治的・イデオロギー的関心によるものであった。ドイツにおいて国家統一が達成されたのは、隣国より後のことであった。一八七一年のドイツ帝国の成立は国民国家の発展のための枠組みを生み出し、それは市民によって受け入れられた。[35]政治的にも活発であったジーベル（一八四八年フランクフルト国民議会議員、一八六二―六四、七四―八〇年プロイセン下院議員、一八七五―九五年ベルリンのプロイセン邦立文書館館長でドイツ帝国の半公式歴史家）にとって、政治的判断は歴史的伝統によって指導されなければならなかった。[36]ジーベルは、歴史を因果関係の連鎖と見なし、過去への客観的な知識とその完璧な再現が可能であると結論づけた。したがって、彼は決定を下すための信頼できる基準を持っていた。それは、歴史的な成功という基準である。ジーベルは、歴史には、教養のある中産階級の間で存在していたドイツ統一への希望を正当化する潜在能力があるということを、早い時期から認識していた。[37]歴史叙述と同時代への関心との密接な結びつきこそ、歴史主義の叙述の特徴である。こうした結びつきは、例えば、ドイツの憲法はドイツの伝統や国民性に適合的なものでなければならないという考え方に表れている。ジーベルのみならず同時代の他の歴史家たちも、同時代人の政治行為に影響を及ぼすことが自らの課題であると見なしていた。ドイツの多くの歴史家は、彼ら自身が政治的に活発に活動していた。ドロイゼンは、フランクフルト連邦議会（ドイツ連邦のさまざまな問題を扱う議会）でプロイセン政府の代議員を務めた。ランケ、モムゼン、ジーベル、ドロイゼン、トライチュケなどの歴史家たちは活発な政治評論をおこなった。彼らは当時の政治的・社会的な問題を、彼らの歴史的知識の観点から論じようと努めた。彼らの評論集は教養ある市民の本棚に並んだ[38]。ランケ自身も、政治のために歴史叙述をおこなうことの重要性を自明視した[39]。ドロイゼンは、プロイセン歴史学派を第一に代表する者であるが、彼はさらに進んで、自分の意図は現在や未来に方向性を与えるため過去を描くことにあると、『プロイセン政治史』のなかで述べている。歴史家の任務は、対外政治活動のための原理を提供することであるとされたのである[40]。さらに、ハインリッヒ・フォン・トライチュケ（Heinrich von Treitschke、一八三四—九六年）は『一九世紀ドイツ史』（一八七九—九四年）において、「ドイツ人の政治意識にプロテスタント—プロイセン的アイデンティティーを与え」たいとさえ述べたのである[41]。

歴史家たちは、プロイセン王国を記念するためのモニュメント建設にも協力した。トライチュケは、皇帝ヴィルヘルムのためにナショナル・モニュメントを計画する諮問委員会の委員であった。ジーベルなどプロイセンの歴史家たちの歴史解釈が、ゴスラーの皇帝居城にある「帝国の間」の絵画のもとになった。「帝国の間」は一八七八—九七年にナショナル・モニュメントとして改造されたのである[42]。

歴史状況における類似性によって、一九世紀後半の日本にとって、ドイツは主要なモデルとなった[43]。日本の場合、国民国家となるために政治的に統一される必要はなかったが、一八六八年以前は、国全体ではなく藩や村落・近隣の共同体が忠誠心や愛着の主要な焦点であった。ナショナリズム的な感情は、知識人、特に国学者や、支配階級の一部に限られていた[44]。中央集権化とコミュニケーションの増大によってはじめて、ナショナリズムは集団感情となったのである。

この過程において、国民国家という西洋の概念が重要な役割を果たしたのと同様に、西洋との対決も重要な役割を果たした。明治日本は、生活のほとんどの領域で西洋を模倣した。その結果、多くの日本人が日本はその特質を失ってしまうのではないかと恐れた。一八八〇年代は西洋化のピークの時代であり、それは西洋風のホールである鹿鳴館に象徴される。鹿鳴館では、政治指導者やその夫人たちが西洋の夜会服を身にまとって舞踏会に参加した。しかし、一八八〇年代は、同時に、日本独自の文化的伝統の復興の時代でもあった（第二章第五節）。ドイツと同様、国家ではなく文化がナショナリズムの源泉であった。新しい憲法は、日本独自の文化的伝統にしっかりと根ざしたものでなければならないとされた。日本国家は、個有の性格（「国質」）をもつ有機体（「国体」）とみなされた(45)。そうした個有の性格（「国質」）は言語や文学に表れ、歴史もそれを説明するのに役立った。日本は「神国」であり、皇室はその起源において神であると信じられたことは、日本のナショナリズムに宗教的性格を与えることになった(46)。楠木正成のような歴史的人物の神格化は、ナショナリズムと宗教との密接な関係性を、ドイツのモニュメント以上に明確に示している。日本における祖先崇拝、建国の英雄の崇拝と、「国民の祖先」の崇拝、「家族国家」の関係は、さらなる研究の価値が十分にあるテーマである。

日本における文化的ナショナリズムの起源は江戸時代に見られるが、その考え方は直接的にはドイツ思想の影響を受けている。ドイツ思想は、日本人留学生によって持ち帰られた。例えば、明治後期の主なイデオローグの一人である井上哲次郎は、一八八四―九〇年ドイツに留学したあと、帝国大学で哲学を講義した。他方、ローレンツ・フォン・シュタインは、彼の日本人の教え子から日本のことを多く聞き、ドイツと日本の歴史には多くの著しい類似点があると結論づけ、ドイツ人たちに日本人の学者と協力して日本史を研究するよう求めている(47)。

一八八〇年代は、日本最初の憲法（大日本帝国憲法）の準備期間に当たると同時に、日本がそのモデルを求めてますますドイツに傾斜していく時期でもあった。ドイツは一八七一年に普仏戦争に勝利を収め、初めて国民国家を形成し、急速に経済的に強力となっていった。この新しい国家は権威主義的であった。軍事力や経済力、立憲君主制、そして生活の多くの領域における国家の管理といったドイツ帝国の特徴は、日本人には魅力的であった。しかし、日本人が特に印象を受けたのは、こうしたさまざまな発展においてナショナリズムが推進力となったその方法であった。岩倉使節団において、岩倉具視はビスマルクがドイツの国民国家を正統化するために歴史に言及したことに強い印象を受け、岩倉など明治の指導者たちは日本の憲法は日本の歴史に根ざしたものでなければならないと主張した。この主張はローレンツ・フォン・シュタインによって補強された[48]（第二章第五節）。

教育の分野でも、ドイツの思想と実践が大きな役割を果たした。伊藤博文が憲法調査のためヨーロッパへ行った際、パリで森有礼（のち一八八五年に第一次伊藤内閣で文部大臣を務めることになる）と会い、日本の教育制度の改革について話し合った。その結果、プロイセン—ドイツという二重構造を模倣して日本の教育制度を改造し、その教育制度が国家に貢献するようなものにするという決定が下されたのである[49]。

一八八〇年代に、明治政府は教育に対する管理を強めていった。日本と中国の文学や歴史を教えることが、より注目されるようになった。同時に、多くの日本人知識人がドイツ思想に関心を抱いたことは、一八八一年における独逸学協会の設立に表れている。また、ルートヴィヒ・リースのほかにも、複数のドイツ人教師が帝国大学で教えていた。

私がここで日本におけるドイツの影響を簡単に紹介したのは、日本におけるドイツの影響の程度を強調することにあるわけではなく、むしろ日本とドイツがいかに似た課題に直面していたかを示すことにある。新しく形成された国民国家は、意味で充塡されねばならず、また列強のなかでの自国の位置を定めなければならなかった。そのことが、日本をしてドイツに向かわせる原因となったのである。日本は海外から何を受容するかに関してはきわめて選択的であり、何を受容するかはしばしば日本独自の文化的伝統により決定された。歴史編纂はその点での好例である。ドイツ歴史学が最も影響力を発揮したのは、すでに存在している傾向をドイツ歴史学が強化するような場所においてであった。日本人は、ドイツ歴史学がドイツの国民国家形成において果たした役割に魅力を感じたのである。歴史主義者は個別性や歴史的発展を強調したが、このことは潜在的には、啓蒙主義史観に代わる別の見方を提供した。この見方によると、日本は「普遍的な」発展段階では西洋に比べて進んだ段階にはなかったが、独自の特殊な発展段階では進んでいたことになる。ドイツでは、歴史主義は中世の再評価につながったが、中世こそ啓蒙主義的歴史家にとって軽蔑の対象だったのである。しかしながら、ドイツの影響が方向づけたのは、日本人の歴史解釈や歴史叙述よりも、むしろ歴史学の組織化や研究技法の発展に対してであった。ドイツ歴史学は、重野や彼の同僚が、国史を叙述するという問題を解決したり、歴史の意味に関する思想を深めたりすることには、役立たなかったのである。

おそらく、ドイツと日本との最も重要な違いは、日本における史料編纂掛の歴史家たちが国民《ネーション》の解釈者とはならなかったことにある。すなわち、彼らの人生や仕事は、ドイツの歴史家たちの人生や仕事がドイツ帝国を方向づけたほどには、日本帝国を方向づけることには寄与しなかったのである。もちろん、今日では、これらドイツの歴史家たちが記憶されているのは、あくまで史料の編纂や学問の組織化への貢献によってであって、彼ら自身の歴史叙述によってではなく、権威主義国家の後援者としての彼らの役割は今日批判されている。

今日の視点からすると、日本で最初の職業的歴史家たちがこうした役割を果たすのに失敗したことは、おそらく損失とは言えないであろう。しかしながら、一八六九年の「修史御沙汰書」は、歴史は国家にとって重要であると述べており、最初の世代の学者たち（彼らは、仕事をしている人生の期間の大半を費やして、国史を生み出そうとした）も、自らを新国家において重要な役割を演じる存在と見なしていたのである。重野や久米の著作を見ると、彼らが自らを国民の教育に貢献する存在として認識していたことがわかる。したがって、次のような問いを立てるのは正当なことである。すなわち、なぜ彼らは業務を完成することに失敗したのみならず、国家の歴史認識の形成において重要な影響を及ぼすことにも失敗したのか、と。

日本で最初の職業的歴史家たちの影響力が限定的となったのは、部分的には、まさしく彼らの役人としての立場のためであった。彼らは政府の業務に従事していたのであって、自らを市民のための代弁者と見るよりもむしろ、まず政府のために奉仕したのであった。東アジア政治思想の伝統では「官」と「民」をはっきりと区別するのであって、このことは彼らが「民」から遠く離れた存在であったことを意味する。修史部局が帝国大学に移管されて、彼らが教授になったときでさえ、彼らは依然として政府の代理人であった。彼ら日本の教授（プロフェッサー）の役割は、ドイツの教授のように「公言する《プロフェス》」ことではなかった。(50) 深い知識は学問エリートの特権であり、一般の人々に分け与えるべきものではなかった。このことは、三上参次の逸話にも描かれている（第六章第六節）。こうした教授の役割と密接に関連するのが、学問の自由、ないしその欠如という問題である。学問の自由の欠如は、職業的な歴史学の孤立化の理由としてしばしば引き合いに出される。日本の教授たちは学問の自由を組織の自律性と彼らの特権の保持として解釈したために、彼らは自分の意見を自由に公表する権利を必ずしも守りはしなかったのである（第六章第四節）。どの程度まで政府の介入が学問的な議論を抑圧したのかは必ずしも明白ではなく、この問題に関する同時代人の意見も分かれていた。しかし、久米事件や一九一一年の南北朝正閏論争を見ると、皇室に関しては最小限の議論ですら厳しく制限されていたことがわかる。このことは、皇室を中心とした官撰正史を叙述する歴史家にとっての一つの問題であった。この問題に対しては、「客観性」へ逃避して、史料の編纂と史実の考証に集中することが、唯一の解決法だったのかもしれない。

「客観性」への逃避という傾向は、ドイツ歴史学によって強められた。このドイツ歴史学は、リースや、坪井久馬三のようなドイツ帰りの日本人留学生によって、日本に持ち込まれたものである。ランケは、確固とした方法論的基礎と、歴史を形づくる観念を直感的に理解するという目的とを結合した。ランケの弟子たちは彼の研究法を固守しながらも、自分たちの政治的見解をその著作において表明した。(51) しかし、歴史的思考がより「科学的」となるにつれて、その焦点は、叙述の形態をとる歴史知識から、研究技法や史料批判へ、さらには歴史の補助学へと移動していった。この新しい主眼点は、ドロイゼンが一八五〇年代後半からおこなってきた「歴史学 *Historik*」に関する講義にも表れている。歴史のもつ意味に関する思索は哲学へと追いやられ、そこからは歴史家は自ら距離を置いた。エルンスト・

ベルンハイム（Ernst Bernheim、一八五〇―一九四二年）の『歴史学教本 *Lehrbuch der historischen Methode*』の初版が刊行されたのは一八八九年であるが、第五版（一九〇八年）まで歴史哲学に関する項目は含まれていなかった[52]。また、ベルンハイムはその後も、思索が歴史家の仕事の一部とは考えなかった。こうした展開の好例が、おそらく歴史家のテオドール・モムゼン（Theodor Mommsen、一八一七―一九〇三年）であろう。モムゼンの『ローマ史』（一八五四―五六年）は、しっかりとした研究に基礎づけられているが、彼の政治的関与や著述家としてのすばらしい才能をも反映しており、著述家としての才能が認められて一九〇二年にノーベル文学賞を受賞した。しかしながら、モムゼンは『ローマ史』を共和政の没落でもって終わらせ、その後の帝政期の歴史をついに書かなかった。ベルディングは、モムゼンが叙述的な歴史書を書くのを断念してしまったと示唆するが、それはモムゼンが研究と叙述との反目を解決できなかったからだという。個別問題に対する詳細な研究や、全体像を構成するであろうモザイクの石のみが、モムゼンをして、「科学的」研究という彼の高い基準に一致させることができたのであろう。その代わりに、学者としてのモムゼンの著作は、古銭学・金石学・文献学に集中していた[53]。

日本はドイツ歴史学を、まさにそれが一九世紀後半に現われたかたちで受容した。それは狭義の実証主義という意味での歴史主義としてであり、事実にもとづく知識を生み出すことをめざしていた。しかし、日本が受容したドイツ歴史学は、歴史的思考と同時代の経験との内的つながりや、方向づけの問題を見失っていた[54]。リースは、自分自身が格別の関心を抱いていた方法論を教えたが[55]、これこそ彼が教えた他のどの内容よりも、日本の学生たちに強い印象を与えたものと思われる。また、リースの教えが史誌編纂掛の歴史家たちに承認を与えたのも確かである。坪井九馬三は一八九一年に教授として史学科に加わったが、彼も方法論を強調した。坪井の『史学研究法』（一九〇三年）はベルンハイムの『歴史学教本』にもとづくものであった[56]。リースをランケの弟子と表現し、リースの遺産の重要性を過度に強調することで、日本において、ランケは近代歴史学の創設者として描かれた。そこで権威として引き合いに出されたのは、「擬似実証主義者」（ブライザッハによる表現）としてのランケであって、歴史全体の背後に神の計画を見て、キリスト教的ないし啓蒙主義的歴史叙述という普遍主義の伝統に多く負うような歴史叙述を書いたランケではけっしてない。こうしたランケの部分的受容は、日本のみに特有なことではない(57)。しかしながら、ランケを日本における近代歴史学の祖として引き合いに出すことは、「普遍的」な人類の進歩という文脈における「科学的」な歴史学の興隆という物語の一部に組み込むことを通じて、日本の歴史学の特徴を正当化するのに役立ったのである。

「科学的」な歴史学は、歴史叙述における知識の表象の問題や、社会教育における歴史知識の機能の問題を軽視し、歴史の意味に関する思索を非歴史家に委ねてしまった。こうした「科学的」な歴史学が出現した結果、ドイツと日本で類似の問題が起こった。歴史学を政治に奉仕させて、政治的価値を検証抜きに宣伝させることが可能となり、実際そうなったのである。それが依然として「客観的」であるかのような外見をもちつつも、である(58)。

「科学的」な歴史学は表象の問題を軽視したために、それが一八八〇年代後半から一八九〇年代初頭にかけて日本に受容された際、官撰正史の編纂にかかわっていた重野やその同僚たちが抱えていた最大の問題、すなわち体裁（形式）の問題に対するいかなる解決法をも示さなかった。「修史事宜」や、重野安繹の歴史編纂に関する講演（第四章第二節）によれば、重野が歴史叙述の伝統的な体裁を不十分なものと考えていたことがわかる。すなわち、編年史は単に事実を羅列するのみであり、他方、物語的歴史（歴史物語）は信頼できない。重野の西洋の歴史編纂に対する関心は、国史編纂の新たな体裁への探求に動機づけられていた。ある講演（「国史編纂の方法を論ず」）のなかで、重野は次のように述べている。西洋の歴史書は「本邦漢土の唯事上に就て記し去る者と異にして、始に原《もと》づき終を要し、顚末を具書し、当日の事情をして躍々紙上に現出せしむ」るものである、と(59)。ゼルフィの「歴史の科学 *The Science of History*」に対する重野の注記からは、因果関係についてのゼルフィの言及に重野が特に関心を抱いていたことがわかる。重野は、「客観的」でありながら、同時に意味が立ち現われるような体裁を探し求めていたようである。しかし重野は、こうした意味は出来事それ自体によって与えられると考えていた。したがって、いつの日かすべての証拠が集まれば、意味はおのずから明らかになると期待して、さらなる証拠への探求がおこなわれた。証拠の蓄積にこのように集中したことは、結果的には表象の問題の回避につながった。

形式の問題は、同時に意味の問題でもあった。なぜなら、叙述としての歴史が「本当に起こったままの物事」を語ると主張するとしても、それには「解釈、つまり真の歴史哲学」が含まれるからである(60)。このため、歴史の形式は、最近、歴史理論や史学史において、頻繁に議論される問題となっている。それも、叙述としてではなく、歴史思想としてである(61)。ヨルン・リューゼンは特に、歴史を叙述することは、単に研究結果を表現するだけではなく、意味を創造するうえで根本的な機能を持つことを強調している(62)。

ドイツ歴史主義学派の典型的な歴史叙述の形式は、叙事詩的な叙述である。ランケ、ジーベル、モムゼン、ドロイゼンなどがこの形式で執筆した。その叙述とは、人々や制度の歴史的な展開や、ある時代の出来事を詳細に描くものであった。これは、歴史学が科学であるのと同様に、依然として、芸術でもあると見なされていることを認めたのにとどまらない。叙事詩的な叙述という形式には、過去を首尾一貫した全体として見る歴史主義的観念が表れており、それこそが叙述が提示しようとしたものだったのである(63)。そうした着想はナショナリズムによってもたらされたものなのであって、この事実は当時の歴史家たちも認識していた(64)。ドイツ国民国家の創出は、新しい出発であるとともに過去との決別であった。しかしながら、その前後では十分な連続性も存在していたため、歴史家が一八六六―七一年の出来事を、新しい国民国家へといたる過程の完成であると解釈することも可能だったのである(65)。

他方、日本の「アカデミズム」学派の形式は、実証的な論文である。重野、久米やその同僚たちは講演を刊行し論文を執筆したが、そのほとんどは狭い主題に焦点をおいていた。しかし、「あれ（―考証的な論文）は歴史の骨組みを造る材料であって、ほんとうの歴史とはああいうものではない(66)」。さらに、広い範囲を扱う物語的な歴史の方が、狭い範囲に焦点が当てられた分析的な論文よりもむしろ、専門家ではない読者に届く手段となっていた。ある同時代の観察者は、明治中期の「歴史熱」（第六章第一節）の結果を、次のように表現している。「彼の事実を臚列《ろれつ》せしのみにて、何の脉絡《みゃくらく》もなく、何の興味もなき考証と、かの臆断と揣摩とを以て満されたる史論と、かの普通の事実以上を語るあたはざる教科書類の続発とは、いかに世人をして之が応接に顰蹙せしめしぞ」(67)。彼や他の評者たちは、国史を書くための適切な形式が未だ見つかっていないことに気づいていた。『早稲田文学』の評者たちが繰り返し歴史学の状態を「混沌未開」と述べた際、何よりも批判されたのは歴史記述の状態であった。ある評者は一八九六年に、その前の数年間における歴史学について論じながら、「評論家」にも「専門家」にも、完全な著作を生み出す能力はないと述べていた(68)。同様に山路愛山も、専門家たちの史学が人民の「興感《きょうかん》」を催させるような要素を減少させていることを批判して、史学の進歩と人民の史学に対する興味の進歩が並行していないと結論づけた(69)。山路はマコーレーを例にとって、史実に沿い、かつ興感を与えるような歴史を生み出すために、史学は「芸術」を兼ね備えなければならないと述べている。

もし叙述に解釈が含まれるとするならば、修史部局の学者たちが、彼らの書こうとした国史に適合的な形式を見つけることができなかったということは、おそらく、日本が経験しつつある大変動を正当に評価するような日本史解釈を彼らが定式化できなかったことを反映していることになろう。修史部局は、支配者が自らの地位を正統化するために歴史書を書くという日本古代の伝統を復活しようとして設立されたが、すぐに時代遅れのものとなってしまった。六国史と「大日本史」が修史部局の職員たちにとって主たるモデルであったが、それらは日本における皇室の地位を強化するために書かれたものであった。さらに、一四世紀の歴史書「神皇正統記」（「大日本は神国也」という断言から始まり、他国に対する日本の優越性を実証しようとした）でさえ、その主たる関心は世界における日本の位置ではなかった。しかし、強いられた日本の開国の後に歴史を記述する歴史家が直面しなければならなかったのは、この問題なのである。日本が無比で他国より優越しているという観念は江戸時代の国学者たちによって展開されたが、明らかに現実とは相違していた。日本は弱く、西洋列強の脅威にさらされていた。

国民国家日本を形成するうえでの問題は、それには日本文化を否認して外国の文化を採用することが伴うということであった(70)。日本は、単に自国の過去のみならず、西洋とも折り合いをつけるための新しい道を見つけなければならなかった(71)。外国文化との対決や一八六八年以後の急激な変化は危機感をもたらしたが、その危機感は三浦安の覚書（第二章第五節）に明らかである。旧秩序の崩壊と、明治時代の最初二〇年間における大変動によって、歴史の新しい概念が必要となった。パイルは次のように述べている。

加速した歴史の過程によって方向を見失った日本にとって必要であったのは、過去を現在や未来に適応させるための有意義な方法、そして明確な見通しや方向感覚であった。これらは建設的な、また統合的な力として機能し、人々が一致協力して行動して、国内外の問題に有効に対処することを可能にしたのである(72)。

文化的アイデンティティーは単に「新しい世代」のみの問題ではなかった。重野の世代は、日本が西洋への開国を余儀なくされる以前に、儒学的な伝統で教育を受けた。しかし、一八六八年以後は、彼らの知っている世界が過ぎ去るのを経験したのである。重野の著作からは、彼が古いものと新しいものとを調和させようとしていたことがわかる。すなわち、重野の著作は、漢学の伝統に深く根ざしながらも、新しい思想にも開かれていた一人の人間の証言である。重野は、日本が西洋の達成と日本の伝統とを結合させることで、「時勢」とともに歩まなければならないと強調した。それにもかかわらず、重野は中国を真の学びの源泉とみなすことをやめはしなかった。これは、一八七九年におこなわれた彼の国史編纂に関する講演（第四章第二節）や、考証学に関する講演（第五章第一節）からも明らかである。中国は、日本と西洋を認識するための参照基準を重野に与えたのである。重野自身の西洋に関する知識は限られていた。一九〇七年に初めて海外に出かけたときは、すでに老年であった。久米が伝えるには、重野はもっと早く洋行しなかったこと、すなわち岩倉使節団への随行を求められたときにそうしなかったことを遺憾に思っていたという[73]。

啓蒙主義歴史家は、進歩という西洋の概念を適用しつつ「普遍的」な歴史を記述することによって、日本史を理解しようとした[74]。問題は、この啓蒙主義的歴史が日本を対等なものとしては受け入れないことにあった[75]。そのような日本史に対する見方は、日本が列強のなかで自らの位置を見出し始めると、もはや適切ではないように思われた。一八九四年には、日本は不平等条約の改正をついに達成し、また日本が何世紀にもわたってモデルと見なしてきた国である中国（清）に対して軍事的勝利を収めた。日清戦争の勝利を祝した新雑誌『太陽』の評者たち（そのなかには久米もいた）は、新たな時代の到来を宣言した[76]。

こうした文脈のなかで、新しい歴史の概念が徐々にあらわれた。一八九〇年代には東洋史が一つの学問分野として登場した[77]。「東洋」という概念は、日本が自らのために作り上げたものであるが、この東洋概念によって、日本は西洋の過去の一部としてよりも、西洋とは区別されながらも同等な存在として自らを認識することが可能になったのである。そして、東洋概念は日本を世界史の一部としたうえで、アジアにおける指導的な役割を日本に与えた。「東洋史」は一つの学問分野として、日本の「アカデミズム」の一部に組み込まれた。東洋史という分野を定義づけるうえで中心的な役割を果たした白鳥庫吉は、もともとはリースのもとで学んだ者だったのである。「東洋史」は、日本の持つジレンマ、すなわち、過去と現在との、ならびに東洋と西洋との関係性の中で、日本が自国をどのように定義づけるかというジレンマを解決してくれるかのように思われた。しかし、一つの学問分野として、東洋史は「国史」と同様の方法論を採り、よって「国史」と同様の「客観的」な衣装をまとっていた。それゆえ、東洋史は日本史を解釈するための新しい基準を供給したとしても、日本史を記述するための新しい形式を供給することは必ずしもなかったのである。

新しい時代にふさわしい新しい歴史の概念を定式化することができなかったことは、重野やその同僚たちが心に描いていた叙述的な日本史を完成することができなかったことを部分的には説明してくれるかもしれない。しかしながら、最終的には、彼らの最大の問題は森鷗外の小説「かのやうに」の主人公・五条秀麿のジレンマであった。すなわち、どのようにして、神話と史実を明確に区別した歴史を書きつつ、国民に意味を与えるような神話を保持することができるのか。また、歴史家は政治的・道徳的な偏向《バイアス》から自由でなければならないという見解と、歴史には国民意識を育成して方向づけを与えるという重要な役割があるとの信念とを、どのようにして調和させるのか。『稿本国史眼』（第三章第四節）は重野らが完成させ刊行した唯一の日本史全体の概観であるが、『稿本国史眼』は国史を天皇の、神聖なる歴史として描いた(78)。そのような日本史解釈は日本における初期の編年史、すなわち修史部局にとって手本となった書物たちの解釈と一致していた。しかしながら、それは、どうみても編修官たちが史実と信じたものとは違っていた。

問題は、「客観性」と、偏向《バイアス》の対立ということだけではないのである。すなわち、「客観性」とは獲得不可能なものであるが、それは、編年体を含むいかなる歴史の表象も、史料それ自体によって「所与とされ」てはいない選択の問題を含むからである。一四世紀の南北朝の分裂をめぐる論争は最良の例である。史料編纂掛の学者たちが、ある解釈を含意することなく出来事を叙述するような言葉遣いを選択することは不可能であった。日本の「アカデミズム」学派の問題は、ふつう批判されるように、思想と理論に弱いことのみにあったのではなく、「客観的」でもなかったことにあった。このことを、ステファン・タナカは「東洋史」という学問分野で示している。

日本の「アカデミズム」の失敗は、「皇国史観」として知られる、一九三〇年代に登場した日本史の超国家主義的解釈の出現に責任があると、しばしば非難されてきた。皇国史観は、天皇の万世一系を国体の精華とし、神話を歴史として扱った[79]。皇国史観を代表する平泉澄は、三上参次の後を継いで史料編纂掛の主任となった黒板勝美の弟子であった。日本中世に関する平泉の初期の著作は今でも尊重されているが、一九二〇年代半ばになると、平泉ははっきりと史実や証拠を過度に強調することからは距離を置くようになった。そして、平泉は、明治の先人たちを悩ませたジレンマを力づくで解決したのである。すなわち、論文「歴史に於ける実と真」のなかで、彼は、「実」と分析を強調しすぎるとして考証学派を批判し、考証学派の研究方法に「綜合」的な研究方法を対比させた。「綜合」的な研究方法は「真」を求めるもので、「科学」というよりはむしろ「芸術」である。平泉は史料編纂所の歴史家たちを、「我が大日本の肇国以来の歴史」を一貫する「大精神」を無視しながら史料収集をしていると非難した[80]。皇国史観は、日本の植民地帝国が絶頂に達したときの公式的歴史解釈であり、日本の植民地帝国を正当化したものだが、重野やその同僚たちが高く評価した「客観性」を犠牲にした。平泉は同僚から孤立した。第二次世界大戦直後に辞職し、彼の著作のほとんどは今や、まったく信用されていない。しかしながら、日本の「アカデミズム」がそうした神話的歴史の主唱者を誕生させたという事実は、客観性という観念を問うことを怠り、また歴史的真実の探求と歴史の表象との関係性に取り組むことを怠った結果である。

以上のジレンマは依然として未解決であり、ほとんど取り組まれていないままである。戦後の日本では、歴史的客観性がふたたび現われ、支配的になっている。すなわち、理論や理解の問題は無視されているのである。そして、実証主義的研究が、依然として日本の歴史分野では支配的である[81]。たくさんの事実と広範な史料引用を示しながら、最小限の解釈しか伴わない、狭い範囲に焦点を絞った論文が数え切れないほどの学術雑誌に掲載されている。他方、歴史小説（徹底した調査にもとづくものもある）ははるかに人気があり、（ドイツとは違って）専門的歴史家の著作よりもずっと影響力がある[82]。文部省は、学校教科書における日本史の扱い方を護るために、今でも「純正史学」と「応用史学」の区別を支持している。そして、文部省は、天皇中心的なイデオロギーを復活させようとしているとして、多くの歴史家によって批判されているが、その歴史家には史料編纂所の職員も含まれている（第七章第一節）。

山路愛山が一九〇九年に当時の歴史家を批判したとき、彼は江戸時代からの連続性と、日本と西洋との類似性をともに強調した。結局、国民《ネーション》のための歴史を書こうとした重野やその同僚たちが経験した緊張——真実と神話のあいだの緊張、事実と解釈のあいだの緊張、公平性と党派性のあいだの緊張、科学と芸術のあいだの緊張、研究と叙述のあいだの緊張——は、いかなる時と場所の歴史家も直面せざるをえないものなのである。

注

第一章

（1） 著者の英訳は、大久保利謙『大久保利謙歴史著作集七　日本近代史学の成立』（吉川弘文館、一九八八年）に引用された原文をもとにしている。それを簡単に論じたものとして、Francine Hérail, 'Regards sur l'historiographie de l'époque Meiji', *Storia della Storiografia/Histoire de l' Historiographie* 5（1984）: 92-114 を参照のこと〔訳注―引用文は東京大学史料編纂所所蔵「明治天皇宸簡御沙汰書」明治二年四月四日。請求記号S〇四七一―四。句読点は上掲大久保文献による〕。

（2） Paul Akamatsu, *Meiji 1868: Revolution and Counter-Revolution in Japan*（London: Allen & Unwin, 1972）.

（3） Margaret Mehl, 'Tradition as Justification for Change: History in the Service of the Japanese Government', in *War, Revolution & Japan*, ed. Ian Neary（Sandgate, Folkestone, Kent: Japan Library, 1993）: 39-49.

（4） Carol Gluck, *Japan's Modern Myths: Ideology in the Late Meiji Period*（Princeton, N.J.: Princeton University Press, 1985）: 37-39.

（5） 以下、Arthur Marwick, *The Nature of History*（London: Macmillan, 3rd edn, 1989）: 38-43; Friedrich Jaeger/Jörn Rüsen, *Geschichte des Historismus*（München: C. H. Beck, 1992）: 21-24 を参照。

（6） Jaeger/Rüsen 1992: 1, 7.

（7） Jaeger/Rüsen 1992: 69-70.

（8） 例えば、Benedict Anderson, *Imagined Communities*（London: Verso, 1991, rev edn）（ベネディクト・アンダーソン著・白石隆・白石さや訳『定本想像の共同体――ナショナリズムの起源と流行』書籍工房早山、二〇〇七年）: 194, 197; Wolfgang Hardtwig, *Geschichtskultur und Wissenschaft*（München: dtv, 1990）passim; Jaeger/ Rüsen 1992: 9-10; Marwick 1989: 41-42.

（9） Hardtwig 1990: 224.

（10）　Eric Hobsbawn and Terence Tanger (eds), *The Invention of Tradition* (Cambridge: CUP, 1983, 1984): 14.

（11）　Christian Meier, 'Was ist nationale Identität', in *Die Last der Geschichte: Kontroversen zur deutschen Identität?*, ed. Thomas M. Gauly (Köln: Verlag Wissenschaft und Politik, 1988): 55–67.

（12）　Hobsbawm/Ranger 1984: 9.

（13）　以下の要約は、本書に直接関連する展開に限った。日本の史学史に関する権威ある著作が、坂本太郎『日本の修史と史学』（至文堂、一九六六年）である。特に一八六八年以降の時期について最も役立つのが、大久保利謙の著作である。大久保の史学史に関する小論のほとんどは、著作集の第七巻『日本近代史学の成立』（吉川弘文館、一九八八年）で読むことができる。個別の主要な研究プロジェクトについては、史学会編『本邦史学史論叢』上・下（冨山房、一九三九年）所収の関係論文を参照のこと。

またW. G. Beasely and E. G. Pulleyblank (eds), *Historians of China and Japan* (London: OUP, 1961); John S. Brownlee, *Political Thought in Japanese Historical Writing: From Kojiki (712) to Tokushi Yoron (1712)* (Warterloo, Ontario: Wilfried Laurier UP, 1991); Ulrich Goch, *Abriß der japanischen Geschichtsschreibung* (München: iudicium, 1992) も参照のこと。Goch の著作は、彼が扱う著作のアルファベット順リストとともに、版やヨーロッパ言語への翻訳についての情報を載せている。

（14）　初期の編年体歴史書については、尾藤正英「日本における歴史意識の発展」『岩波講座日本歴史22』（岩波書店、一九六三年）五—二〇頁。坂本太郎『六国史』（吉川弘文館、一九七〇年、一九八六年再版）。英語文献では Taro Sakamoto, *The Six National Histories of Japan*, translated by J. S. Brownlee (Vancouver: University of British Columbia Press, 1991); G. W. Robinson, 'Early Japanese Chronicles: The Six National Histories', in Beaseley/Pulleyblank 1961: 213–228.

（15）　大久保前掲『日本近代史学の成立』一三頁。Goch 1992: 53.

（16）　Paul Varley, *Warriors of Japan as Portrayed in the War Tales* (Honolulu: University of Hawaii Press, 1994).

（17）　Goch 1992: 53.

（18）　江戸時代の修史全般については、W. G. Beasley, Carmen Blacker, 'Japanese Historical Writing in the Tokugawa Period (1603–1868)', in Beasley/Pulleyblank 1961: 245–267. Kate Wildman Nakai, 'Tokugawa Confucian Historiography: The Hayashi, Early Mito School and Arai Hakuseki', in *Confucianism and Tokugawa Culture*, ed. Peter Nosco (Princeton: UP,

1987）: 62-91 を参照のこと。

（19）Goch 1992: 31-34.

（20）Goch 1992: 44-45.

（21）Goch 1992: 14, 37.

（22）水戸学は通常、前期水戸学（光圀の時代）と後期水戸学（一八世紀末以降）に分けられる。後期水戸学はより国家主義的で神話的な歴史観を持ち、当時の政治的問題にかかわろうとする特徴を持っていた。

（23）「大日本史」と水戸学については以下を参照。尾藤正英「水戸学の特質」今井宇三郎・瀬谷義彦・尾藤正英校注『日本思想大系五三　水戸学』（岩波書店、一九七三年）五六二―五七〇頁。三浦周行「徳川光圀と其修史事業」『日本史の研究　第二輯』第一巻（岩波書店、一九三〇年）五一五―五三四頁。Herschel Webb, 'What is the Dai Nihon Shi?', *Journal of Asian Studies*, 19. 2（1960）: 135-149.

（24）太田善麿『塙保己一』（吉川弘文館、一九六六年）。温故学会編『塙保己一記念論文集』（温故学会、一九七一年）。温故学会編『塙保己一論纂』第二巻（錦正社、一九八六年）。坂本太郎「和学講談所に於ける編集出版事業」『古典と歴史』（吉川弘文館、一九七二年）三六七―三八五頁。山崎藤吉「和学講談所における『史料』編纂事業」『史学雑誌』一二編（一九一〇年）八六四―八八一頁。

（25）Goch 1992: 48-50.

（26）考証学と修史については、大久保前掲『日本近代史学の成立』三三一―三五頁を参照のこと。

（27）国学と修史については、坂本前掲『日本の修史と史学』二一八―二三二頁を参照。伊東多三郎「江戸時代後期の歴史思想――主として国学を中心に」日本思想史研究会編『日本における歴史思想の展開』（吉川弘文館、一九六五年、〈初版〉東北出版、一九六一年）二一五、二四二頁。

（28）Robert Bellah, *Tokugawa Religion: The Cultural Roots of Modern Japan*（New York: The Free Press, 1957, 1985）: 98-106.

（29）明治期の修史全般については、大久保前掲『日本近代史学の成立』、Hérail 1984 を参照。

（30）大久保前掲『日本近代史学の成立』六九―七〇、三九八頁、および随所に記述がある。

（31）これらのなかには、François Guizot（1787-1874）, *Histoire générale de la civilization en Europe.*（ギゾー著、永峰秀樹訳

『欧羅巴文明史』奎章閣、一八七七年）、Thomason Henry Buckle（1821-62）, *History of Civilization in England*（ヘンリー・バックル著、土居光華・萱生奉三訳『伯克爾英國文明史英国文明史』、一八七五年）、Herbert Spencer（1820-1903）, *The Principles of Sociology*（ヘルベルト・スペンセル著、乗竹孝太郎訳『社会学之原理』経済学講習会、一八八二年）がある。

（32）山路愛山については坂本多加雄『山路愛山』（吉川弘文館、一九八八年）。民友社の歴史家については、Peter Duus, 'Whig History, Japanese Style: The Min'yūsha historians and the Meiji Restoration', *Journal of Asian Studies*, 33（1974）: 415-436を参照。

（33）家永三郎『日本の近代史学』（日本評論新社、一九五七年）七五—七八頁。

（34）大久保前掲『日本近代史学の成立』五九—六〇頁。

（35）Hardtwig 1990; Friedrich Nietzsche, *Vom Nutzen und Nachteil der Historie für das Leben*（1874）, translated by Peter Preuss as *On the Advantage and Disadvantage of History for Life*（Indianapolis/Cambridge: Hackett Publishing, 1980）.（フリードリッヒ・ニーチェ著、小倉志祥訳「生に対する歴史の利害について」『反時代的考察』ちくま学芸文庫、一九九三年）。

（36）Herbert Butterfield, *The Whig Interpretation of History*（New York/London: W. W. Norton & Company, 1965）: 97.（ハーバート・バターフィールド著、越智武臣他訳『ウィッグ史観批判——現代歴史学の反省』未来社、一九六七年）。

（37）Jaeger/ Rüsen 1992: 65-66.

（38）John Clive, *Not by Fact Alone: Essays on the Writing and Reading of History*（London: Collins Harvill, 1990）: ix.

（39）例えば、門脇禎二「官学アカデミズムの成立」歴史学研究会・日本史研究会編『日本歴史講座　第八巻』（東京大学出版会、一九五七年）一六三—一八六頁（一八三—一八四頁）。同様の点がドイツの歴史主義でも主張されている（Jaeger/ Rüsen 1992: 66）。

第二章

（1）「太政類典」（国立公文書館所蔵）、内閣記録局編輯『法規分類大全』（官職門、官制、文部省／太政官・内閣）、石渡隆之「太政官・内閣文書」『日本古文書学講座九　近代編一』（雄山閣、一九七九年）。

(2) 朝倉治彦『明治官制辞典』（東京堂出版、一九六九年）三一四―三一五頁。教育史編纂会『明治以降教育制度発達史』一巻（龍吟社、一九三八年）八七―一六〇頁。

(3) 大久保利謙『大久保利謙歴史著作集四　明治維新と教育』（吉川弘文館、一九八七年）一九〇頁。

(4) 大久保前掲『明治維新と教育』二三六―二三七、二五四―二五五頁。「学内における国・漢両派の対立と抗争」同『明治維新と教育』二五七―三一五頁。

(5) 「太政類典」一編一九巻〔「史料編輯国史校正局ヲ元和学所ニ開ク」（明治二年三月二〇日）〕。

(6) 「太政類典」一編三〇巻。明治元年一二月一〇日付の記述〔「芳野立蔵外数名ニ学校教授ヲ命ス」〕。大久保前掲、一八四―一八六頁。

(7) 大久保前掲『明治維新と教育』第四章二六一―二六二頁。

(8) 坂本太郎『日本の修史と史学』（至文堂、一九六六年、一九八三年再版）二九―三〇頁。

(9) 福井保「和学講談所と内閣文庫」温故学会編『塙保己一論纂』上巻（錦正社、一九八六年）二二一頁。

(10) Numata Jiro. 'Shigeno Yasutsugu and the Modern Tokyo Tradition of Historical Writing', in *Historians of China and Japan*, eds. W. G. Beasley and E. G. Pulleyblank (London: Oxford University Press, 1961): 264-287 (265). Francine Hérail, 'Regards sur l'historiographie de l'époque Meiji', *Storia della Storiografia/Histoire de l' Historiographie* 5 (1984): 92-114.

(11) 桑原伸介「近代政治史料収集の歩み一」『参考書誌研究』一七号（一九七九年）二頁。

(12) W. G. Beasley, *The Modern History of Japan* (New York: Charles E. Tuttle, 1982; 3rd rev. edn): 108-110.

(13) 太政官編『復古記』（内外書籍、一九三〇年、東京帝国大学蔵版）二頁。

(14) 歴史課と同様、地誌課にも前身があった。朝倉前掲『明治官制辞典』四一三頁を参照。

(15) 朝倉前掲『明治官制辞典』二〇五頁。

(16) 宮地正人「政治と歴史学――明治期の維新史研究を手掛かりとして」西川正雄・小谷汪之編『現代歴史学入門』（東京大学出版会、一九八七年）、大久保利謙『大久保利謙歴史著作集七　日本近代史学の成立』（吉川弘文館、一九八八年）二四九頁、桑原伸助「近代政治史料収集の歩み二」『参考書誌研究』一八号（一九七九年）二頁。

(17) 全般的歴史状況に関してはBeasley前掲参照。

(18) 宮地前掲論文「政治と歴史学」九五頁。

（19）史料編纂所所蔵、東京帝国大学文学部史料編纂掛編「史料編纂始末」三。

（20）『法規分類大全』〈官職門三、官制、太政官内閣二〉三四一頁。

（21）前掲「史料編纂始末」四、明治一〇年一月一九日条。「史料編纂始末」五、明治一二年四月二四日条。

（22）一八七七年六月二八日付書簡、一八七七年一〇月二一日付書簡、一八七七年一月二九日付覚書（宮内庁書陵部所蔵「参考史料雑纂」明四二六―一〇五）。伊地知正治はまた、修史館に任用可能な候補者を提案していた。修史館の問題は、一八七九年の定期報告に同封された論評にも見られる（史料編纂所所蔵「編緝功課表附啓」、「重野家史料」一―三。明治一二年七月、修史館時代の重野安繹作成）。

（23）一八七五年五月一二日付および同年五月三〇日付岩倉具視宛小河一敏書簡。大塚武松編『岩倉具視関係文書』六巻（日本史籍協会、一九三一年）三一五―三一七、三三五―三三七頁。（年未詳だが、おそらく一八七五―七七年のあいだ）五月四日付書簡（宮内庁書陵部所蔵「参考史料雑纂」明四二六―一〇五）。この書簡の中で小河は、重野はしばしば大久保利通を頼り、長松は木戸孝允を頼ったと述べている。

（24）Albert M. Craig, 'The Central Government' in *Japan in Transition: From Tokugawa to Meiji*, eds Marius B. Jansen and Gilbert Rozman (Princeton, N.J.: Princeton University Press, 1986): 37-67. Carol Gluck, *Japan's Modern Myths: Ideology in the Late Meiji Period* (Princeton, N.J.: Princeton University Press, 1985): 52-53; 239.

（25）Richard Rubinger,'Education: From One Room to One System, in Jansen/Rozman 1986: 195-230; George B.Sansom, *The Western World and Japan: A Study in the Interaction of European and Asiatic Cultures* (Tuttle, 1977; first published in 1950): 449-450.

（26）「修史館改革ノ義」（「三条家文書」（書類の部）五五―一一、国立国会図書館憲政資料室所蔵）。覚書は第四章第三節で詳細に論じる。

（27）『法規分類大全』〈官職門三、官制、太政官・内閣二〉三五〇頁。

（28）『史学協会雑誌』一巻、一―八頁。大久保前掲『日本近代史学の成立』五一―五二頁。第四章第三節参照。

（29）岩倉の日本史を刊行しようとした試みについては、秋元信英「大政紀要の研究（一）」『神道学』六四号（一九七〇年）三二―五一頁。（二）『神道学』六五号（一九七〇年）三九―五八頁。（三）『神道学』六六号（一九七〇年）四三―五一頁。（四）『神道学』六七号（一九七〇年）四一―六一頁。（五）『神道学』六八号（一九七一年）三七―四三頁。大久保利謙前掲

『日本近代史学の成立』二九一—三二九頁。

(30) シュタインの講義筆記（日本語）は、清水伸『明治憲法制定史（上）——独墺における伊藤博文の憲法調査』（原書房、一九七一年）三五三—四四五頁で刊行された。また、稲田正次『明治憲法成立史』上・下巻（有斐閣、一九六〇—六二年）も参照。ローレンツ・フォン・シュタインについては、Dirk Blasius, 'Lorenz von Stein,' in *Deutsche Historiker I*, ed. Hans-Ulrich Wehler (Göttingen : Vandenhoeck & Ruprecht, 1971) : 25-38 を参照。

(31) 清水前掲『明治憲法制定史（上）』三八八、四四〇—四四一頁。シュタインの伊藤宛書簡の日本語訳は、春畝公追頌会編『伊藤博文伝』中巻、三二二—三三二頁。

(32) 稲田前掲『明治憲法成立史』下巻、九四八—九五六頁。

(33) 明治一三年一二月付の三条実美宛覚書は、「岩倉具視関係文書」（岩倉公旧蹟保存会対岳文庫所蔵）八—6—(24)（第七リール）にある（宮内庁書陵部「参考史料雑纂」明四二六—一一六にもある）。明治一五年三月四日付の伊藤博文宛覚書は、「送伊藤参議公奉勅之欧州序」（「元田永孚関係文書」一〇九—一五、国立国会図書館憲政資料室所蔵）。

(34) 福羽の歴史に関する覚書（「帝室財産ヲ定メ其管理法ヲ設クルノ議」）については、大久保前掲『日本近代史学の成立』三〇七頁を参照。

(35) それは漢文ではないということである。大久保前掲『日本近代史学の成立』三〇九—三一〇頁。第四章第三節参照。

(36) 宮地前掲論文、一〇一—一〇二頁。

(37) 大久保前掲『日本近代史学の成立』三一六—三一八頁。

(38) 原口清「明治憲法体制の確立」『岩波講座日本歴史15　近代二』（岩波書店、一九七六年）一三五—一七五頁。朝倉前掲四九八頁。

(39) 東京大学百年史編集委員会編『東京大学百年史　資料一』（東京大学、一九八四年）一五七—一五九頁。

(40) この意見書の出典は、東京帝国大学編『東京帝国大学五十年史』上冊（東京帝国大学、一九三二年）一二九六—一二九九頁。同様に（内閣の指令と予算案を含む）『東京大学百年史　資料一』一五七—一五八頁にも所収されている。〔訳注—原典は「内閣臨時修史局ヲ廃シ同局着手ノ事業ハ帝国大学ニ属セシム」「公文類聚」第十二編、明治二一年、第三巻、官職二・職制章程二・官等俸給席次附、に参照として付された渡辺の意見書〕。

(41) Gluck 1985: 25.

(42) この講演や重野の他の業績のほとんどは薩藩史研究会編『重野博士史学論文集』全四巻（名著普及会、一九八九年、上・中・下巻の初刊は一九三八—三九年）に翻刻されている。上巻、二八六—二九二頁。
(43)『文』一巻六号（一八八八年）三三七—三四三頁。重野はほとんど同内容の講演を東京学士会院でもおこなっている（「大政帰朝の原因」『重野博士史学論文集』中巻、四七九—四九二頁）。
(44) 石川正太郎「三上参次先生談旧会速記録」『日本歴史』三九〇—三九六、三九八—四〇二、四〇四、四〇六—四一一号、一九八〇—八二年）のうち四〇一号、八六—九一頁（のち三上参次『明治時代の歴史学界　三上参次懐旧談』（吉川弘文館、一九九一年）として刊行）。
(45) 前掲「史料編纂始末」一六。

第三章

(1) 桑原伸介「近代政治史料収集の歩み二　重野安繹と編年史編修の中止」『参考書誌研究』一八号（一九七九年）一、三頁。
(2)『太政類典』二編一四巻。
(3)『明治維新人名辞典』（吉川弘文館、一九八一年）、『コンサイス人名事典』（三省堂、一九七六年）、『日本人名大事典』（平凡社、一九三七年）（四屋恒之）、『明治過去帳』（東京美術、一九三五、一九七一年）（広瀬信一）からの伝記的情報。
(4) 児玉幸多『標準日本史地図　新修版』（吉川弘文館、一九八四年）四四頁の地図を参照。
(5) 桑原「近代政治史料収集の歩み　復古記を中心に明治初年の官撰修事業」『参考書誌研究』一七号（一九七九年）、五頁。
(6) 岩井忠熊「重野安繹」永原慶二・鹿野政直編『日本の歴史家』（日本評論社、一九七六年）三—一〇頁。
(7) 原田文穂「重野安繹博士の史観について」『史学雑誌』五三編七号（一九四二年）八〇一頁、大久保利謙『大久保利謙歴史著作集七　日本近代史学の成立』（吉川弘文館、一九八八年）一二一—一二三頁。
(8) 依田学海（学海日録研究会編）『学海日録』全一二巻（岩波書店、一九九一—九三年）四巻、七—九、一九一、二七四—二七五、三〇四、三〇九—三一〇頁。五巻、八六—九〇、一〇一—一〇三、一四三—一四四頁。坂口筑母「依田美狭古の「重野成斎ニ関スル事項」（学海日録ヨリ抄出）」『学海日録　月報』二（岩波書店、一九九一年）一—四頁。
(9)『国事鞅掌報効志士人名録』第一輯（一九〇九年）二八六頁。藤野は漢文で自伝を書いており、それは他の関係文書とともに、重野によって編まれている。『海南遺稿』（藤野漸、一八九一年）。
(10) 竹林貫一編『漢学者伝記集成』（関書院、一九二八年）一二三〇頁に引用された重野による故人略伝。
(11) 一八七五(明治八)年。『法規分類大全』（東京内閣記録局、一八九一—九四年）のうち『官職門官制太政官内閣二』三四一—三四二頁。
(12) 「史料編纂始末」八。部局の人事に関する伊地知正治の書簡のいくつかが宮内庁書陵部に保存されている。また「宮島誠一郎日記」明治一一年五月一三日（注14を見よ）も参照。
(13) 修撰も編修官も「編集者」を意味するが、これらの表現は明朝中国に由来し、そこでは編修官は修撰の一ランク下であった。
(14) 梶田明宏による、宮島の子孫の所有である宮島関係文書の目録（宮島誠一郎文書研究会編『宮島誠一郎関係文書目録』、手書き、一九八五年）の解題にある宮島の伝記情報。この目録は東京大学の学生と研究者のグループによって編まれた。西川誠は親切にも、そのグループが部分的に筆写した日記の写しを貸してくれた。日記については、大久保利謙「宮島誠一郎とその日記（一）」（続編なし）『日本歴史』二〇〇号（一九七三年）一九〇—一九四頁。宮島関係文書のうち一部は、国立国会図書館憲政資料室にある。宮島の明治憲法編纂開始についての論述（「国憲編纂起源」）は、吉野作造ほか編『明治文化全集』四巻（日本評論社、一九二八年）三四三—三六〇頁。大久保利謙「内務省機構決定の経緯」大霞会内務省史編纂委員会編『内務省史』（大霞会、一九七一年）も参照。
(15) 前掲『明治過去帳』一一九三頁。『愛媛県史　人物』五八九頁。三浦の重野や藤野との関係性、また彼の修史部局における藤野と彼の役割については、久米邦武「余が見たる重野博士」『歴史地理』一七—三（一九一一年）二七四—三〇六頁、特に二八〇、二八三頁。
(16) 前掲『日本人名大事典』一巻、三九九頁。
(17) 国立公文書館所蔵「修史館考課表」、明治九(一八七六)年—明治一八(一八八五)年（二A—三五-三—記九一三）。史料編纂所の「史料編纂始末」にもある。この報告書は、役人の名前と等級を含む。
(18) 久米前掲（一九一二）、四八五頁。
(19) 前掲『学海日録』のこの再編についてのコメント。一八八二年五月二五日条（五巻、一四三—一四四頁）。
(20) 秋元信英「川田剛の修史事業と史論」『国学院女子短期大学紀要』二号（一九八四年）九五頁。

（21）Warren Smith, *Confucianism in modern Japan: A Study of Conservatism on Japanese Intellectual History* (Tokyo: Hokuseido Press, 1959): 54.
（22）秋元前掲（一九八四）四五—四六頁。
（23）「政治家質の学者」は、久米前掲（一九一二）二九四、三〇四頁。「史官」は、大久保前掲『日本近代史学の成立』（一九八八）二四三—二四四頁。
（24）久米前掲（一九一二）二八一、二八六、二八八、二九〇頁。
（25）繕写、写字生は報告書に名前が挙げられている。「史料編纂始末」六に候補者の試験のことが言及されている（明治一〇年一二月）。その一人が、宇和島出身の儒学者鈴村譲（一八五四—一九三〇年）であり、彼は一八八五—八六年に雇われた。彼の雇用や重野との通信に関する文書は、現在、宇和島市立図書館所蔵の「鈴村家文書」にある。地方史家三好昌文が親切にも、これら文書に著者の関心を向けてくれた。また別の写字生の一人が田中義成であり、彼はのちに史料編纂官兼帝国大学文科大学教授となった。写字生としての彼の雇用については、秋元信英「田中義成博士の写字生任用」『日本歴史』四三七号（一九八四年）四五—四六頁。
（26）「史料編纂始末」九、明治一四年一二月二六日。
（27）星野については『史学雑誌』一八編九号八六頁、『歴史地理』三〇—四、五二—五四頁、市島春城「豊城星野恒先生」『高志路』三—九（一九三七年）。
（28）市島前掲（一九三七）五頁。
（29）岩井忠熊「久米邦武」永原・鹿野編前掲『日本の歴史家』一一—一八頁、大久保利謙『久米邦武の研究』（吉川弘文館、一九九一年）、また第六章第四節も参照。
（30）伊地知貞馨に関しては、史談会編『史談会速記録』一八七集（一九〇六年）八六頁を参照。
（31）琉球王国は、一八七九年に沖縄県となった。沖縄諸島の領有をめぐる中国との争いは解決されなかった。
（32）伊達宗城の文書は、現在、宇和島伊達文化保存会によって管理される伊達家の文書館（アーカイブズ）にある。そのうちのいくつかは史料編纂所によって調査され、一部の史料（例えば、彼が副総裁としてつけていた日誌「修史館備忘」など）の写真版が史料編纂所に保管されている。収集史料の一部は、福地惇「史料紹介 伊達宗城日記（明治六・八・一九—七・八・一九）及び手記『議事院端緒より密議留』（明治六・一一・四—七・九・一〇）」近代日本研究会編『年報近代日本研究

三　幕末・維新の日本』（山川出版社、一九八一年）三〇一―三〇九頁に翻刻されている。伊達宗城がついた官職については、『百官履歴』一巻、四五九―四六五頁。最後の記載は一八八一年まであるが、修史館副総裁への任命は書かれていない。

(33)「史料編纂始末」一二、明治一七年。

(34)前掲『国事鞅掌』第二輯（一九一一年）一〇〇―一〇一頁。

(35)この覚書は「史料編纂始末」一二にあり、二通の書簡は宇和島伊達家の史料群に保存されている。巖谷と重野による三条宛書簡、二通の伊達宛書簡に関する議論については、マーガレット・メール「修史館副総裁伊達宗城宛副長重野安繹書簡二通」『日本歴史』五〇七号（一九九〇年）八八―九二頁を参照。

(36)「史料編纂始末」一四、明治一九年。

(37)ルードヴィヒ・リースはHistoriographical Instituteという用語を、日本史に関する論文（第五章第三節）の中で用いており、この語は今日でも依然としてこの研究機関の公式な英語名称である。日本語の名称のみならず研究機関の機能は変化したのだけれども。

(38)「史料編纂始末」一六。第六章第五節と第七章第一節を参照。

(39)「史学に就て」『史学雑誌』五編一号（一八九四年）、斉藤孝『昭和史学史ノート――歴史学の発想』（小学館、一九八四年）一九―二〇頁。

(40)「史学の活眼」『史学雑誌』六編（一八九五年）五三五―七二七頁、特に六二三―六二四頁。

(41)宮地正人「政治と歴史学――明治期の維新史研究を手掛りとして」西川正雄・小谷汪之編『現代歴史学入門』（東京大学出版会、一九八七年）九二―一二三頁、特に九三頁。

(42)宮地前掲（一九八七）九三―九六頁。

(43)新田勇次編『マイクロフィルム版府県史料　解説・細目』（雄松堂フィルム出版、一九六二年）七頁。

(44)宮地前掲（一九八七）九四頁、「史料編纂始末」一、明治五年一一月一九日。

(45)「史料編纂始末」一、明治六年八月。第四章第二節を参照。

(46)「史料編纂始末」二、明治七年二月。

(47)「史料編纂始末」四。

(48)「史料編纂始末」七、明治一一年六月。

(49) 七藩とは薩摩・長州・土佐・安芸・尾張・越前・宇和島の七藩、八藩とは薩摩・長州・土佐・安芸・尾張・越前・鳥取・備中の八藩である。

「史料編纂始末」八に所収の文書。部局での議論のほとんどは事実に関するものだったようであるが、これは判断の問題である。年に二回提出された報告書によれば、諸藩の歴史についての作業は一八七六―七八年に遂行された。

(50) 内閣文庫の諸本についての印刷された目録は、一九六一年に公刊された。

(51) 新田前掲（一九六二）。

(52) 新田前掲（一九六二）八頁。

(53) 「史料編纂始末」一、明治六年九月一〇日と明治六年九月一九日。文部省からの文書と、歴史課からの回答文書。歴史課、文部省（そして歴史課がその一部であり、両者を仲介するところの太政官）の往復の詳細の全貌は不明である。明らかに、関連する文書のすべてが「史料編纂始末」に収録されているわけではない。

(54) 「修史事宜」（第四章第二節）。*Kinsé shiriaku: A history of Japan from the first visit of Commodore Perry in 1853 to the capture of Hakodate by the Mikado's forces in 1869.* Translation from the Japanese by E.M. Satow. Yokohama: Printed at Japan Mail Office, 1873. (Data from the online catalogue of the National Diet Library)。「『近世史略』について」大久保前掲『日本近代史学の成立』二八三―二八七、二九〇頁。

(55) 「史料編纂始末」一、明治六年六月二三日。

(56) 「史料編纂始末」一、明治六年六月二三日。皮肉なことに、飯田忠彦は一八三四年に大坂へ帰り有栖川宮家や中宮寺宮家に仕えたころから幕政批判を行い、一八六〇年には井伊直弼暗殺に関与したとして逮捕された。『国史大辞典』一巻、四一四―四一五頁の、山本武夫による記事を参照のこと。『大日本野史』は一九〇五年から一九〇六年にかけて、三〇巻で出版された。Hans Dettmer. *Einführung in das Studium der japanischen Geschichte* (Darmstadt: Wissenschaftliche Buchgesellschaft, 1987): 41 を参照。

(57) 「史料編纂始末」九、明治一四年。第五章第一節を参照。

(58) 「史料編纂始末」四、明治一〇年一月一六日。

(59) 「史料編纂始末」八、明治一二年三月一九日。

(60) 一四世紀と天皇家の分裂の重要性については、第六章第三節、第六章第六節を参照。

(61)「史料編纂始末」一二。一八八四年二月二二日の修史館からの回答。
(62)「史料編纂始末」一一。
(63)「史料編纂始末」一二。問題の対立については、『愛媛県史』で詳しく扱われている。愛媛県史編纂委員会編『愛媛県史 古代二・中世』（愛媛県、一九八四年）。
(64)「三条家文書」（書類の部）五四―六。「史料編纂始末」一〇。児島高徳については第六章第三節を参照。
(65)「史料編纂始末」五、七、九。
(66)「史料編纂始末」九、明治一四年七月二八日。秋元信英「久米邦武『東海東山巡幸日記』の神社をめぐる書法」宮地正人・田中彰編『日本近代思想大系一三 歴史認識』付録月報二一（岩波書店、一九九一年）。
(67)「日本地誌提要」や「大日本全図」。「史料編纂始末」四。
(68)「史料編纂始末」六。
(69)「徳川時代の歴史教育について」大久保前掲『日本近代史学の成立』三七六―四〇五頁。
(70) Richard Rubinger, 'Education: From One Room to One System', in *Japan in Transition*, eds. Marius B. Jansen and Gilbert Rozman (Princeton: Princeron University Press, 1986). 教科書については、国立教育研究所編『日本近代教育百年史』四巻（国立教育研究所、一九七四年）八七七―九〇五頁。
(71)海後宗臣ほか編『日本教科書大系 歴史 近代編』第一八―二〇巻（講談社、一九六三年）第一八巻、七二一―七二三頁。
(72)「史料編纂始末」二、明治七年四月一〇日。
(73)「史料編纂始末」一七、明治二四年。海後前掲（一九六三）五〇四頁。
(74)「史料編纂始末」一五。末松については、第四章第四節を参照。
(75)「教育歴史」（一八八八年）、「教育と歴史」（一八九〇年）、『重野博士史学論文集』上巻（名著普及会、一九八九年）六一―六五、四九―六一頁。
(76)海後前掲（一九六三）五八二頁。
(77) Horio Teruhisa (ed. and transl. Steven Platzer), *Educational Thought and Ideology in Modern Japan: State Authority and Intellectual Freedom* (Tokyo University Press, 1988): 100-101.
(78)石川松太郎編「三上参次先生談旧会速記録」『日本歴史』三九〇―三九六、三九八―四〇二、四〇四、四〇六―四一一

（一九八〇—八二年）のうち四〇〇号、八二頁。

（79）この二者は常に区別できるわけではない。なぜなら、これらの史料集はたいてい注記付きで史料を編年順に並べたものであり、かたや歴史書も広範な史料引用を伴う編年史であることがしばしばだからである。こうした歴史編纂について有益なヒントを見つけることができるのが、下記の文献である。Dettmer（1987）and John Whitney Hall, *Japanese History: A Guide to Japanese Reference and Research Materials*（Ann Arbor: University of Michigan Press, 1954; repr. Greenwood Press, 1976）. 坂本太郎『日本の修史と史学』（至文堂、一九六六年）一四七—二四四頁も参照のこと。

（80）田中正弘「『通信全覧』編纂の経緯——外国方から外務省へ」『国学院大学栃木短期大学紀要』二一号（一九八七年）一—三二頁、同「徳川幕府外国方と外交文書整備問題——日本外交文書編纂の系譜」『栃木史学』一号（一九八七年）一一一—一四七頁。

（81）石渡隆之「太政官・内閣文書」『日本古文書学講座』全一一巻（雄山閣、一九八〇年）のうち一〇巻、三三—四七頁。

（82）これら出版物の一覧が見られるのは、坂本前掲（一九六六）二四三頁。

（83）秋元信英「中興実録編修局の構想」『国学院大学日本文化研究所報』一三—四（一九七六年）一一—一三頁。

（84）大久保前掲『日本近代史学の成立』三五四—三六五頁。

（85）大久保前掲『日本近代史学の成立』三六五—三七五頁。

（86）坂本前掲（一九六六）二四四頁。Hall 1954: 52.

（87）『防長回天史』については、田中彰『明治維新観の研究』（北海道大学図書刊行会、一九八七年）一九六—二一九頁。田中はまた一巻本の修訂版を編集し、解説をおこなっている（『修訂防長回天史』柏書房、一九八〇年）。

（88）『早稲田文学』三三号、一八九三年二月。文学作品の編纂活動については、Michael C. Brownstein, 'From Kokugaku to Kokubungaku: Canon-Formation in the Meiji-Period', *Harvard Journal of Asiatic Studies* 47/2（1987）: 435–460.

（89）Carol Gluck, *Japan's Modern Myths*（Princeron: Princeton University Press, 1985）: 24.

第四章

（1）「修史事宜」（「史料編纂始末」三）。

（2）太政官編『復古記』（内外書籍、一九三〇年）。序に長松の覚書が引用されている（三―五頁）。

（3）「復古記」に関しては、大久保利謙『大久保利謙歴史著作集七　日本近代史学の成立』（吉川弘文館、一九八八年）二七八、二八九頁。原史料に関しては宮地正人「「復古記」原史料の基礎的研究」『東京大学史料編纂所研究紀要』一号（一九九一年）六六―一三九頁。

（4）宮地正人「政治と歴史学　明治期の維新史研究を手掛りとして」西川正雄・小谷汪之編『現代歴史学入門』（東京大学出版会、一九八七年）九二―一二三（九三）頁。田中彰『明治維新観の研究』（北海道大学図書刊行会、一九八七年）七三頁。

（5）大久保前掲『日本近代史学の成立』、二七八、三五一―三五二頁。

（6）大久保前掲、二七八―二七九、三一八―三一九頁。東京大学百年史編集委員会編『東京大学百年史　部局史四』（東京大学、一九八七年）六一一頁。

（7）「史料編纂始末」四、明治一〇年一月。

（8）「史料編纂始末」六、明治一〇年。

（9）「史料編纂始末」七。規則は一八七八年四月四日、政府によって承認された。

（10）翻訳部局によって一八七九年に作成された訳稿は、近年になって補注者による解題を付して刊行された。安岡昭男補注『東洋文庫三五〇　薩摩反乱記』（平凡社、一九七九年）。

（11）「歴史課事務章程」、一八七三年。『法規分類大全』第一編官職門三（内閣記録局、一八九一年）三三九―三四一頁。

（12）「歴史編輯例則」、「史料編纂始末」一。明治七年太政官達一四七号（『法令全書』内閣官報局、一八八九年、三六三―三六六頁）。

（13）「史料編纂始末」三。

（14）Ulrich Goch, *Abriß der japanischen Geschichtsschreibung* (München: Iudicium, 1992): 47-49, 116.

（15）「史料編纂始末」三。添付書簡によると、本文書は一八七五年九月一三日に詳細な業務分担とともに、三条実美に提出された。その内容は受理され、布告として認められた。「太政類典」第二編第一四巻五四。『法規分類大全』に抄出されている（第一編官職門三、内閣記録局、一八九一年、三四二―三四三頁）。

（16）「三条家文書」（書類の部）五五―一一。

（17）第一章を参照。

（18）Richard Bowring, 'Language', *Cambridge Encyclopedia of Japan* (Cambridge: CUP, 1993): 116–121.
（19）Nanette Twine, *Language and the Modern State: The Reform of Written Japanese* (London, New York: Routledge, 1991).
（20）Yaeko Sato Habein, *The History of the Japanese Written Language* (Tokyo: Tokyo University Press, 1984): 77–79. Donald Keene, *Dawn to the West: Japanese Literature of the Modern Era, Fiction* (New York: Henry Holt and Company, 1987): 40.（ドナルド・キーン著、徳岡孝夫他訳『日本文学の歴史　近代・現代篇』中央公論社、一九九五―九七年）。Robert N. Bellah, *Tokugawa Religion: The Values of Pre-Industrial Japan* (Glencoe, Illinois: The Free Press, 1957): 122-123.（R・N・ベラー著、堀一郎・池田昭訳『日本近代化と宗教倫理　日本近世宗教論』、未来社、一九六二年。R・N・ベラー著、池田昭訳『徳川時代の宗教』、岩波書店、一九九六年）。
（21）「修史文体論」（「三条家文書」（書類の部）五五―一三、もしくは史料編纂所、四一七〇―六八。久米美術館の「久米邦武文書」には別の写しがある。
（22）Twine 1991: 36.
（23）末松謙澄の伝記と著作・参考文献のリストは、昭和女子大学近代文学研究室『近代文学研究叢書』二〇巻（昭和女子大学、一九六三年）、玉江彦太郎『青萍・末松謙澄の生涯』（葦書房、一九八五年）、金子厚男『末松謙澄と「防長回天史」』（青潮社、一九八〇年）を参照。
（24）「史料編纂始末」七、明治一一年二月七日。
（25）『大久保利通文書』九巻（日本書籍協会、一九二九年）一三―一四頁。「重野家史料」所収の中井の書簡は、近年、田中彰・宮地正人校注『日本近代思想大系一三　歴史認識』（岩波書店、一九九一年）三〇七―三〇八頁に翻刻された。
（26）「史料編纂始末」七。
（27）玉江前掲『青萍・末松謙澄の生涯』、同『若き日の末松謙澄』（海鳥社、一九九二年）。後者は、現在国立国会図書館に所蔵される末松の家族宛書簡を多く引用する。末松の伊藤宛書簡は、伊藤博文関係文書研究会編『伊藤博文関係文書』五巻（塙書房、一九七七年）に翻刻されている。末松のイギリス滞在期の詳細は、Margaret Mehl, 'Suematsu Kenchō in Britain, 1878-1886' *Japan Forum* 5.2 (1993): 173-193 を参照。
（28）「史料編纂始末」七、一八七九年五月二五日付の修史館の報告と、一八八〇年一月の重野・三浦宛末松書簡。「史要問目」の英語原文は、「史料編纂始末」所収の文書には含まれていない。

（29）ゼルフィについては、*Dictionary of National Biography* 21: 1323-1324. *The Times* 一八九二年一月三〇日号の死亡記事（七頁三段）。Frank Tibor 'Zerffi Gusztáv György a történetíró', *Századok* 117（1978）: 497-592.（フランク・ティボル著、西澤龍生訳「歴史記述家　ゼルフィ・グスターヴ・ジェルジ」、『歴史人類』八号、一九八〇年、三三―八三頁）。フランク・ティボルはまた詳細な伝記も出版している。*Egy emigráns alakváltásai: Zerffi Gusztáv pályaképe 1890-1892*（Budapest: Akadémiai Kiadó, 1985).（フランク・ティボル著、西澤龍生訳『ある亡命者の変身　ゼルフィ・グスターヴ伝』彩流社、一九九四年）。

（30）*Dictionary of National Biography* 1909: 21: 1323-1324. ゼルフィの講演者としての人気については *The Times* の死亡記事にも言及される。また、*Transactions of the Royal Historical Society* 9（1881）にはゼルフィによる連続講演についての言及があり、それによると、一回の講演あたりおよそ一九〇人も聴講者がいたという。

（31）*Transactions* 7（1878）: 334.

（32）Carr, Edward Hallet. *What is History?*（2nd edn by R. W. Davies; London: Penguin 1987, repr. 1988）: 61.（E・H・カー著、清水幾太郎訳『歴史とは何か』、岩波書店、一九六二年）。

（33）Zerffi, George Gustav. *The Science of History*（London: W. H. and L. Colingridge, 1879）: 4.

（34）*Transactions of the Royal Historical Society* 3（1875）.

（35）今井登志喜「西洋史学の本邦史学に与へたる影響」史学会編『本邦史学史論叢』下巻（冨山房、一九三九年）一四三九―一四六九頁。また、金井圓「歴史学　ルートウィヒ・リースをめぐって」『お雇い外国人一七　人文科学』（鹿島出版会、一九七六年）一〇八―一二〇頁も参照。

（36）『伊藤博文関係文書』五巻、三七五頁。編者の付した一八八二（明治一五）年という年代は正しくない。このことはゼルフィの本に言及していることから明らかであるのみならず、ズールー戦争やナポレオン三世の息子の死（ウジェーヌ・ルイは南アフリカで戦死した）、末松謙澄の父の死について述べていることから、書簡が一八七九年のものであることがわかる。

（37）*Transactions*, vols 3 and 6 to 8.

（38）ゼルフィのヨーロッパ中心主義については、Arnaldo Momigliano 'Da G. G. Zerffi a Ssu-ma Ch'ien', *Rivista Storica Italiana* 67（1964）: 1058-1069 に指摘されている。日本の研究者がゼルフィの著書の批判的分析をおこなっていないという彼の指摘は、依然として有効である。

(39) 翻訳は結局出版されず、草稿本は史料編纂所に所蔵されている（四一四〇・〇―一）。また、中村の訳の別の写しは、国立国会図書館憲政資料室所蔵の「岩倉具視関係文書」にもある（四三五、史談会史料）。この写しについては、大久保利謙前掲三二二―三二九頁を参照。

(40) 「史料編纂始末」七、『伊藤博文関係文書』五巻、三五二―三七一頁。一八七九年六月一〇日付、一八七九年一一月二七日付、一八八二年五月一二日付の各書簡。

(41) 大久保前掲三二八―三二九頁。

(42) 沼田次郎「明治初期における西洋史学の輸入について　重野安繹とG. G. Zerffi: The Science of History」伊東多三郎編『国民生活史研究三　生活と学問教育』（吉川弘文館、一九五八年）四〇一―四二九頁（四一九―四二〇頁）。翻訳の最終版は一八八八年に作られた。

(43) 大久保前掲三二二―三二九頁。

(44) 小沢栄一『近代日本史学史の研究　明治編』（吉川弘文館、一九六八年）三八〇―三九一頁。

(45) イギリス滞在時の末松による歴史関係の著作については、Margaret Mehl, 'Suematsu Kenchō in Britain, 1878-1886' を参照。

(46) 金子厚男『末松謙澄と「防長回天史」』（青潮社、一九八〇年）、田中彰『明治維新観の研究』一九六―二一九頁。また、一巻本の『防長回天史』（柏書房、一九八〇年）に対する田中の序論も参照。

(47) 久米邦武「余が見たる重野博士」『歴史地理』一七巻三号（一九一一年）二七四―三〇六（二九〇）頁。

(48) 史料の編纂に関する無題の文書の二つの版がある。一つは「重野家史料」（東京大学史料編纂所所蔵「重野家史料」一―六）、一つは「史料編纂始末」にある。ともに、一八八一年一二月二八日付のものであるが、編纂の対象となる年代に差異がある。「重野家史料」のものは後小松天皇の時代の一三九二（明徳三）年から現天皇の時代の一八六七（慶応三）年一〇月までとし、「史料編纂始末」のものは後醍醐天皇の即位した一三一九（元応元）年から明治維新の一八六七（慶応三）年一〇月までとする。久米前掲論文二九〇頁参照。「大日本編年史」の最初の稿本（四一四〇・一―二〇）は、久米が常に「大日本史」を参照したことを示しており、「大日本史」への修正ないし追加を表す部分は朱で書かれている。

(49) 「重野家史料」一―二、一八七九（明治一二）年七月。「史料編纂始末」九、一八八一（明治一四）年。

(50) 「重野家史料」一―一。「史料編纂始末」九、一八八一年七月。「史料編纂始末」八、一八七九（明治一二）年七月付。

(51)「重野家史料」一―六、一八八一（明治一四）年一二月二八日付。若干異同のあるものが、「史料編纂始末」九にある。
(52)「史料編纂始末」九、一八八一年。
(53)「重野家史料」一―四、一八八二（明治一五）年一月。「史料編纂始末」九のものは同日付であるが、漢文で書かれている。
(54)「史料編纂始末」九。この段落は「重野家史料」のものには含まれない。
(55)「史料編纂始末」九。琉球国王については、「重野家史料」のものでは言及されない。
(56)「史料編纂始末」九。
(57)例えば、中山治一『史学概論』（学陽書房、一九七四年）二〇頁。
(58)内藤虎次郎（湖南）『支那史学史』（弘文堂、一九四九年）六四二頁。
(59)「重野家史料」内の局の下部組織（「部」）の業務に関する文書。それは志の内容に関する指針を含む。「史料編纂始末」八。
(60)大久保前掲『日本近代史学の成立』七三頁。
(61)Herschel Webb, 'What Is the Dai Nihon Shi?', *Journal of Asian Studies* 19 (1960): 142.
(62)『明治維新人名辞典』三一八頁。
(63)大久保前掲『日本近代史学の成立』七五―七六頁。
(64)このことは、「各部史料採集の目標」から始まる先述の文書において言及されている。〔訳注―どの史料を指しているか不明である〕

第五章

(1)「学問は遂に考証に帰す」、重野安繹著・薩藩史研究会編纂『重野博士史学論文集』（増訂復刻版、補巻のみ大久保利謙編、名著普及会、一九八九年）全四巻〔上中下補〕のうち上巻、三五―四七頁。
(2)大久保利謙『大久保利謙歴史著作集七　日本近代史学の成立』（吉川弘文館、一九八八年）七五―八〇頁。
(3)「史料編纂始末」二、明治七年四月一〇日、「史料編纂始末」三。
(4)「史料編纂始末」四所収の岩倉宛小河書簡の写しを参照。原本は国立国会図書館憲政資料室所蔵「岩倉具視関係文書」二七六、小河一敏「皇統意見」。その他の小河による覚書は「三条家文書」（書類の部）五六―一にある。憲政資料室所蔵の小河自身の書類は、一四世紀の二つの朝廷に関する覚書を含んでいる。「小河一敏文書」八三―六三。いくつかの覚書は小河の伝記に翻刻されている。小河忠夫『小河一敏』（大分県直入郡教育会、一九一五年）。

（5）飯豊青皇女に関する議論については、秋元信英「明治前期の修史事業と飯豊青尊即位説」『日本歴史』四二〇号（一九八三年）四六―六三頁を参照。

（6）「史料編纂始末」一〇に所収の修史局宛の文書。また秋元前掲論文（一九八三）五一―五八頁を参照。

（7）秋元前掲論文（一九八三）五九―六一頁。

（8）大久保前掲『日本近代史学の成立』八九頁。

（9）大久保前掲『日本近代史学の成立』七六、七九頁。

（10）『湖亭史話』全五冊、明治一五年一月―明治一七年三月。『星岡史話』全三冊、明治一七年四月―明治一八年六月。史料編纂所四一四〇・一―四〇。

（11）一八八二(明治一五)年一・五月、一八八二年四月、一八八四(明治一七)年二月。

（12）一八八二年五月、一八八四年四月。

（13）『星岡史話』第二冊。

（14）「歴史学ノ進ミ」『星岡史話』第三冊。田中彰・宮地正人編『日本近代思想大系一三　歴史認識』（岩波書店、一九九一年）に翻刻されている。のちに久米は同じ題名・内容の論文を『史学雑誌』九編七号（一八九八年）に載せている。

（15）「太平記は史学に益なし」『史学雑誌』二編一七―一八、二〇―二二号（一八九一年）二三〇―二四〇、二七九―二九二、四二〇―四三三、四八七―五〇一、五六二―五七八頁。

（16）「史料編纂始末」四。大和と山城への史料探訪の許可申請は、一八七六年六月二七日に、伊地知正治（修史局副総裁）から太政官へ上申された。その別の写しは国立公文書館にもある。「三等修撰小河一敏外一名山城大和辺派出之儀」（二A―三三―五―単二三五）。

（17）「古文書捜訪意見書」（「史料編纂始末」一二）一八八四年。

（18）重野前掲（一九八九）下巻、五二七―五二九頁。秋元信英「明治一八年一一月の修史館総裁三条実美宛の修史意見書」『国学院雑誌』七一巻一〇号（一九七〇年）五七―六二頁。

（19）『久米邦武歴史著作集』四巻（吉川弘文館、一九八九年）五五一―五七九頁に翻刻されている。

(20) Ulrich Goch. *Abriß der japanischen Geschichtsschreibung* (Munich: iudicium. 1992): 48-50.

(21) 東京大学の歴史については『東京帝国大学五十年史』二巻（一九三二年）。『東京帝国大学学術大観』二巻（一九四二年）。『東京大学百年史』全一〇巻（一九八四―八七年）。これらはすべて同大学編。

(22) 一八七七年に東京大学として設立され、一八九七年に京都帝国大学が設立された際に東京帝国大学となった。

(23) 教育内容については、大久保前掲『日本近代史学の成立』一一七―一二〇頁。

(24) *Erwin Bälz: Das Leben eines deuchen Arztes im erwachenden Japan. Tagebücher, Briefe, Berichte*, ed. Toku Bälz (Stuttgart: J. Engelhorns Nachf. Adolf Spemann, 1930).

(25) リースの覚書は、東京帝国大学（一九三二）の一二九九―一三〇二頁に翻刻されている。

(26) 小沢栄一『近代日本史学史の研究　明治編』（吉川弘文館、一九六八年）三三一―三三四、四三〇―四三七頁。

(27) 『史学会小史』（創立五十周年記念、冨山房、一九三九年）。『史学会百年小史　一八八九―一九八九』（山川出版社、一九八九年）も参照。

(28) 重野安繹「史学ニ従事スル者ハ其心至公至平ナラザルベカラズ」『史学会雑誌』一号（一九八九年）一―五頁。『重野博士史学論文集』上巻、三〇―三二頁に所収。

(29) 『史学会小史』（一九三九年）一九頁。

(30) 『史学会小史』（一九三九年）一九―二一頁。主要メンバーのリストは、『史学会百年小史』（一九八九年）所収。

(31) 人名リストは、『史学会雑誌』一号、七〇―七一頁所収。

(32) リースの業績については、武内博編『来日西洋人名事典』（大日本印刷、一九八三年）四八六―七頁を参照。最も詳細な伝記は、金井圓「歴史学―ルートウィヒ・リースをめぐって」『お雇い外国人一七　人文科学』（鹿島出版会、一九七六年）一〇八―二〇一頁。金井圓は吉見周子とともに、リースの娘である加藤政子の回想録を編集し、彼女宛のリース書簡も翻刻している（書簡は英語の原文から日本語に翻訳されている）。『わが父はお雇い外国人』（合同出版、一九七八年）。英語では *Encyclopedia Judaica* (14: 166: Hyman Kublin)。リースの出版物のほとんどは、東京大学の総合図書館にある。これらは、総合図書館が一九五七年に、歴史家でイギリス法政史料編集者のフェリックス・リーバーマンの文書から購入したものである。リーバーマンはリースの友人であった。

(33) *A Short Survey of Universal History: Being Notes of a Course of Lectures Delivered in the Literature College of the Im-*

perial University of Tokyo, 2 vols (Tokyo: Fuzzanbo, 1899): 1: 6. ランケに関する論文は箕作元八「ランケの歴史研究法に就きて」『史学会雑誌』一〇編六号（一八九九年）。

(34) ライプチヒ、一八八五年。英訳は、*The History of the English Electoral Law in the Middle Ages*, translated by Kathleen Louise Wood-Legh (Cambridge, 1940).

(35) Bernd Martin, 'Deutsche Geschichtswissenschaft als Instrument nationaler Selbstfindung in Japan', in *Universalgeschichte und Nationalgeschichten*, ed. Gangolf Hübinger, Jürgen Osterhammel, Erich Pelzer (Freiburg: Rombach Verlag, 1994): 216.

(36) 金井前掲（一九七六）一三三、一三四頁。

(37) Martin 1994: 215–216.

(38) ベルリン大学の史学科については、Christian Simon, *Staat und Geschichtswissenschaft in Deutschland und Frankreich 1871–1914: Situation und Werk von Geschichtsprofessoren an den Universitäten Berlin, München, Paris*, 2 vols (Bern, Frankfurt, New York, Paris: Verlag Peter Lang, 1988) を参照。シモンは、ユダヤ人であるためにキャリアが妨げられた歴史家たちの例を挙げている。

(39) 森の井上宛書簡は、外務省外交史料館所蔵「在外帝国公館経由外国人官雇雑件」（外務省記録三・九・三・一九）。当該文書は、当史料館の小池聖一が親切にも私の利用に供してくれた。前掲『東京帝国大学五十年史』上巻、三一四頁。

(40) 金井前掲（一九七六）一五一頁。

(41) *Mitteilungen der Gesellschaft für Natur- und Völkerkunde Ostasiens* 9: 395. 彼の論文の日本語訳の詳細については、金井圓「ルートウィヒ・リースと日本関係海外史料」『史学雑誌』八七編一〇号（一九七八年）四三—五三頁。

(42)『歴史教育研究』一五、一六号（一九六〇年）。のちに三上（一九六〇）に引用された。『日本歴史』三九〇—四一一号の「国史学界の今昔—三上参次先生談旧会速記録」を参照。

(43) 瀬川前掲（一九六三）三〇—三二頁。

(44) OAG *Mitteilungen* 5 (1989-92): 213.

(45) その他のリースの講義題目は以下の通り。「台湾島の歴史」（一八九五年）、「日本におけるポルトガル人排斥（一六一四—一六三九年）の原因」（一八九八年）、「ウィリアム・アダムスと逸見村の墓」（一九〇〇年）。アジア協会でリースは「平戸のイギリス在外商館の歴史（一六一三—一六二二年）——極東における英国興隆の起源の序章」という講演をした。OAG *Mit-*

teilungen 5（1897）: 405–447; 7（1898–9）: 1–52; 8（1899–1902）: 237. TASJ 36（1898）: 1–218.

（46）白鳥、原、内田、三浦、黒板、喜田、辻、幸田については鹿野政直・永原慶二編『日本の歴史家』（日本評論社、一九七六年）を参照。

（47）Stefan Tanaka, *Japan's Orient*（Berkeley: University of California Press, 1993）.

（48）金井は、リース離職の理由としてこれらを挙げている。金井前掲（一九七六）一八二―一八三頁。

（49）同上、一九一―一九二頁。

（50）『史学雑誌』三〇号。

（51）外国人教師の待遇に関するベルツの批判も参照（前掲注24、Bälz 1930: 120–121）。ベルツは、一九〇二年七月三日に催されたリースの送別会が礼儀に欠けるものであったことを歎いている。

（52）第五章第二節、大久保前掲（一九八八）五六―五七頁。

（53）リースは、一八九八年から九九年にかけて書いたポルトガル人追放に関する論文のなかで、三上の助力を認めている。その論文では「私の同僚三上」（三一頁）によっておこなわれた研究に言及して、三上の助言に感謝の意を表している（二七頁）。

（54）第五章第四節。三上参次『日本歴史』四〇一号、七九頁。

（55）「アカデミズム」については大久保前掲（一九八八）五二―五五、六二―九三頁、小沢（一九六八）三三一―三四八頁参照。岩井忠熊「日本近代史学の形成」『岩波講座日本歴史22』（岩波書店、一九六三年）六一―一〇二頁。門脇禎二「官学アカデミズムの成立」歴史学研究会・日本史研究会編『日本歴史講座８』（東京大学出版会、一九五七年）一六二―一八六頁。酒井忠雄『日本史学史ノート』（上田印刷、一九六二年）、斉藤孝『昭和史学史ノート　歴史学の発想』（小学館、一九八四年）。

（56）Nagai Michio（tr. Jerry Dusenburry）, *Higher Education in Japan: Its Take-off and Crash*（University of Tokyo Press, 1971）: 21.

（57）Tanaka 1993: 40–45.

（58）前掲重野（一九八九）上巻三〇―三二頁。

（59）「史学攷究歴史編纂ハ材料ヲ精択スヘキ説」『史学会雑誌』一号（一八八九年）一〇―一五頁。

(60) 「歴史の応用」『史学会雑誌』一四号（一八九一年）一—二四頁。

(61) 「史学に対する世評に就きて」『史学雑誌』三九号（一八九三年）九七—一一六頁。

(62) 「歴史哲学ノ大要」『史学会雑誌』二号、六—九頁。〔訳注—史学会編纂『史学会論叢　第一輯』冨山房一六—一九頁〕。

(63) 「日本歴史教授上の意見」『史学会雑誌』三号、一—五頁、四号、一〇頁—一七頁〔訳注—『史学会論叢　第一輯』冨山房一九—二八頁〕。

(64) 「博物学ト歴史学—— Natural history and the history」『史学会雑誌』四号、一—九頁。〔訳注—『史学会論叢　第一輯』冨山房三一—三八頁〕。

(65) したがって、史学会（一九三九）三三—三四頁は、日本人の学者たちがリースから言われたことをすでに認識していたことを正しく述べている。

(66) 第五章第五節を参照。久米の講演については、大久保前掲『日本近代史学の成立』、八〇—八一、八六—八八頁も参照。

(67) 小沢前掲（一九六八）四四二—四四三頁。

(68) 「史料編纂始末」一六以下を参照。

(69) Carol Gluck, *Japan's Modern Myths* (Princeton: Princeton UP, 1985): 24.

(70) 旧事諮問会「稟告」『史学会雑誌』。筆記は岩波文庫で二巻本として出版されている（この本は今でも広い読者層の興味を引くようだ）。旧事諮問会編・進士慶幹校注『旧事諮問録——江戸幕府役人の証言』上・下巻（岩波書店、一九八六年）。旧事諮問会の趣意書は、進士による解説に全文引用されている。

(71) 進士前掲（一九八六）二〇頁。

(72) リースと日本関係海外史料については、沼田次郎「在外未完日本関係資料収集事業の沿革について」『日本歴史』一八六号四九—五六頁、金井前掲（一九七八）四三—五三頁を参照。帝国大学・外務省・ライデン文書館の間で交わされた通信文の一部は、東京大学史史料室にある。「諸官庁往復」明治二一—二二—B七。

(73) 「和蘭国ヘーグ市ニ於ル日本歴史ニ関スル古文書」『史学会雑誌』七編六号、四五三—四六〇頁。

(74) これら歴史書については、坂本太郎『日本の修史と史学』（至文堂、一九五八年）を参照。

(75) Helen Craig McCullough (transl.), *The Taiheiki: A Chronicle of Medieval Japan* (Tuttle, 1979; repr. 1987): xix.

(76) Tanaka 1993: 42.

（77）門脇前掲（一九五七）一七四頁。

（78）Friedrich Jaeger, Jörn Rüsen (ed.), *Geschichte des Historismus* (Munich: C. H. Beck, 1992): 66.

（79）『早稲田文学』一号（一八九一年一〇月二〇日）一二―一三頁。

（80）『早稲田文学』三五号（一八九三年一〇月三日、文界現象欄）八九―九二頁。

（81）山路の論文「日本現代の史学及び史家」は、一九〇九年の『太陽』（第一五巻第一二号）に掲載された。

（82）大久保前掲『日本近代史学の成立』二五一―二五三頁。秋元前掲（一九八四）二五一頁。

（83）久米「史学考証の弊」『史学雑誌』一二編八号（一九〇一年）九〇五―九三二頁。

（84）「史学の活用」『史学雑誌』二三編一〇号（一九一二年）一〇三〇―一〇四九頁。

（85）「現今史学の困難」『国民之友』一九二号（一八九三年六月三日）八二七―八三〇頁。

（86）「彙報　史学界」『早稲田文学』（第一次第二期）二九号（一八九七年三月一日）一〇九頁。

（87）「彙報　時文　史界」『国学院雑誌』三巻六号（一八九七年四月）九三頁。

（88）「彙報　史界　国史の《ママ》於ける科学的研究」『国学院雑誌』三巻七号（一八九七年五月）五九―六一頁。

（89）大久保前掲『日本近代史学の成立』五八頁。

第六章

（1）Carol Gluck, *Japan's Modern Myths* (Princeton: Princeton UP, 1985): 18, 25.

（2）Kenneth Pyle, *The New Generation in Meiji Japan: Problems of Cultural Identity, 1885–1895* (Stanford: Stanford UP, 1969): 189.

（3）Pyle 1969: 3–21; Gluck 1985: 17–26.

（4）Yoshino Kosaku, *Cultural Nationalism in Contemporary Japan* (London, NY: Routledge, 1992): 85.

（5）Gluck 1985: 23.

（6）Gluck 1985: 120–128.

（7）『国民之友』一〇〇号（一八九〇年）四二―四三頁。Gluck 1985: 125.

（8）Yoshino 1992: 44-45.
（9）「史学の流行熱」三一号（一八九三年一月）一一―一四頁。「明治中期における歴史熱」は、著者の次の論文のテーマである。
（10）「史界の現状」『早稲田文学』四九号（一八九三年一〇月一〇日、文界現象欄）一―二頁。
（11）「史癖ハ佳癖」『史学会雑誌』二編二一号（一八九一年）。
（12）『史学雑誌』の最初期の号の論説を簡単に論じたものとして、Margaret Mehl, *Eine Vergangenheit für die japanische Nation* (Frankfurt: Peter Lang, 1992): 171-174 参照。
（13）大久保利謙「鼎軒田口卯吉と『史海』」『史海』五輯（名著普及会、一九八八年）三〇―三一頁。
（14）『東京日日新聞』は一八七五年四月一六日に修史局の設置を、一八七七年一月二七日に修史館への再編を報じ、職員の等級や俸給を詳細に伝えた。新聞記事は新聞集成明治編年史編纂会編『新聞集成明治編年史』全一五巻（財政経済学会、一九三四―三六年）から引用した。
（15）『東京日日新聞』。博士号に関しては、重野安繹・小中村清矩が一八八八年五月七日に、川田剛・黒川真頼が一八八八年六月七日に、星野恒・坪井久馬三が一八九一年八月二四日に授与されたことが報じられている（『新聞集成明治編年史』七巻、六六、八一頁、第八巻、一二七頁）。貴族院に関しては、三浦安・重野安繹・小中村清矩・川田剛が勅選議員に選定されたことが一八九〇年一〇月一日に報じられている（『新聞集成明治編年史』七巻、四九八頁）。
（16）『東京日日新聞』一八八〇年三月一二日、一八八三年一月二三日。『東京曙新聞』一八八〇年六月七日。
（17）『東京日日新聞』一八九一年三月一〇日。
（18）公刊された講演の編年リストは、『重野博士史学論文集』下巻の巻末一―二〇頁にある。
（19）福地桜痴（源一郎）「史論」、松本三之介編『近代日本思想大系三〇　明治思想集一』（筑摩書房、一九七六年）二八二―二八四頁から引用。
（20）鶴巻孝雄編『明治建白書集成』六巻（筑摩書房、一九八七年）八八八―八九二頁から引用。原史料は「三条家文書」にある。宛先は不明である。
（21）秋元信英「岡松甕谷の西史漢訳意見」『国学院雑誌』七一巻五号（一九七〇年）五八―六三頁。原史料は「岩倉公旧跡保存会所蔵文書」と「三条家文書」（書類の部）五五―一九にある。

（22）秋元「岡松甕谷の西史漢訳意見」六二頁。
（23）秋元信英「矢野玄道・井上頼圀の修史意見」『国学院大学日本文化研究所報』一七巻五号（一九八〇年）一一―一二頁。原史料は「三条家文書」にある。
（24）藤山豊「歴史研究ニ就テ」『文』三巻二号（一八八九年）一〇一―一〇三頁。
（25）統一真人「考証史家に一言す」『文』四巻一〇号（一八九〇年）六一七―六一八頁。
（26）能言生「児嶋高徳考を読む」『文』四巻一二号（一八九〇年）七一〇―七一三頁。第六章第三節も参照。
（27）「太平記」をめぐる議論については、第六章第三節を参照。
（28）Byron K. Marshall. *Academic Freedom and the Japanese Imperial University, 1868–1939* (Berkeley: University of California Press, 1992): 48–49.
（29）重野安繹「外人内従論」（一八九一年）薩藩史研究会編『増訂　重野博士史学論文集』上巻（名著普及会、一九八九年）二二一―二二二頁。『国学院雑誌』一号（一八九四年）の「発刊の趣旨」。田口卯吉「坂上田村麿」『史海』一一巻一―二五頁。鳳簫蟬史「史海第拾壱巻に於ける坂上田村麿」『史海』一四巻、六九―七四頁。小中村清矩『国史学のしをり』（吉川半七、一八九五年）七頁。また、Gluck 1985: 36–137 も参照。
（30）田口卯吉『居留地制度ト内地雑居』（経済雑誌社、一八九三年）。これは稲生典太郎編『内地雑居論資料集成』三巻（原書房、一九九二年）一五―五五頁に復刻されている。
（31）Gluck 1985: 132. また、内村鑑三については、井出孫六『明治民衆史を歩く』（新人物往来社、一九八〇年）一六三頁を参照。
（32）大久保利謙は「明治的リベラリズム」といっている。すなわち、国家は学問的議論に介入することはほとんどなかった。大久保利謙『日本文化研究四　日本歴史の歴史』（新潮社、一九五九年）四八頁。
（33）Marshall 1992.
（34）「教育と歴史」（一八九〇年）、『重野博士史学論文集』上巻、四九―六一頁。引用部分は五三頁。
（35）小中村清矩・井上頼圀・栗田寛・飯田武郷の伝記は、国学院大学『皇典講究所草創期の人びと』（国学院大学、一九八二年）の中にある。栗田に関してはさらに、照沼好文『栗田寛の研究　その生涯と歴史学』（錦正社、一九七四年）を参照。
（36）『明治維新人名辞典』五頁。

(37) 東京帝国大学編『東京帝国大学五十年史』（東京帝国大学、一九三二年）上巻、三一七―三二〇頁。内藤耻叟については、秋元信英「内藤耻叟の幕末史論」国学院大学日本文化研究所創立百周年記念論文集編集委員会編『維新前後に於ける国学の諸問題』（国学院大学日本文化研究所、一九八三年）、秋元信英「幕末・明治初期の内藤耻叟」『国学院女子短期大学紀要』三号（一九八五年）二九―八〇頁を参照。また、国学院大学『皇典講究所草創期の人びと』（国学院大学、一九八二年）も参照。

(38) 小中村清矩『国史学のしをり』（吉川半七、一八九五年）二頁。

(39) 同右七頁。一八九四年の不平等条約改正以後の内地雑居をめぐるイデオロギー的議論については、Gluck 1985: 136–137 を参照。

(40) 大久保利謙『大久保利謙歴史著作集七　日本近代史学の成立』（吉川弘文館、一九八八年）一四一頁。

(41) Paul H. Varley, *Imperial Restoration in Medieval Japan* (New York, London: Columbia UP, 1971). 村田正志『村田正志著作集三　続々南北朝史論』（思文閣出版、一九八三年）。

(42) 一八八四年の東京学士会院講演である重野安繹「世上流布の史伝多く事実を誤るの説」『重野博士史学論文集』上巻九―一九頁。菅政友「太平記ノ謬妄遺漏多キ事ヲ弁ス」『史学会雑誌』一編三・四号（一八九〇年）、のち若干修正のうえ『菅政友全集』（国書刊行会、一九〇七年）六三一―六三九頁に所収。星野恒「内藤燦聚君ノ太平記ハ小説家ノ作ニ非ザル説ヲ弁ズ」『文』一巻二四号（一八八七年）、久米邦武「太平記は史学に益なし」『史学会雑誌』二編一七―一八、二〇―二二号（一八九一年）二三〇―二四〇、二七九―二九二、四二〇―四三三、四八七―五〇一、五六二―五七八頁。

(43) 久米邦武「余が見たる重野博士」『歴史地理』一七巻三号（一九一二年）二七四―三〇六（二九〇）頁。重野は、明治維新の原因に関する一八八九年の講演（「大政帰朝の原因」『重野博士史学論文集』中巻、四七九―四九二頁）のなかで、個人の権力闘争の連続としての建武中興と、愛国的行動としての明治維新を明確に区別している。しかし、彼は、まず第一に出来事を比べることで、つながりを引き出してもいる。

(44) 村田正志『村田正志著作集三　続々南北朝史論』二〇九頁は、これら英雄たちのリストを提供してくれる。

(45) 大久保前掲『日本近代史学の成立』一三八―一四二頁。

(46) 「史料編纂始末」一〇。

(47) 大久保前掲『日本近代史学の成立』一三九頁。久米邦武「余が見たる重野博士」二九〇―二九一頁。『菅政友全集』五八七―五九一頁。

(48) 久米邦武「余が見たる重野博士」二八九頁。

(49)「抹殺博士の正体」『読売新聞』一九〇九年一〇月一日、『新聞集成明治編年史』一四巻、一五二頁から引用。

(50) 重野「世上流布の史伝多く事実を誤るの説」『重野博士史学論文集』上巻、九―一九頁。重野「大日本史を論じ歴史の体裁に及ぶ」『重野博士史学論文集』上巻、二〇―二九頁。

(51) 重野「児島高徳考」『重野博士史学論文集』中巻、五七七―五九〇頁。

(52) 公卿の洞院公定（一三三九―九九年）は、小島法師の死を応安七（一三七四）年五月三日の日記に記して、彼が「太平記」の作者であると述べている。

(53) 例えば、『日本』一八九二年一〇月一八日は武蔵坊弁慶を、『日本』一八九三年一一月七日は山本勘助を、重野がそれぞれ抹殺したことを、また『郵便報知新聞』一八九三年九月七日は、湊川の楠木正成を記念する石碑は水戸黄門によって建てられたものではないとの重野の見解について報じている。『読売新聞』一八九五年九月一四日では、抹殺論が中国史にまで及んだという。これらはすべて『新聞集成明治編年史』八、九巻から引用。

(54) 一八九二年三月五日第一面。

(55)『新聞集成明治編年史』一四巻、一四一頁。

(56) Sidney Devere Brown, Akiko Hirata (transl.), *The Diaries of Kido Koin*, 3 vols（Tokyo: University of Tokyo Press, 1983-86): vol. 1: 15, 207 669; vol. 3: 123, 483.

(57) 金田一春彦・安西愛子編『日本の唱歌』上巻（講談社、一九七七年）一一二―一一四頁。

(58) Peter Wetzler, 'Kriegspremier Tōjō Hideki und das kaiserliche System: Zur Ideenwelt eines japanischen Militärs und Politikers im pazifischen Krieg', *Beiträge zur Japanologie* 29, ed. Eva Bachmayer, Wolfgang Herbert and Sepp Linhart（Wien: Institut für Japanlogie, Universität Wien, 1991）: 328-343. 楠木正成の生涯と後世におよぼした重要性については、Ivan Morris, *The Nobility of Failure: Tragic Heroes in the History of Japan*（New York: Cherles E. Tuttle, 1982; first published 1975）を参照。

(59)『東京日日新聞』一八八六年一〇月一九日、『新聞集成明治編年史』六巻、三四一―三四三頁。依田や日本の演劇については、山本二郎「依田学海」「活歴劇」、早稲田大学坪内博士記念演劇博物館編『演劇百科大事典』（平凡社、一九六一年）二巻、六三頁、五巻、五二六頁参照。

（60）大久保利謙『日本近代史学の成立』二三九頁。

（61）「教育歴史」（一九八八年）、『重野博士史学論文集』上巻、六一―六五頁。

（62）「桜井駅」『重野博士史学論文集』中巻、三六四―三七二頁。

（63）「利国新誌ニ載スル草莽生ノ説ニ答フ」『史学会雑誌』一編一号（一八九〇年）三九―四三頁。

（64）この章の内容は、Margaret Mehl, *Eine Vergangenheit für die japanische Nation* (Frankfurt: Peter Lang, 1992) and 'Scholarship and Ideology in Conflict: The Kume Affair, 1892', *Monumenta Nipponica* 48.3 (1993): 337-357 でより詳細に扱っている。久米事件に関する最良の論文は、依然として大久保利謙「ゆがめられた歴史」（初出一九五二年）『日本近代史学の成立』一四二―一五三頁である。天皇制の問題に焦点を当てたものとしては、宮地正人「近代天皇制イデオロギーと歴史学――久米邦武事件の政治史的考察」『天皇制の政治史的研究』（校倉書房、一九八一年）がある。学問とイデオロギーのあいだの他の衝突事件との関連については、石田雄『明治政治思想史研究』（未来社、一九五四年、一九九二年復刊）二一九―二九一頁や井出孫六『明治民衆史を歩く』一五五―七八頁を参照。神道家の見解からは、神道文化会編『明治維新神道百年史』三巻（神道文化会、一九六七年）八三―九四頁。研究史の要約は、鹿野政直・今井修「日本近代思想史のなかの久米事件」大久保利謙編『久米邦武の研究』（吉川弘文館、一九九一年）二〇一―三一六頁。

（65）『史海』八巻（一八九二年一月二五日）。『史学会雑誌』二編二三―二五号（一八九一年一〇―一二月）。この論文は何度か復刻されているが、ここでは松島栄一編『明治文学全集七八　明治史論集（二）』（筑摩書房、一九五六年、一九八九年復刊）八六―九八頁を参照した。

（66）大久保前掲『日本近代史学の成立』八六頁。久米の論文ならびに東京専門学校における講義録は、現在は四冊の著作集で利用可能である。大久保利謙ほか編『久米邦武歴史著作集四　古文書の研究』（吉川弘文館、一九八九年）一―八二頁。

（67）久米が論文中で実際に言ったことに対して、深く注意を払う人はほとんどいない。例外として『明治維新神道百年史』三巻は久米論文の要約と、主要な点をめぐる議論を収録している（八三―九四頁）。秋元信英は「久米邦武と竹越与三郎の連続性」『国学院女子短期大学紀要』五巻（一九八七年）五一―八八頁で、「神道は祭天の古俗」論文から引用している。久米論文の詳細な要約は Mehl 1992: 212-214. 鹿野政直・今井修「日本近代思想史のなかの久米事件」二〇五―二一一頁も参照。

（68）Helen Hardacre, *Shintō and the State 1868-1988* (Princeton: Princeton UP, 1989, 1991): 129.

(69) 鹿野政直・今井修「日本近代思想史のなかの久米事件」二〇九—二一一頁。『早稲田文学』のある評者は、久米の説に弱点が多いため、久米への応援が微々たるものであったと推測する。「久米事件の余波」『早稲田文学』一二号（一八九二年三月）六—七頁。『国学院雑誌』のある評者も、久米論文が十分に調査されたものではないと批判している。『国学院雑誌』三巻七号（一八九七年五月）五九—六一頁。

(70) 『明治維新神道百年史』三巻、九四頁。久米における啓蒙思想の影響は、岩井忠熊「久米邦武」永原慶二・鹿野政直編『日本の歴史家』（日本評論社、一九七六年）一五—一六頁。

(71) 安丸良夫・宮地正人編『日本近代思想大系五　宗教と国家』（岩波書店、一九八八年）五四四、五五一—五五九頁。

(72) 「落後生」は、『史海』において沈黙が続いたことに驚きを表明している。大久保利謙によると、この「落後生」とは吉田東伍のことである。『史海』九、一〇巻の批評欄を参照。また、鹿野政直・今井修「日本近代思想史のなかの久米事件」二三七—二四二頁も参照。

(73) 『東京日日新聞』『郵便報知新聞』『寸鉄』『日本の青年』『会津』『北陸新報』『扶桑新聞』である。詳細は鹿野政直・今井修「日本近代思想史のなかの久米事件」二四七頁参照。

(74) 『東京日日新聞』。鹿野政直・今井修「日本近代思想史のなかの久米事件」二三七頁に引用。

(75) 大森金五郎「故久米邦武先生を憶ふ」『歴史地理』五七巻四号（一九三一年）五六一—五六七頁（二六四頁）。鹿野政直・今井修「日本近代思想史のなかの久米事件」二一六—二一七頁に引用。

(76) 道生館は、国学者・神道家の渡辺重石丸《いかりまろ》によって幕末期に創設されたものである。

(77) 記事は集められて、一八九二年五月二五日に『祭天古俗説辨明』として出版された。松島栄一編『明治文学全集七八　明治史論集（二）』一〇二—一〇五頁に復刻。大森金五郎「故久米邦武先生を憶ふ」五六二頁によると、久米は記事を誤解と考えていた。

(78) 久米の回顧録『久米博士九十年回顧録』末の久米自身の回顧〔訳注—著者は編者の所見としているが、この個所は久米自身の回顧である〕。田口自身はすぐに教会を離れ、「神道者諸氏に告ぐ」（後述）では自分はキリスト信者ではないと断っている。山崎渾子「久米邦武とキリスト教」大久保利謙編『久米邦武の研究』一七七頁参照。

(79) 『明治史論集（二）』一〇五頁に引用。

(80) 鹿野政直・今井修「日本近代思想史のなかの久米事件」二一七—二一八頁は、久米本人の書簡に比べて取り消しの語調が強められていることを指摘している。
(81) 大久保前掲『日本近代史学の成立』一四七頁。『早稲田文学』一一号（一八九二年三月一五日）も参照。
(82) のちに久米は免官となって「瘠境より肥境に入」ったとさえ主張した（久米「余が見たる重野博士」二九六頁、大森金五郎「故久米邦武先生を憶ふ」五六一―五六四頁）。『早稲田文学』二二号（一八九二年八月）一二―一三頁の「史学の風潮」は、免官が久米自ら願い出たものだと報じた。久米の反応（その典拠についてはほとんど語ってくれないが）については、鹿野政直・今井修「日本近代思想史のなかの久米事件」二六〇―二六一頁参照。
(83) 両論文とも『明治史論集（二）』九九―一〇二頁から引用。田口の声明と延々続く論争については、鹿野政直・今井修「日本近代思想史のなかの久米事件」二四二―二四六頁参照。
(84) 『明治維新神道百年史』三巻、九一―九三頁。倉持の論文「田口卯吉氏に答ふ」は四月一日の『経国』三号に掲載された。田口は『東京経済雑誌』に反論を掲載、二人のあいだの議論の応酬は数回続いた。鹿野政直・今井修「日本近代思想史のなかの久米事件」二四四―二四六頁。
(85) 『明治維新神道百年史』三巻、九〇―九五頁、特に九四頁。
(86) 「久米邦武氏ニ質ス」『国光』三巻九号（一八九二年二月）。『明治維新神道百年史』三巻、八九―九〇頁に引用。
(87) 大久保利謙『日本近代史学の成立』一五〇―一五三頁。宮地正人「近代天皇制イデオロギーと歴史学」一七一―九頁も神道家の主張をやや詳細に扱っている。鹿野政直・今井修「日本近代思想史のなかの久米事件」二一九―二三一頁は、久米事件に関連して公刊された論説で知られているものはすべてリスト化し、反応のいくつかは要約している（二三一―二五四頁）。
(88) 著者不明「国家の大事を暴露する者の不忠不義を論ず」『国光』三巻九号（一八九二年）。岩下方平「編年史編纂委員を如何せん」『国光』四巻二号（一八九二年五月）。岡島安平「縄風猷補典教」『国光』四巻二号（一八九二年五月）。これらは、田中彰・宮地正人編『日本近代思想大系一三　歴史認識』（岩波書店、一九九一年）四六六―四六九、四七四―四七五、四七五―四七八頁所収。
(89) 『日本』一八九二年四月八日の新聞記事。『史海』に付した田口親のはしがきは、田口を偲んだ久米の一九一一年における回顧を引用している（『史海』五輯、名著普及会、一九八八年、三四―三五頁）。
(90) 大森金五郎「故久米邦武先生を憶ふ」五六一―五六五頁。秋元信英「久米邦武事件三題」『日本歴史』四七五号（一九八七年）九二―九六頁も参照。

(91) 秋元信英「久米邦武事件三題」九五頁。

(92) 秋元信英「久米邦武事件三題」九五頁。辻善之助「思ひ出づるま丶（三）」『国民の歴史』一巻一〇号（一九四七年）。

(93) 『早稲田文学』一二号（一八九二年三月）六頁から引用。『早稲田文学』一二号（一八九二年三月）六―七頁と、『早稲田文学』三七号（一八九三年四月）一三六頁も参照。

(94) 「史学の風潮」『早稲田文学』二二号（一八九二年八月）一二―一四頁。

(95) 戸水事件と久米事件は比較されることがしばしばある。Byron K. Marshall, 'Professors and Politics: The Meiji Academic Elite', *Journal of Japanese Studies* 3. 1 (1977): 71-97 (85-6). 斉藤孝『昭和史学史ノート　歴史学の発想』（小学館、一九八四年）一一―一二頁。Marshall 1992: 7-17, 61-67 も参照。

(96) Marshall 1992: 212.

(97) Marshall 1992: 66; 76; 189.

(98) Marshall　1977: 95.

(99) 「現今の史論」『早稲田文学』三二号（一八九三年一月）三四―三七頁、「現今の史論補遺」『早稲田文学』三三号（一八九三年二月）五一―五六頁。

(100) Ludwig Rieß. *Allerlei aus Japan*. 2 vols. (Berlin: Deutsche Bücherei, 3rd edn n.d.): 117-118 からの著者訳。この章は日露戦争前後の時期について書かれているものである。加藤弘之の日記は東京大学史史料室に所蔵されているが、少なくとも問題の時期（一八九二年春）において久米は言及されていない。

(101) 『早稲田文学』は、一八九二―九三年にかけての歴史編纂におけるさまざまな学派についての記事をいくつか載せている。例えば、「史学の風潮」『早稲田文学』一号（一八九一年一〇月二〇日）一二―一三頁、『早稲田文学』七号（一八九二年一月一五日）六―八頁、『早稲田文学』二二号（一八九二年八月三〇日）一二―一四頁、「史論四派」『早稲田文学』三五号（一八九三年三月一〇日）八九―九二頁。また、「国史の於《ママ》ける科学的研究」『国学院雑誌』三巻七号（一八九七年五月）五九―六一頁も参照。

(102) 「久米事件の余波」『早稲田文学』一二号（一八九二年三月）六―七頁。また、神道とキリスト教の感情的行き違いや、官と民の不調和をも混交したものだという。おそらく、「保守史学家」が国学者を、「改進史学家」が久米や彼の同僚、リースとその学生たちを指しているのだろう。鹿野政直・今井修「日本近代思想史のなかの久米事件」二四八頁にも引用。

(103) しかしながら、教授たちに対して学問的自由が意味したものはおぼつかないものである。すなわち、彼らの学問エリートとしての特権の方が、一般的な意味での思想の自由よりも重要であったようである。秋元信英「久米邦武事件三題」九五頁。Horio Teruhisa (ed. and transl. Steven Platzer), *Educational Thought and Ideology in Modern Japan: State Authority and Intellectual Freedom*（Tokyo: University of Tokyo Press, 1988）: 103-105. Richard Mitchell, *Censorship in Imperial Japan*（Princeton UP, 1983）: 110. Marshall 1992: 180 は、一九二八年以後の論争においては個人の自由は組織の自治のために犠牲になったと指摘している。

(104) 斉藤孝『昭和史学史ノート』一二頁に引用。

(105) 海後宗臣編『井上毅の教育政策』（東京大学出版会、一九六八年）。井上の歴史観については、木野主計「井上毅の歴史観」『神道学』六二号（一九六九年）一七―二九頁。三上の回想（「三上参次先生談旧会速記録」『日本歴史』三九四号、八一頁）も参照。

(106) 海後宗臣編『井上毅の教育政策』一〇二一―一〇二二頁に引用。

(107) 宮地正人「近代天皇制イデオロギーと歴史学」一八〇―一八四頁。

(108) 伊藤博文関係文書研究会編『伊藤博文関係文書』全九巻（塙書房、一九七三―七七年）、一巻、四五八頁。年不明であるが、おそらく明治二六（一八九三）年のものであると編者は示唆している。

(109) 「梧陰文庫」の中には、一八八九年一月付の臨時編年史編纂掛による上申書がある。その中で編纂掛は、何の成果も上げていないとの非難に対して自己弁護をしている（B―三一三〇、宛先は書かれていない）。井上と「大政紀要」に関しては、木野主計「井上毅の歴史観」一七―二九（二三―二六）頁ないし第二章第五節を参照。

(110) 「三上参次先生談旧会速記録」『日本歴史』四〇一号、八一頁、三九四号、八六頁。大久保前掲『日本近代史学の成立』五一頁。

(111) 秋元信英「明治二十六年四月における新史局の帝室設置案」『国史学』九九号（一九七六年）二六―四四頁。

(112) 『新聞集成明治編年史』八巻、四〇六頁から引用。

(113) 一八九三年三月二九日付伊藤博文宛書簡、『伊藤博文関係文書』一巻四四八―四四九頁、井上毅伝記編纂委員会編『井上毅伝　史料篇第四』（国学院大学図書館、一九七一年）二二五―二二六頁。それに続く意見書は国学院大学の「梧陰文庫」に所蔵されている。栗田寛の一八九三年三月二七日付意見書（B―三一一二）と一八九三年七月七日付意見書（B—三一一三）。一八九三年四月一二日付外山正一宛星野恒書簡（B—三一二四）は、四月一四日付外山意見書（B—三一二二）に同封されている。四月一九日付井上毅宛青山勇書簡（B—三一一四）では菅政友からの書簡のことをほのめかしており、二通の四月一七・二一日付青山宛菅政友書簡（B—三一一五、三一一六）が同封されている。四月二九日付高津鍬三郎意見書（B—三一一九）。一八九三年四月付池田晃淵意見書（B—三一二三）。一八九三年四月付河田羆意見書（B—三一一八）。一八九三年日付不明筆者不明意見書（B—一三一一）。これらの意見書のうちのいくつかは、井上毅伝記編纂委員会編『井上毅伝　史料篇第五』に翻刻されている。栗田（一二〇—一二三頁）、青山・菅（一—五頁）、河田（一〇六—一一二頁）。抜粋は海後宗臣編『井上毅の教育政策』一〇二六—一〇二七頁。東京大学総合図書館は「梧陰文庫」の一部のマイクロフィルムを所蔵しており、私のために親切にも関係史料（B—三一〇四—B—三一三〇）を複写してくれた。

(114) 外山意見書（B—三一二二）。

(115) これらは海後宗臣編『井上毅の教育政策』一〇二〇—一一三七頁において詳細に分析されている。井上自身によって書かれた日付不明覚書の二つの版は「梧陰文庫」B—三一一一にあり、『井上毅伝　史料編第五』七五八頁で翻刻されている（ただし、年が一八九四年となっている）。四つの閣議請議案のうちの一つは、一八九四年六月二〇日付である（「梧陰文庫」B—三一一〇）。『井上毅伝　史料編第五』では第四案の草稿の上に（六八四—六八八）と印刷され、また四案の順番がB—三一〇九、B—三一一〇、B—三一〇四、B—三一一七となっている。しかしながら、編者はB—三一一〇がB—三一〇九より先に起草されたと考えるが、それは正しいであろう。外山正一の意見書が提出されてから一年以上も経ってから井上の最初の草稿が作成されたので、なぜ『井上伝』の編者たちが外山の意見書を決定的性格のものと考えたかは判然としない。

(116) 「梧陰文庫」には、修史館が一八八五年に提出した「修史意見書」（「梧陰文庫」B—三一二七、第五章第一節参照）や、一八八九年に作成された「大日本編年史」に関する臨時編年史編纂掛の上申書（「大日本編年史」のカバーする期間の延長が計画されている、B—三一三〇）も含まれている。

(117) 「三上参次先生談旧会速記録」『日本歴史』三九四号、八七頁。三上によると、当初から期間を一五年に延長するつもりであったという。

(118) 「梧陰文庫」B—三一〇九に同封されている勅令案。

(119) 同時に、明治維新関係史料の収集のため、史談会（第三章第五節）への財政援助も議論された。大日本帝国議会誌刊行会

編『大日本帝国議会誌』三巻（三省堂、一九二七年）四六四—四六六、六一一—六一三頁。
(120)「三上参次先生談旧会速記録」『日本歴史』三九六号、八六—八七頁。
(121)「三上参次先生談旧会速記録」『日本歴史』三九六号、八七頁。
(122)『東京大学百年史　部局史四』（一九八七年）五六二頁。新規に任命された人名は「史料編纂始末」一八からわかる。
(123) 田中義成に関しては、秋元信英「田中義成博士の写字生任用」『日本歴史』四三七号（一九八四年）四五—四六頁、田中義成『南北朝時代史』（講談社、一九七九年、初刊は一九二二年、一九八六年復刊）における三上参次「田中博士の閲歴」、佐藤和彦「田中義成」永原慶二・鹿野政直編『日本の歴史家』七〇—七七頁。辻善之助「思ひ出づるま丶（三）」『国民の歴史』三八—四一頁。
(124) すでに引用したが、三上自身の回想が最良の伝記史料である。中村孝也（語る人）「シリーズ近代史学を作った人々　三上参次」『歴史教育研究』一二号（一九五九年）一六—一八頁、辻善之助「思ひ出づるま丶（二）」『国民の歴史』一巻七号（一九四七年）五四—五五頁も参照。
(125)「三上参次先生談旧会速記録」『日本歴史』四〇〇号、八六頁。
(126)「史料編纂始末」一八（要約）。
(127)「三上参次先生談旧会速記録」『日本歴史』三九六号、八七頁。
(128) 石田雄『明治政治思想史研究』二七七頁。
(129) 英文による教科書論争の最良のものは Varley 1971 である。そのテーマに関わる日本人の学問を引用していないため包括性は下がるが、Uyenaka Shuzo, "The Textbook Controversy of 1911: National Needs and Historical Truth", in John Brownlee (ed.), *History in the Service of the Japanese Nation* (Toronto: University of Toronto-York University Joint Centre on Modern East Asia, 1983): 94-120 を参照。この事件を史料にもとづいて良く描写したものとして、松本清張『小説東京帝国大学』（新潮社、一九七五年）。学術論文として最良のものは、依然として大久保利謙『日本近代史学の成立』一五三—一六六頁（初出一九五二年）である。村田正志『南北朝史論』（一九八三年、初出一九四九年）は、時代をまたがって南北朝正閏論争を扱っている。石田雄『明治思想史研究』はこの論争を政治思想史の一環として扱っている。坂田吉雄『天皇親政—明治期の天皇観』（思文閣出版、一九八四年）から一連の史料を引用したのも、一、二回にかぎらなかった。
(130) 友声会編『正閏断案国体之擁護』（松風書院、一九一一年、〈復刻〉みすず書房、一九八九年）。「大政紀要」に関しては巻末に抜粋している。三塩の論文も参照（二六五頁）。

(131)「大日本史」の三大特筆は、①神功皇后を天皇としてではなく、応神天皇の摂政としてみなすこと、②天武天皇（在位六七三―八六年）を彼の甥の「大友天皇」の皇位簒奪者として叙述すること〔訳注―正確には、「大友皇子」を天皇として認めたことである〕、③南朝を「吉野朝」と呼び、唯一正統な朝廷として扱うこと、であった。H. Webb, 'What is the Dai Nihon Shi?', *Journal of Asian Studies* 19 (1960): 135-149. 坂本太郎『日本の修史と史学』（至文堂、一九六六年）一八三―一八七頁。重野安繹は東京学士会院で講演をしている（『重野博士史学論文集』上巻、六八―八五頁）。菊池謙二郎は『史学雑誌』一一編一二号（一九〇〇年）のなかで、重野の説に反対している。

(132) 田中義成『南北朝時代史』一四―一五頁。「三上参次先生談旧会速記録」『日本歴史』四〇一号、八二―八三頁。

(133) 南北朝正閏論争における喜田の役割については、成沢栄寿「喜田貞吉」永原慶二・鹿野政直編『日本の歴史家』一三七―一四四頁で詳細に扱われている。

(134)『史学雑誌』二二編四号（一九一一年）四八八―四九八頁。

(135) 友声会編『正閏断案国体之擁護』二六五頁の中で三塩が示唆しているように、多くの教師がその記述を単純に無視して、『稿本国史眼』のような以前の教科書で馴れ親しんだ解釈を教えることも、もちろん可能であった。

(136) Gluck 1985: 93.

(137) 大久保前掲『日本近代史学の成立』一五六頁。

(138) 南北朝正閏論争に関する新聞記事は、史学協会編『南北朝正閏論』（修文閣、一九一一年）、『新聞集成明治編年史』一四巻に所収。

(139) 藤沢の演説とそれに続く短い討論は、『大日本帝国議会誌』八巻、三八一―三八四頁、安部磯雄『帝国議会教育議事総覧』（厚生閣、一九三二―三三年）三巻〈復刻〉臨川書店、一九七一年）七八―九一頁に収録されている。新聞記事（藤沢の風刺画二枚を含む）は『新聞集成明治編年史』一四巻、三七五―三七七頁。

(140) 一九一一年二月において桂内閣が抱えた政治問題は、桂の政敵原敬（一八五六―一九二一年）の日記にいくつか記述がある。原奎一郎編『原敬日記四　内相時代篇（二）』（乾元社、一九五一年）一九二―二〇三、二〇六―二〇七、二二三頁。

(141) 友声会（「大日本国体擁護団」の後継団体）編『正閏断案国体之擁護』三六五―三九三頁。そのメンバーの一人内田周平の回想も参照（内田周平『南北朝正閏問題の回顧』谷門精舎、一九三八年）。

(142) 事件における山県有朋の役割については、大久保前掲『日本近代史学の成立』一六〇―一六一頁。山県宛の桂・寺内正毅・加藤弘之書簡や井上通泰（一八六六―一九四一年、山県のために宮中への交渉をおこなった）の回想の抜粋は、徳富猪一郎編『公爵山県有朋伝』（山県有朋公記念事業会、一九三三年）下巻、七六七―七七六頁。原書簡は「山県有朋関係文書」（国立国会図書館憲政資料室所蔵）にある。一九一一年三月一日の枢密院会議の議事録は、『枢密院会議議事録』一三巻（東京大学出版会、一九八五年）五―七頁。

(143) 例えば、『史学雑誌』二二編三、四号。田中義成「史学の活用」『史学雑誌』二三編一〇号、一〇三〇―一〇四九頁、特に一〇四〇―一〇四一頁を参照。『歴史地理』一七巻、四・五号、一八巻四号、『教育時論』九二七―九三六号（一―三月）、『日本及日本人』五五三―五五八、五六一号。最も重要な論説は、このとき集められて出版された次の論集に見ることができる。史学協会編『南北朝正閏論』、友声会編『正閏断案国体之擁護』、山崎藤吉・堀江秀雄共纂『南北朝正閏論纂』（皇典講究所国学院大学出版図書販売所、一九一一年）。この三つの論集はすべて南朝正統論者によって編集されている。友声会編『正閏断案国体之擁護』のみは自分たちメンバーの論説のみを載せているが、他の二冊は北朝に好意的な、もしくは態度不明確な論説も収録している。

(144) 佐藤和彦「田中義成」永原慶二・鹿野政直編『日本の歴史家』七四頁。

(145) 史学協会編『南北朝正閏論』一五〇―一五一、一五九頁。

(146) 友声会編『正閏断案国体之擁護』二六〇―二六六頁。

(147) 田中義成『南北朝時代史』一五頁の三上参次「田中博士の閲歴」。

(148) 「大日本史料南北朝時代体裁改正ニ関スル答申書」、東京大学百年史編纂委員会編『東京大学百年史　通史一』（東京大学出版会、一九八四年）一〇四七―一〇五一頁。

(149) 『東京大学百年史　通史一』一〇五一頁。

(150) 井上の話は斉藤孝『昭和史学史ノート』二一頁に見ることができる。大久保の話は中村孝也「シリーズ近代史学を作った人びと　三上参次」二五―二六頁。また「三上参次先生談旧会速記録」『日本歴史』四一〇号、九〇―九一頁も参照。

(151) 石田雄『明治政治思想史研究』二七八頁。

(152) 『史学雑誌』二三編一〇号（一九一二年）一〇三〇―一〇四九頁。

(153) 英訳は G. M. Sinclair and Suita Kazo in Sinclair/Suita (ed.), *Tokyo People: Three Stories from the Japanese* (Tokyo: Kei-

bunkan, 1925).（『訳注―森鷗外全集』第九巻）。この小説と南北朝正閏論争との関係については、斉藤孝『昭和史学史ノート』六―八頁、石田雄「明治末の戦争論と国体論――多様な議論の展開」友声会編『正閏断案国体之擁護』（みすず書房、一九八九年）付録一を参照。

第七章

(1) 詳しくは、三上参次の以下の回想を参照。石川松太郎「三上参次先生談旧会速記録」『日本歴史』三九〇―三九六号、三九八―四〇二号、四〇四号、四〇六―四一一号（一九八〇―八二年）。特に、四〇七号、八五―八六頁。

(2) 「史料編纂掛事業ノ経常費事業トスベキ理由」（一九〇五年）、「史料編纂始末」二〇。

(3) 勅令第九五号「史料編纂ニ関スル職員ノ件」、「史料編纂始末」二〇。

(4) 史料編纂所の組織と職員に関する詳細は、東京大学百年史委員会編『東京大学百年史　部局史四』（東京大学、一九八七年）、五六七―五七四頁を参照。三上は旧世代の職員、つまり星野との意見衝突に関して言及している（前掲「三上参次先生談旧会速記録」『日本歴史』四〇一号、八六―八七頁）。

(5) 全体として一一個の下部組織がある。詳しくは、『東京大学史料編纂所要覧』（一九九五年）を参照。

(6) 『古簡集影』全一四輯（一九二三―三一年）および『古文書時代鑑』（一九二五―二七年）。

(7) 前掲『東京大学百年史　部局史四』五六三、五七〇―五七一、五七三、五九二―五九三頁。また最初の庁舎に関する三上の回顧を参照（前掲「三上参次先生談旧会速記録」『日本歴史』四〇〇号、八八―八九頁）。現在の史料編纂所に関しては、前掲『東京大学史料編纂所要覧』を参照。

(8) 「史料編纂始末」一八とその後続巻。また前掲三上の回顧も参照。星野の場合は、「京都府和歌山県出張日記」（一九〇一年）が、彼の著作集である『史学叢説』（全二巻、冨山房、一九〇九年）の二巻六八八―七七四頁に収録されている。

(9) 前掲「三上参次先生談旧会速記録」『日本歴史』四〇八号、七一頁。また『史談会速記録』八八輯（一九〇〇年）六二―六三頁。「史料編纂始末」一八。

(10) 助手の保谷徹からの情報（一九九一年二月四日付の手紙）による。

(11) 一九八九年一一月一三日、沼田次郎へのインタビューによる。沼田は、一九三五年東京帝国大学国史学科を卒業したあと、史料編纂所に入り、一九七一年には所長となった。一九七三年に退官した。

（12）詳細は、前掲『東京大学史料編纂所要覧』一八―一九頁を参照。

（13）「史料編纂始末」一九―二一。また、前掲「三上参次先生談旧会速記録」『日本歴史』三九九号、八一―八三頁。

（14）「史料編纂始末」一九。

（15）前掲「三上参次先生談旧会速記録」『日本歴史』四〇八号、七七頁、四一〇号、八七頁。なお、楠木と児島に関しては第六章第三節を参照。

（16）「史料編纂始末」二〇。

（17）『くにのあゆみ』（新制小学教科書、一九四六年）と『絵で見る日本史』（中学校用参考図録、一九四九年）。前掲『東京大学百年史　部局史四』五九八頁を参照。

（18）前掲「三上参次先生談旧会速記録」『日本歴史』四一〇号、八八―八九頁。井伊直弼は大老として、一八五八年に勅許を待たず、幕府をしてアメリカとの通商条約に調印させた。なお、島田の『開国始末』は、一八八八年に出版された。

（19）前掲「三上参次先生談旧会速記録」『日本歴史』四一〇号、九〇頁。

（20）前掲沼田次郎へのインタビューによる。

（21）同右。

（22）村田正志『続々南北朝史論』（思文閣出版、一九八三年）一五三―一五四頁。また「陸軍次官橋本虎之助業務要項覚」（一九三五年以後作成）『現代史資料二三　国家主義運動』（一九七四年）三九二―三九五頁。前掲『東京大学百年史　部局史四』五七六頁。

（23）「民衆支配の正当と他国への優越を謳う華夷思想の系譜」『朝日ジャーナル』緊急増刊号（一九八九年一月二五日）一二六―一三一頁。

（24）歴史学研究会編『「即位の礼」と大嘗祭――歴史家はこう考える』（青木書店、一九九〇年）所収の近藤成一・高埜利彦論文。

（25）R. C. Van Caenegem, F. L. Ganshof, *Kurze Quellenkunde des Westeuropäischen Mittelalters* (Göttingen: Vandenhoeck & Ruprecht, 1962): 180–181.

（26）Thomas Nipperdey, 'Auf der Suche nach der Identität: Romantischer Nationalismus', in *Nachdenken über die deutsche*

Geschichte (München: dtv, 1990): 132-150; Engl. in *Romantic Nationalism in Europe*, ed. J. C. Eade (Humanities Research Centre, Australian National University, 1983); Yoshino Kosaku, *Cultural Nationalism in Contemporary Japan: A Sociological Enquiry* (London, New York: Routledge, 1992): 44-45.

(27) Friedrich Jaeger/Jörn Rüsen, *Geschichte des Historismus* (München: C. H. Beck, 1992).

(28) Wofgang Hardtwig, 'Geschichtsstudium, Geschichtswissenschaft und Geschichtstheorie in Deutschland von der Aufklärung bis zur Gegenwart', in *Geschichtskultur und Wissenschaft* (München:dtv, 1990): 13-57.

(29) Hellmut Seier, 'Heinrich von Sybel', in *Deutsche Historiker*, vol 2, ed. H.-U. Wehler (Göttingen: Vandenhoeck & Ruprecht, 1971): 24-38.

(30) Franz Schnabel, 'Die Idee und ihre Erscheinung', in *Die Historische Kommission bei der Bayrischen Akademie der Wissenschaften 1858-1958* (Göttingen: Vandenhoeck & Ruprecht, 1958): 7-69.

(31) Schnabel 1958: 37; 38.

(32) Schnabel 1958: 50.

(33) Seier 1971: 32-33.

(34) Reinhard Elze/Arnold Esch (ed.), *Das Deutsche Historische Institut in Rom 1888-1988* (Tübingen: Max Niermeyer, 1990).

(35) Wofgang Mommsen, *Nation und Geschichte: Über die Deutschen und die Deutsche Frage* (Munich/Zürich: Piper, 1990): 12-13.

(36) Hardtwig 1990: 232-233.

(37) Seier 1971: 32.

(38) Hardtwig 1990: 104, 225, 230, 233-234.

(39) Hardtwig 1990: 112; Arthur Marwick, *The Nature of History* (London: Macmillan, 1989): 44.

(40) Hardtwig 1990: 103-160; 107; 112.

(41) Hardtwig 1990: 154.

(42) Hardtwig 1990: 236.

（43）詳しくは、Bernd Martin, 'Fatal Affinities: The German Role in the Modernisation of Japan in the Early Meiji Period (1868-1895) and Its Aftermath', in *Japan and Germany in the Modern World*（Providence/Oxford: Berghahn Books, 1995）: 17-76 を参照。

（44）Yoshino 1992: 84-85.

（45）第二章第五節で扱った三浦安覚書を参照。これらの比喩はヨーロッパのものと非常に類似しており、このことはヨーロッパの立憲思想を採用するのを助長した。Reinhard Zöllner, 'Lorenz von Stein und *kokutai*', *Oriens Extremus* 33（1990）: 65-76.

（46）Atsuko Hirai, 'The State and Ideology in Meiji Japan – A Review Article', *Journal of Asian Studies* 46（1987）: 89-103 (91-2).

（47）Klaus Antoni, 'Inoue Tetsujirō und die Ideologie der späten Meiji-Zeit', *Oriens Extremus* 33（1990）: 99-115. また、小説「かのやうに」における森鷗外のアドルフ・ハルナックの描写を参照（第六章第六節を参照）。Lorenz von Stein, 'Studien zur Reichs – und Rechtsgeschichte Japans', *Österreichische Monatsschrift für den Orient* 13（1887）: 1-9(5). シュタインはまた、帝国大学における歴史研究についても言及しており、中国の伝統的編年史からすみやかに自由になるようにとの希望を表明している。

（48）大塚三七雄『明治維新と独逸思想』（長崎出版、一九七七年）一八―一九、三七―三八頁。

（49）Bernd Martin, 'Deutsche Geschichtswissenschaft als Instrument nationaler Selbstfindung in Japan', in *Universalgeschichte und Nationalgeschichten*, ed. Gangolf Hübinger/Jürgen Osterhammel/Erich Pelzer（Freiburg: Rombach Verlag, 1994）: 209-229（211-212）.

（50）Peter Novick, *That Noble Dream*（Cambridge: Cambridge University Press, 1988）: 66.

（51）Ernst Breisach, *Historiography: Ancient Medieval & Modern*（Chicago/London: The University of Chicago Press, 1983, 1994）: 233; 236.

（52）Jaeger/Rüsen 1992: 63.

（53）Helmut Berding, 'Theodor Mommsen. Das Problem der Geschichtsschreibung', in *Geschichte und politisches Handeln*（1985）: 243-60; Ernst Breisach, *Historiography: Ancient Medieval & Modern*（Chicago/London: University of Chicago

Press, 1983, 1994): 237. Jaeger/Rüsen 1992: 50.

（54） Jaeger/Rüsen 1992: 63.

（55） Martin 1994: 219. 方法論に関する講義以外にも、リースは *Historik – Ein Organon geschichtlichen Denkens und Forschens* (Berlin: G. J. Göschen 1912) を出版している。

（56） 中山はリースと坪井の相違を強調して、ベルンハイムの本はリースの来日後に出版されたものであるが、ベルンハイムの本には何か根本的に新しいことを提示したわけではなかったと指摘している。リースは *Methodology* の中でベルンハイムを引用しており、リースが方法論に重きを置いていたことは明らかであろう。Tanaka 1993: 25–26 も、津田左右吉を引用しながら、同様の指摘をしている。中山治一「ドイツ史学の受容と白鳥博士」『白鳥庫吉全集　月報九』（全集第七巻第九回配本、岩波書店、一九七一年）五―七頁。

（57） Breisach 1994: 233–234. アメリカにおけるランケの選択的受容と誤解に関しては、Novic 1988: 26–31; Joyce Appleby, Lynn Hunt, Margaret Jacob, *Telling the Truth About History* (New York/London: Norton, 1994): 73–74.

（58） Jaeger/Rüsen 1992: 53–66.

（59） Numata Jirō, 'Shigeno Yasutsugu and the Modern Tokyo Tradition of Historical Writing', in *Historians of China and Japan*, eds W. G. Beasley and E.G. Pulleyblank (London: Oxford University Press, 1961): 264–287 から引用。

（60） Fernand Braudel, Tanaka 1993: 29 から引用。

（61） Wolfgang Küttler, Jörn Rüsen, Ernst Schulin (ed.), *Geschichtsdiskurs*, vol.1, *Grundlagen und Methoden der Historiographiegeschichte* (Frankfurt a. M.: Fischer, 1993).

（62） 'Geschichitsschreibung als Theorieproblem der Geschichtswissenschaft. Skizze zum historischen Hintergrund der gegenwärtigen Diskussion', *Formen der Geschichtsschreibun*, eds Reinhart Koselleck, Heinrich Lutz und Jörn Rüsen (München: dtv 1982): 14–35.

（63） Jaeger/Rüsen 1992: 49–50.

（64） 例えば、Wilhelm Giesebrecht, 'Die Entwicklung der modernen deutschen Geschichtswissenschaft', *Historische Zeitschrift* 1 (1859): 1–17(8).

（65） Hermann Oncken, 'Wandlungen des Geschichtsbildes in revolutionären Epochen', *Historische Zeitschrift* 189 (1959):

124-138(135).

（66）白鳥庫吉の表現である。Tanaka 1993: 28 から引用〔訳注―原典は榎一雄『東洋文庫の六十年』（東洋文庫、一九七七年）七三頁〕。

（67）『国学院雑誌』三巻三号（一八九七年一月）八九―九三頁。

（68）『早稲田文学』（第一次第二期）一号（一八九六年一月、彙報欄）一二三―一二八（一二七）頁。

（69）「日本現代の史学及び史家」『太陽』一五巻一一号（一九〇九年）三〇―四〇頁。

（70）Kenneth B. Pyle, *The New Generation in Meiji Japan: Problems of Cultural Identity, 1885-1895* (Stanford: Stanford University Press, 1969): 98.

（71）Tanaka 1993: 266.

（72）Pyle 1969: 203.

（73）久米邦武「余が見たる重野博士」『歴史地理』一七巻三号（一九一一年）三〇五―三〇六頁。

（74）Tanaka 1993: 36-40.

（75）Tanaka 1993: 45.

（76）Marius B. Jansen (ed.), *Changing Japanese Attitudes toward Modernization* (Princeton: Princeton UP, 1964): 43-97.

（77）Tanaka 1993.

（78）James Edward Ketelaar, *Of Heretics and Martyrs in Meiji Japan: Buddhism and its Persecution* (Princeton: Princeton University Press, 1990): 192.

（79）永原慶二『皇国史観』（岩波書店、一九八三年）。平泉に関しては、斉藤孝『昭和史学史ノート――歴史学の発想』（小学館、一九八四年）八八―一一〇頁。

（80）前掲『昭和史学史ノート』、九五、九九、一〇三頁。なお平泉は「大精神」を、ヘラクレイトスの「ロゴス」と同等なものと見なしている。

（81）Tanaka 1993: 283. また、George Akita, 'Trends in Modern Japanese Political History. The "Positivist Studies"', *Monumenta Nipponica* 1982: 497-521 も参照。

（82）史実に近く、しかも原史料の要約までをも収録した歴史小説の一例として、松本清張『小説東京帝国大学』（新潮社、一九七五年）を参照。

[訳注]

（1）明治三（一八七〇）年閏一〇月に工部省が新設。
（2）明治元（一八六八）年一二月二五日、昌平学校と開成学校に対して、明治二年一月一七日よりの生徒の入学許可と開校の布告が出されたことを指す。
（3）修史館が徹底的な調査をおこなったのは土居や得能に対してである。
（4）田中不二麿はこのとき文部大丞であるが、文部卿不在時であるため、実質上の最高官であった。
（5）命じたのは宮内省ではなく、明治天皇である。
（6）『続国史大系』は一九〇四年まで刊行。
（7）黒板は当初より校閲に携わっており、一九二九年以前から改訂・増補をおこなっており、一九二九年からの事業では編集となっている。
（8）直接には外務省への下命をもとめた、太政官宛の上申書である。
（9）当該時期には組織名称は「修史館」であるが、このゼルフィ訳稿は「修史局」罫紙が用いられている。修史館移行後も「修史局」罫紙が稿本用として利用されていたものと思われる。
（10）専門は歴史学というよりも哲学であったようである。
（11）原文は変体漢文であるが、ここでは読み下しを掲げた。
（12）この内容は、明治二六年六月一二日付伊藤博文宛井上毅書簡の添付文書に含まれる。添付文書そのものは、皇典講究所における井上の講演の筆記である（『井上毅伝　史料篇第二』、国学院大学図書館、一九六八年、六〇四頁）。
（13）ただし、当時の第二次桂太郎内閣は、戦前期には珍しい長期政権である。
（14）現在（二〇一七年）ではこれに加えて、画像史料解析センター、前近代日本史情報国際センターが設置されている。
（15）現在は、東京大学伊藤国際学術センター内のレストラン等として使用されている。
（16）一九二四年五月の第一二回史料展覧会であろう。

(17) 実際には、「編年文書」は、正倉院文書を中心とした奈良時代の部分を刊行したのみで終わった。

(18) 『大日本維新史料』編年之部のうち、刊行されたものは一部であり、大部分は稿本の状態で公開されている。史料編纂所の「維新史料綱要データベース」において閲覧が可能である。

解　説

松沢裕作

一　本書の意義と著者について

本書は、Margaret Mehl, *History and the State in Nineteenth-Century Japan*, London: Macmillan, 1998 の日本語訳である。

日本の近代史学史を振り返るとき、重野安繹や久米邦武という名前とともに、政府による修史事業の存在は、近代歴史学の出発点としてしばしば言及される。史学史上のこの時期の意義は重視されてきたにもかかわらず、明治国家の修史事業の全体像を包括的にあつかった研究書は、現在もなお本書が唯一のものである。そのため、近年の史学史研究においても、本書の議論は重要な先行研究として言及されつづけている。例えば、松沢裕作編『近代日本のヒストリオグラフィー』（山川出版社、二〇一五年）は、近代日本におけるさまざまな歴史叙述とその関係を問い直す八本の論考をおさめる論文集であるが、そのうち三本の論文で、先行研究として本書が挙げられている（松沢裕作「修史局における正史編纂構想の形成過程」、佐藤雄基「明治期の史料採訪と古文書学の成立」、中野弘喜「史学の「純正」と「応用」」）。史学史研究の基本文献といってよい本書は、この邦訳を通じてより広い読者の手に届くことになるだろう。史学史という研究分野は、ほかの分野史と同様の一つの自立した分野史でもあるが、一方で、歴史学という営みへの自己反省という側面を常に持つ。そうであるとすれば、さまざまな形で歴史というものにかかわる際に、史学史上の論点を踏まえておくことは、議論の繰り返しや先人と同じ轍を踏むのを避けるために必要な手続きであろう。ましてや、本書の主題は、近代日本における歴史学の草創期にかかわるものである。読者は、おそらく、今日の歴史学が直面する課題のいくつかが、明治の歴史家たちが直面した課題でもあったことを、本書を通じて知ることになるだろう。

本書が史学史研究の基本文献である所以は、単にその叙述の包括性にとどまらない。序章および結論で示されているように、本書が、国民国家形成における歴史学の役割という普遍性をもつテーマを扱っているからでもある。しかし、著者の議論は、歴史学を国民国家形成の道具、ナショナリズムの婢として断罪するというような粗雑なものではない。むしろ著者は、本書で比較の対象とされているドイツとは異なり、歴史家たちが「国民《ネーション》の解釈者とはならなかったこと」（本書二〇〇頁）を日本の特徴として挙げる。しかしそのことは、日本の歴史家が国民国家形成に無縁であったとか、学問の政治利用に対し責任を負わないということを全く意味しない。それは、近代日本の歴史家たちが、歴史叙述における表象と解釈の問題から逃避し、歴史の恣意的利用の広大な余地を残す結果を招いた経緯として論じられている。序論で触れられているとおり、原著は、ドイツにおける「歴史家論争」と、日本における「昭和の終焉」とを同時代的背景として書かれた。しかし、本書の意義が現在なお失われていないことは、以上の簡単な紹介からも明らかであろう。一九九八年の原著刊行時に著者が述べているように、「歴史とナショナル・アイデンティティをめぐる議論は、今後も進行中」（本書一八頁）であったし、現在もなお進行中なのである。

本書の著者マーガレット・メール氏はドイツ生まれ。ボン大学で日本学を専攻し、一九八七年から一九八九年まで東京大学文学部国史学研究室に在籍して日本史を研究、英国スコットランドのスターリング大学スコットランド日本学研究センターなどを経て、現在はコペンハーゲン大学准教授を務めている。本書の研究と並行して日本語で発表された業績に、「和歌山藩におけるお雇い外国人カール・ケッペン（一八六九―一八七二）――ドイツ側の史料を中心に」（『日本歴史』四八八、一九八九年）、「修史館副総裁伊達宗城宛副長重野安繹書翰二通」（『日本歴史』五〇七、一九九〇年）、「明治国家と日本近代史学の成立――現東京大学史料編纂所をめぐって」（伊藤隆編『日本近代史の再構築』、山川出版社、一九九三年、所収）がある。最後のものは本書の縮約版とも言うべき論稿である。

本書出版後は、明治期の漢学者と漢学塾をテーマとした *Private academies of Chinese learning in Meiji Japan: the decline and transformation of the kangaku juku*. Nordic Inst. of Asian Studies, 2003、近代日本のヴァイオリン受容史をあつかった *Not by Love Alone: The Violin in Japan, 1850-2010*, 2013 を刊行している。

また、本書の主題と関係する論稿としては、本書出版後に、「明治史学におけるドイツの影響――どれ程意義ある影響だったのか」（東京大学史料編纂所編『歴史学と史料研究』、山川出版社、二〇〇三年、所収）、「ありのままの過去――重野安繹と歴史家の仕事について」（史学会編『歴史学の最前線』、東京大学出版会、二〇〇四年、所収）を発表している。前者は東京大学史料編纂所史料集刊行一〇〇周年記念、後者は史学会一〇〇回記念大会における報告を基にしたものであるが、史料編纂所と史学会という「官学アカデミズム」を支えた二大組織が、ともにその一〇〇周年に際してメール氏を講演者として招聘したという事実は、メール氏の業績が、近代日本の歴史学がその来歴を省みる際に避けて通ることのできない位置を占めていることを物語って余りあると言えよう。史学史にかかわる近年の論考としては“The European Model and the Archive in Japan: Inspiration or Legitimation?” *History of the Human Sciences*, 26.4（2013）: 107-127 がある。

二　本書の内容と特徴

本書は、国民国家形成における西洋との同時代性に注目して明治日本の修史事業を見る必要を論じる第一章に続き、修史事業の全体的な沿革と政治情勢との関係を論じた第二章、修史部局の人員と組織の変遷を詳述する第三章、正史編纂というプロジェクトが直面した諸問題とその挫折を論じる第四章、帝国大学への修史部局の移管と学問的ディシプリンとしての歴史学の確立を扱う第五章、修史事業と社会との緊張関係、その極点としての久米事件と修史事業の終焉についての第六章、そして最後にドイツとの比較において明治日本の修史事業、さらにはその継承者たる官学アカデミズム史学の特質を論じる第七章、以上の七章から構成されている。つまり、明治二(一八六九)年のいわゆる「修史御沙汰書」に始まり、明治二八(一八九五)年に、今日の東京大学史料編纂所の直接の前身である帝国大学文科大学史料編纂掛が設置されるまでを中心とした明治国家の修史事業が本書の主題である。

本書の主題において、主たる先行研究となっているのは、大久保利謙氏と宮地正人氏の業績である。とりわけ大久保氏の影響は顕著であり、本書の原著は大久保利謙氏にささげられている。

大久保氏の史学史研究は戦前から一九六〇年代にかけて継続的に発表されたものであり、『大久保利謙歴史著作集7　近代日本史学の成立』(吉川弘文館、一九八八年)として集成されている。大久保氏が史学史のみならず日本近代史の多くの領域で業績を残していることは周知の通りであるが、大久保氏の史学史は、とりわけ氏の大学史・洋学史研究との強い関連のもと進められたと考えられる。その結果、大久保氏の史学史は次のような特徴を示している。第一に、歴史書・編纂物に表現されている歴史思想・歴史意識のあり方に着目する。重野安繹、川田剛といった個別の歴史家についての専論を執筆していることもこのあらわれである。第二に、明治の歴史研究におけるヨーロッパの学問の影響が重視される。本書でも触れられているゼルフィ、リースを通じた修史部局メンバーやその後継世代への影響はもとより、修史局・修史館から官学アカデミズムへという主流からは系統を異にする社会学系の歴史研究（有賀長雄、三宅米吉ら）に着目したのもこのような視角に由来する。以上のような視点に立って、大久保氏は、江戸時代に成熟した考証学の伝統が、重野・久米らの「修史館史学」に引き継がれ、それにリースによってもたらされたドイツ史学の影響が加わり、帝国大学国史科と史料編纂掛を拠点とする「新考証史学」（アカデミズム史学）の成立を見るという見通しを示した。これは、今日に至るまでの明治史学史の通説的見解と言ってよい。

一方、宮地正人氏の研究、「政治と歴史学――明治期の維新史研究を手掛りとして」（西川正雄・小谷汪之編『現代歴史学入門』、東京大学出版会、一九八七年、所収）は、修史局・修史館における「復古記」の編纂に始まり、史談会、彰明会を経て文部省維新史料編纂会の成立に至る維新史の編纂に論点を絞った論稿である。宮地氏の研究の特色は、維新史という、当時から見た直近の過去の扱いを通じて、国家権力と諸政治主体の意志と思惑とが、歴史研究・歴史編纂にどのような影響をもたらしたのかを論じた点にある。宮地氏にはまた久米事件を論じた「近代天皇制イデオロギーと歴史学――久米邦武事件の政治史的考察」（『天皇制の政治史的研究』、校倉書房、一九八一年）があり、同論文も同様に権力と諸勢力をめぐる政治的状況と歴史学の関連を重視する方法を採る。このような宮地氏の方法は、本書ではとりわけ第二章の、政治状況と修史事業の画期とを関連させる議論にその影響を見ることができる。

これらを踏まえた上で、本書の特徴は以下の三点にあるように思われる。

第一に、その包括性である。史学思想史上重要視される「大日本編年史」や、重野安繹、久米邦武といった歴史家の著作物にとどまらず、「府県史料」や地誌編纂、「征西始末」といったマイナーな編纂物にも目配りがなされている。われわれは本書によって、明治太政官における修史事業の全体像を知ることができるのである。そしてその記述は、当時利用可能であった一次史料（史料編纂所所蔵「史料編纂始末」、国立公文書館所蔵の公文書、国立国会図書館憲政資料室や宮内庁書陵部に所蔵される政治家書類・書簡など）を駆使してなされている。

第二に、本書は、歴史意識についての思想史的研究であると同時に、明治国家の「修史事業史」としての側面を持っていることである。この点が顕著に現れるのは本書第三章における、修史部局の組織と人員、そして編纂以外の多様な業務への注目であろう。修史部局は太政官政府内の一行政機構として存在していたのであり、その機構と業務の性格を解明することは、明治国家の修史事業を考える際の前提となる。この基礎作業を、著者は丹念におこなっている。そして、帝国議会の開設を睨んだ予算問題の発生を、「大日本編年史」という正史編纂プロジェクトを制約した要因として見出すのである。

第三に、すでに本書の意義として触れた点であるが、本書が、近代国民国家の形成過程における歴史の役割という普遍的な視座に貫かれている点が挙げられる。大久保氏のように西洋歴史学の日本への影響関係如何に着目するだけではなく、西欧、特にドイツと日本の国民国家形成の同時性に注目し、比較史的な考察がおこなわれているのである。

このような問題構成は、本書の刊行とほぼ同時期に日本の歴史学界で大きな影響力を持ったいわゆる「国民国家論」に共通するもののようにも思われる。しかし、メール氏の議論はより周到である。すでにふれたように、メール氏は、ドイツに比して、修史部局の歴史家たちが日本の国民国家形成に果たした役割が小さかったこと、換言すれば明治二年の「御沙汰書」で期待された役割を果たすことに失敗したことを重視しているからである。この点は後にもう一度触れることにしたい。

三　本書以後の研究

太政官修史部局の歴史編纂が、近代日本の歴史学にとって決定的に重要な位置を占めていることは周知の事柄でありながら、今日まで、太政官修史部局の歴史編纂全体を包括的に描き出した著作は本書が唯一のものとなっている。訳者一同が本書の訳出を意義あるものと考えた所以である。しかし一方で、個別の点や本書の周辺的トピックに関しては本書刊行後に新たな研究の進展があったことも事実である。本書を契機にこの分野に関心を持たれた読者のために、それらの諸研究を紹介しておきたい。

まず史料的な面においては、さきにも触れた東京大学史料編纂所史料集刊行一〇〇周年記念事業の一環として、東京大学史料編纂所編『東京大学史料編纂所史料集』（東京大学出版会、二〇〇一年）が刊行されている。この史料集には本書で言及されている史料も多数収録されており、本書と併せ読むことによって近代日本の歴史学の生成に対する理解は一層深まると思われる。くわえて、修史局・修史館時代の公文書が、二〇一四年に、東京大学史料編纂所で公開された。これを利用した業績もすでに表れている（佐藤大悟「太政官正院歴史課における「府県史料」編纂事業の開始」、『東京大学日本史学研究室紀要』二〇、二〇一六年）。

ルートヴィヒ・リースに関して、ドイツ所在の一次史料の調査が進み、西川洋一「史料紹介　ベルリン国立図書館所蔵ルートヴィヒ・リース書簡について」（『国家学会雑誌』一一五—三・四、二〇〇二年）、同「東京とベルリンにおけるルートヴィヒ・リース」（東京大学史料編纂所編『歴史学と史料研究』、山川出版社、二〇〇三年）、早島瑛「近代ドイツ大学史におけるルートヴィッヒ・リース」（『商学論究』五〇—一・二、二〇〇二年）といった研究が発表されたことも見逃せない。本書においてメール氏は、リースが日本の歴史家、とりわけ重野安繹ら修史部局メンバーに与えた影響を過大視してはならないとし、総じて重野らは江戸時代の教育を受けた学者たちであって、西欧の歴史思想を継受することには無理があったという点を強調する（この点はメール氏前掲「明治史学におけるドイツの影響」でも再確認されている）。西川氏の、リースが「ネオ・ランケ学派」の一員であり、その「自由意思論に基礎づけられた哲学的人間観、認識論的個人主義、自然法論と啓蒙主義というヨーロッパの思想的遺産の上に構築された、本質的に近代的な」歴史思想が、

「国史学科の学生や史料編纂掛の歴史家たちにとって理解の困難なもの」であったという見通しは、このようなメール氏の見方と相互に補う関係にあるものといえよう。

メール氏の右に述べたような重野らに対する見方は、先にも触れた国民国家形成をめぐるメール氏の立論と密接にかかわっている。つまり、敷衍して述べるならば、重野らは、国民国家形成に貢献するにはあまりに「国民国家以前」の学者だったのだ、ということである。

いわゆる「国民国家論」のフレームワークにもとづいて考えるならば、過去から未来へと連続するネーションの実体性を構築し、表象する手段となる修史事業は、国民統合を達成する不可欠の要素であろう。実際、日本における国民国家論を主導した西川長夫氏の掲げる「国民統合の前提と諸要素」のなかには、「文化統合」の一契機として「修史」と「地誌編纂」が挙げられているのである（「日本型国民国家の形成」、西川長夫・松宮秀治編『幕末・明治期の国民国家形成と文化変容』、新曜社、一九九五年、所収）。

こうした状況のなかで注目されるのが、桂島宣弘氏の「近代国史学の成立――「考証史学」を中心に」（『思想史の十九世紀』、ぺりかん社、一九九九年、所収）である。桂島氏は、重野が自らを「考証学」の系譜に位置づけるようになるのが明治以後であることに着目し、清朝考証学の系譜を引く明治の考証史学という枠組み自体が、自然科学モデルの西洋学を重野が受容した結果生まれたものなのであり、そこに単なる「没理論性」を見出すべきではないと主張している。メール氏の所説との対照でやや単純化すれば、重野の「近代性」を重視する議論であり、メール氏の説く重野像とは大きく異なるものである。桂島氏はそこまで踏み込んでいないが、このような重野像を発展させてゆくならば、彼を中心とする「大日本編年史」編纂事業の位置づけも、より近代的学知に相応した性格のものと再定義され、それによって近代国民国家形成への役割も見直されることになるはずである。

この点に踏み込んだのが小路田泰直「日本史の誕生――『大日本編年史』の編纂について」（西川長夫・渡辺公三編

『世紀転換期の国際秩序と国民文化の形成』、柏書房、一九九九年、所収）である。小路田氏は、「大日本編年史」を「まず近代市民社会を確立し、次に国民国家を立ち上げようとする熱い意図のもとに編纂された、まさに近代歴史学の書」であるとまで評価する。そして、「大日本編年史」の挫折を、むしろ、日本が一九世紀的国民国家として自己を確立することに失敗したことの反映とみなす。

果たしていずれの重野像が妥当なのかを決する手段をいまのところ筆者は持っていないが、少なくとも重野の「考証学者」としての自称が明治以降に属するという桂島氏の指摘は今後踏まえる必要のある論点であろう。一方で、「大日本編年史」編纂を中心とする正史編纂事業の性格をめぐっては、やはり国民国家形成には直結し得ない一種のねじれがそこに存在していると考えるほかない。古いフォーマットによる正史編纂事業が、国民国家形成をめざす国家にとって、予算と人員とを投入するに価する事業として遂行され、しかし直接的には期待を裏切ってゆくその複雑な経路、そうした過程における漢学的要素、西洋学的要素それぞれの果たした機能、それらは本書の達成を踏まえてなお問われるべき謎としてわれわれの前に残されているのである。

その点で興味深いのが、地誌編纂事業と国民国家形成の関係を論じた島津俊之「明治政府の地誌編纂事業と国民国家形成」（『地理学評論』七五―二、二〇〇二年）である。明治太政官の地誌編纂事業は、本書でも触れられている通り、修史事業との合併と分離とを繰り返しながら進められた。島津氏の論文はその地誌編纂事業について、事実関係の解明も含めて新知見を示した労作である。その結論部分において島津氏は国民国家形成は国民統合・国土統合・主権強化の三要素を含むものとした上で、地誌編纂事業の担い手たちには国土統合を通じた主権強化という構想を持ちながら、その知識を国民に伝達することによる国民統合の達成という構想は持っていなかったと指摘する。しかし実際には、その担い手たちの意図を越え、成果物が文部省の手によって教育の場に転用されることによって、国民統合という「意図せざる結果」に寄与したのだという。修史事業の顚末を考える上でも示唆に富む見解のように思われる。

以上が重野安繹らの歴史家たちと「大日本編年史」という、修史事業の中心的トピックをめぐる研究の現状であるが、本書に関連する周辺的な論点に関しても研究が蓄積されている。

まず、修史部局が作業を総括しつつも、実務的には各府県庁が担った「府県史料」について、地方の実態を明らかにした研究として、太田富康『近代地方行政体の記録と情報』（岩田書院、二〇一〇年）がある。

また、さきにも触れた地誌編纂事業も相当の事務が府県庁に委ねられ、さらには各村レベルにまで作業が求められる性格のものであったが、これについても、村レベルの史料から地域における作業の全体像を追った重田正夫「埼玉県における皇国地誌の編輯過程」（『文書館紀要』一八、二〇〇五年）が発表されており、また編纂の過程で中央で蓄積される地図情報のあり方に注目した千葉真由美「皇国地誌編纂過程における地図目録と地図主管の移動」（『東京大学史料編纂所研究紀要』一四、二〇〇四年）および「科学研究費補助金基盤研究（C）（2）「内務省地理局における地図蓄積＝管理構造の復原的研究」研究成果報告書」（代表横山伊徳、二〇〇四年）といった業績がある。

本書では展望的に触れられるにとどまっている、修史事業を起点とするいわゆる「官学アカデミズム」の問題性、それが「皇国史観」へと帰結してゆく過程については、池田智文氏の一連の研究がある（「近代「国史学」の思想構造」、『龍谷大学大学院文学研究科紀要』二五、二〇〇三年、「「南北朝正閏問題」再考――近代「国史学」の思想的問題として」、『日本史研究』五二八、二〇〇六年、など）。池田氏の議論は桂島氏や小路田氏の主張と異なり、重野から「官学アカデミズム」を経て平泉澄にいたるまでの展開を一貫して天皇制国家を基礎づけるイデオロギーとして評価するもので、戦後史学の「官学アカデミズム」批判を発展させたものと言うべき内容を持つ。また、廣木尚氏の一連の研究（「南北朝正閏問題と歴史学の展開」（『歴史評論』七四〇、二〇一一年、「黒板勝美の通史叙述」、『日本史研究』六二四、二〇一四年、「一八九〇年代のアカデミズム史学」、前掲『近代日本のヒストリオグラフィー』所収、二〇一五年）は、黒板勝美に焦点をおき、アカデミズム史学が、ほかの歴史叙述に対して独自の優越性を持ちうる根拠を、歴史家たちがどのように獲得しようとしたのかを論じるもので、メール氏の展望との差異についても、議論の余地があるように思われる。

近代日本が「国民国家」であると同時に、「帝国」である以上、修史事業も日本内地にとどまらず、植民地に「輸出」されていたことにも留意されなくてはならない。植民地朝鮮における修史事業について論じた永島広紀「日本統治期の朝鮮における〈史学〉と〈史料〉の位相」（『歴史学研究』七九五、二〇〇四年）、箱石大「近代日本史科学と朝鮮総督府の朝鮮史編纂事業」（佐藤信・藤田覚編『前近代の日本列島と朝鮮半島』、山川出版社、二〇〇七年）は貴重な業績である。

四　残された課題

最後に、本書の達成と本書以後の研究の展開を踏まえて、今後、明治国家と修史事業について考えてゆく上での残された課題を、筆者なりに提示しておきたい。

第一に、メール氏によって提示された「修史事業史」の全体像をさらに精緻化してゆくことである。特に、修史部局と太政官内他部局・各省の関係など、公文書を用いた研究には進展の余地があると思われる。『史料編纂所史料集』に収載された人事データも、本書の知見を深めるのに役立つであろう。

第二に、そのことと密接に関係するが、太政官修史部局による同時代史編纂の意義を明らかにすることである。本書でも指摘されている通り、設置当初の修史部局が最初に着手したのは、「復古記」をはじめとする維新史編纂、つまり当時から見て直近の過去の編纂であった。明治六（一八七三）年四月の「歴史課事務章程」においては、弘化三（一八四六）年の孝明天皇即位から、王政復古までの歴史編纂が最優先課題とされ、それに続いて、一方では過去に遡り、もう一方では年々の政府の事業をリアルタイムに編纂して「国史ヲ一定」することが計画されていた。第一の維新史の一部が「復古記」として実現し、最後の政府事業のリアルタイムな記録が「明治史要」として編纂される。つまり、設置当時の歴史課における「歴史」とは、現在から一定の距離をとった過去ではなく、直近の過去はもちろん、現在と将来をも含んで構想されていたわけである。中国的正史編纂が「起居注」「実録」の同時代的編纂を前提として成り立つことを想起させるが、やがて重野らの主導によって同時代史編纂は傍流化させられ、南北朝時代から江戸時代を対象とする「大日本編年史」が事業の中心に据えられる。このプロセスはそれ自体が、近代日本の成立期に「歴史」の対象がいかにして確定されていったのかを理解する上で重要であり、「大日本編年史」の編纂意図を、その内在的把握とは異なった文脈で提示することにつながると思われる。

また、修史部局が担当する同時代史編纂と、太政官正院記録課から内閣記録局に至る記録部局が担当した記録編纂との関係も問われねばならないだろう。修史部局が担当した同時代史編纂の一つに、西南戦争の記録たる「征西始末」があるが、これは当初内閣書記官局が材料を収集しながら、「明治史中一要部」であるとの理由から修史館に編纂が移管されたという経緯を持つ（拙稿「明治太政官における歴史記述の模索」、『東京大学史料編纂所研究紀要』二一、二〇一一年）。公文書管理は歴史編纂と一体化しており、「記録」と「修史」との境界は不分明だったのである。修史部局が同時代史編纂を整理して「大日本編年史」に力を傾注してゆく過程は、同時に「修史」の外に「記録」の領域を作り出してゆく過程でもあったのであり、史学史とアーカイヴズ史の対話が必要とされている（不十分ではあるが、拙稿「明治政府の同時代史編纂」、箱石大編『戊辰戦争の史料学』、勉誠出版、二〇一三年所収、で概要を論じている）。

第三に、先にも触れた点であるが、重野安繹や久米邦武といった歴史家たちの歴史思想を問い直すことである。これまで多くの論者が、重野と久米の論文を素材とした議論を展開してきたが、彼らは、最初から歴史家であったから修史事業に携わったわけではなく、修史事業に携わった結果として歴史家になった人々であったという点には十分な注意が払われていないように思われる。つまり、重野や久米といった人々がいたから「大日本編年史」が作られたわけではなく、正史編纂というプロジェクトそれ自体は、彼らの意図とはさしあたり独立に、彼らの前にすでに与えられていたのである。もちろん、彼らは——直接的には川田剛との主導権争いに勝利することを通じて——彼らなりの構想に「大日本編年史」の形を与えてゆくわけであるが、今後は、修史事業全体の位置づけを踏まえながら、彼らの思想についての理解を深めてゆく必要があるだろう（この点についても不十分なものであるが、拙著『重野安繹と久米邦武』、山川出版社、日本史リブレット人、二〇一二年、で概観を試みた）。同時に、重野、久米、星野といった、修史部局における「頂点的」歴史家たちだけでなく、「掌記」「繕写生」など（本書第三章参照）と呼ばれた下級職員たちのあり方も問題となってこよう。「大日本編年史」の考証作業を実質的に担っていたのはそうした下級職員たちだったのであり、近世の「考証」と明治期の修史事業の継承と断絶は、下級職員を含めた修史部局メンバーの全体の来歴を踏まえた上で再検討されなければならない。

繰り返すが、本書は明治太政官の修史事業を総体的に論じた、現在までのところ唯一の研究書である。本書の訳出を契機として、明治国家における修史事業について、あるいは近代日本における歴史学の特質について、さらには歴史学そのもののあり方について、活発な研究がおこなわれることを期待したい。

あとがき

やっと刊行することができたというのが、偽らざる実感である。

本書刊行のきっかけは、二〇〇五年にまでさかのぼる。同年度前期、長期研修のため通常の演習を持たれない鈴木淳先生（東京大学大学院人文社会系研究科）を囲んで、マーガレット・メールさんの本（本書のもとになった英語版）を読むという勉強会が行われた。この勉強会には、通常鈴木先生の大学院ゼミには出席していないが、同書に興味を持つ多くの人が参加した。この勉強会は同年度の前期いっぱいまで続き、盛況のうちに終わった。

ただし、半期という短期間であったため、全巻を読み終わるにはいたらなかった。そのため、このまま終わらせるのはもったいないということで、江下以知子が全巻通読のため輪読会の続行を呼びかけた。その呼びかけに応じたのが、加藤悠希・小林延人・千葉功・鄭ニョン・中野弘喜・松沢裕作・三ツ松誠であった。継続の輪読会を二〇〇六年二月からはじめて、毎回、皆が各自約一ページずつ担当してレジュメを持ち寄る形式で、二〇〇八年四月まで続いた。

輪読会では無事全巻を読み通すことができた。その打ち上げの席上、せっかく全巻を読み終えたのだから、翻訳書を刊行しようではないかということで、皆の意見が一致した。そこで、江下・加藤・小林・千葉・鄭・中野・三ツ松が本文各章を、松沢が解説の執筆を担当することになった。

二〇〇九年に訳文の第一次原稿を、続いて二〇一二年に第二次原稿をとりまとめることができた。あわせて江下は、本書所収の付図を作成した。その後、千葉が第一回目の訳文・訳語の統一に着手したが、怠慢のため遅々として進まず、二〇一三年一〇月になって、やっとできあがった。二〇一四年一―二月には、江下・千葉・中野・松沢の四名で検討を行い、統合原稿の修正を行った。

その後、松沢が解説の執筆とは別に、本書全体の訳文のさらなる調整や修正を行いつつ、翻訳の際に各自から提出された疑問点を、訳者を代表して著者のメールさんとやりとりしながら確認するという大変な作業を担当した。最終校正のときには、特に小林が多大な尽力をしてくれた。

この間、多くの方々に御世話になった。鈴木淳先生は本書のもともとのきっかけをつくってくださったうえ、メールさんとの仲介をしてくださった。本書の索引を作成する際、山田大生・篠田俊寛・滝創一朗・平田和也の諸君が手伝ってくれた。そして、担当編集者である山本徹さんの適確な御仕事がなければ、本書が刊行されることはなかったであろう。これらの方々に、この場を借りて篤く御礼申し上げたい。

以上見てきたように、本書は、途中何度かのインターバルをはさみ、中断の危機におちいりながらも、なんとか長期間にわたって作業を続けた結果、ようやく完成にいたったものである。産みの苦しみが強かった分、愛着もひとしおである。本書が多くの人に読まれて、歴史学と国家との関係に思いをいたすきっかけになれば、訳者一同の喜び、これにすぎるものはない。

二〇一七年九月吉日

訳者を代表して

千葉　功

訳者一覧（五〇音順）

江下以知子　（株式会社文化財保存計画協会　主任研究員補）：第一章担当
加藤悠希　　（九州大学大学院芸術工学研究院准教授）：第四章担当
小林延人　　（秀明大学学校教師学部准教授）：第二章担当
千葉　功　　（学習院大学文学部教授）：第六章担当
鄭ニョン　　（（韓国）西江大学国際人文学部非常勤講師）：第七章担当
中野弘喜　　（東京大学出版会）：第五章担当
松沢裕作　　（慶應義塾大学経済学部准教授）：解説担当
三ツ松誠　　（佐賀大学地域学歴史文化研究センター講師）：第三章担当

索　引

あ　行

か　行

た　行

な　行

は　行

ま　行

や　行

ら　行

わ　行

欧　文

〈マーガレット・メール（Margaret MEHL）〉
著者略歴
1981 年　ボン大学入学
1991 年　同大学博士号取得
2005 年　コペンハーゲン大学博士号取得
ケンブリッジ大学客員研究員，エジンバラ大学助教授，スコットランド・スターリング大学助教授を経て
現　在　コペンハーゲン大学准教授

主要著作
Private Academies of Chinese Learning in Meiji Japan: The Decline and Transformation of the Kangaku Juku, Nordic Institute of Asian Studies, 2003.
Not by Love Alone: The Violin in Japan, 1850–2010, The Sound Book Press, 2014.

歴史と国家
——19 世紀日本のナショナル・アイデンティティと学問

2017 年 11 月 10 日　初　版
2018 年　3 月 15 日　第 2 刷

［検印廃止］

著　　者　マーガレット・メール
訳者代表　千《ち》葉《ば》　功《いさお》・松沢《まつざわ》裕作《ゆうさく》
発行所　一般財団法人　東京大学出版会
代表者　吉見俊哉
153-0041　東京都目黒区駒場4-5-29
http://www.utp.or.jp/
電話　03-6407-1069　Fax　03-6407-1991
振替　00160-6-59964
組　版　有限会社プログレス
印刷所　株式会社ヒライ
製本所　牧製本印刷株式会社

ISBN 978-4-13-020156-8　Printed in Japan